学校―家庭―地域をつなぐ

子ども家庭支援アセスメントガイドブック

公益社団法人日本社会福祉士会＝編集

中央法規

「学校―家庭―地域をつなぐ
子ども家庭支援アセスメントガイドブック」
出版に寄せて

2019（令和元）年から新型コロナウイルス感染症が流行し、3年目に至る今日も収まる気配はありません。感染拡大により社会経済に対する打撃が甚大であり、解雇や雇止め、感染者への差別、ドメスティック・バイオレンス（DV：domestic violence）や虐待等の権利侵害の潜在化・深刻化等さまざまな福祉課題が発生しました。

これらの課題に対応し、さらに地域共生社会の実現を目指すためには、ソーシャルワーク専門職である社会福祉士がその役割を担える立場であり、地域共生社会を実現可能にするためには実践力が必要です。

また、2022（令和4）年2月3日、厚生労働省において第41回の社会保障審議会児童部会社会的養育専門委員会が開催され、子ども家庭福祉分野の資格について、社会人ルートのみ実施する「認定資格（仮称：子ども家庭福祉ソーシャルワーカー）」を創設し、「資格の在り方について、国家資格を含め、今回の児童福祉法改正によって導入される認定資格の施行後2年を目途として検討を加え、その結果に基づいて必要な措置を講ずるものとする旨の附則を設ける」とする方針がまとまりました。

さらに2023（令和5）年4月にこども家庭庁が創設されることになっていることは周知のとおりですが、子ども家庭福祉分野においても、市町村が包括的支援体制の構築に向けて重層的支援体制整備事業を実施するには、地域で活動する社会福祉士の役割が重要です。そのために必要な知見やノウハウについて「学校―家庭―地域をつなぐ　子ども家庭支援アセスメントガイドブック」を中央法規出版の協力によって今般出版できたことは非常に時機を得たことであり、関係各位においては、一つの指標として活用していただくことを期待いたします。

2022（令和4）年11月

公益社団法人　日本社会福祉士会会長
西島善久

はじめに

2021（令和3）年の出生数は81万1622人（合計特殊出生率は1.30）、そして62万8234人の人口自然減との報告がありました。出生数が100万人を下回るかどうかという話題が昨日のことのように思われます。1990（平成2）年の1.57ショックについて、当時、関係者からの少子化によるさまざまな問題提起はあまり真剣に受け取られず、少子化を認める立場から「学校においてはクラスの児童数が減り、担任の負担が減る。競争場面が減り、のびのびとした子どもの生活が期待できる。子ども一人当たりに親は金をかけられる。就職も容易に選びやすくなる」等々の楽観論がありました。少子化が進行した現在は、その楽観論のかけらもない状態であるといわざるを得ません。

関連した話題では待機児童、孤立した育児への支援、児童虐待などへの対策を目的にした子ども・子育て支援制度が2017（平成29）年に開始され、保育サービスニーズの高まりに対しての保育士不足などの問題が発生していました。しかし、この少子化傾向との兼ね合いから待機児はいなくなるのではといわれるような状況になり多様な状況変化が見込まれます。

また、2023（令和5）年4月にこども家庭庁が創設されることは周知のとおりですが、子ども家庭福祉分野の関係者から熱い期待が寄せられる様子はなく、冷静に受け取っている人が大半のようです。本来ビッグニュースであるはずのものが、文部科学省所管の事務とは関係性が薄く、厚生労働省と内閣府の業務の統合といった印象があるからであろうといわれておりますが、動向については目を離せません。

さらに社会的養護の現場では、児童相談所による措置等の実施の際に子どもの意見・意向を把握し、子どもの最善の利益の考慮について勘案する権利擁護機関を都道府県が整備することとなりました。これは児童相談所が措置決定を行う際、第三者が子どもとの意思疎通を図り、意向聴取を行うことなどが見込まれますが、誰がその役割を担うのかが明確ではありません。試行的事業には学生ボランティアなどが派遣されましたが、その延長でよいとはいえません。制度の建て付けがどのようになるのかこちらも見守る必要があります。

これまでは子ども家庭福祉分野、特に子ども虐待にかかわるソーシャルワーカーの資質向上が中心的なテーマでありました。社会福祉士の養成課程において「子ども家庭」にかかわる科目が1科目しかなく母子保健、小児医療、児童発達心理、家族理解、保護者支援、社会的養護等々の分野の知見が身についていない児童福祉司が現場に入ってしまうという趣旨が強く主張されてきました。

それぞれの分野については各履修科目のテキストに分散して掲載されているのですが、それを説明するよりも現任研修の強化が重要であると日本ソーシャルワーカー連盟（日本社会福祉士会、日本精神保健福祉士協会、日本医療ソーシャルワーカー協会、日本ソーシャルワーカー協会）の共通認識として主張してきました。2022（令和4）年2月3日に方針がまとまった既存の資格に上乗せする「認定資格の創設」は日本ソーシャルワーカー連盟の提案ということになります。

また、2022（令和4）年6月改正児童福祉法において地域全体で求められる共生社会推進のため市町村における包括的な要支援児童などに対する支援の実施機関としての子ども家庭センター設置が求められております。その中核となって活動するのはソーシャルワーカーですので、日本ソーシャルワーカー連盟としてよりいっそう現任者支援を展開していかなくてはなりません。

ここで本会における子ども家庭支援委員会の活動を振り返りますと、その時機に求められている内容を核にした研修を毎年提供してきました。調査・研究、および出版については条件が整ったタイミングで行われ、件数は限られたものでした。

今までの調査・研究の成果物として2005（平成17）年には「地域における子ども虐待の早期発見・早期対応を行える包括的なネットワーク」のコーディネートを担える人材養成プログラムの開発と試行を行いました。そして、モデル研修には主に埼玉県内の市町村職員、児童相談所職員が参加し、研修の講義・演習を収録しDVDを作成し関係機関に配布しました。

次に2009（平成21）年10月に本会独自の「新任ソーシャルワーカーのための自己チェックシート」を全国研修の際に暫定版を示して修正を行い、確定版を各都道府県社会福祉士会に提供しました。

また、2020年度には現任者の協力を得て「スクールソーシャルワーカー実践ガイドライン」を作成し、ホームページに掲載しました。

このような経過を受けてこの度、「地域で活動する子ども家庭支援にかかわる専門職にとって基本的な取り組み姿勢を紹介し、いつでもどこでも使える帳票を掲載する」ことで、子どもにとっての最善の利益を実現することを目的として、本書が作成されました。

作成にあたっては、子ども家庭福祉分野で活動する現職ソーシャルワーカーから、ガイドブックに即した最新の実践報告等を中心に提供してもらいました。非常にわかりやすく構成されていると自負していますので多数の社会福祉士の方々の活用を期待します。

今後も日本社会福祉士会は職能団体として地域共生社会推進に向けての広範な活動を行っていきますが、とりわけ子ども家庭福祉については日本ソーシャルワーカー連盟所属の各団体との連携のもと、実務者支援を強化していく方針です。

2022（令和4）年11月

公益社団法人　日本社会福祉士会理事

子ども家庭支援委員会委員長

栗原直樹

目　次

「学校―家庭―地域をつなぐ　子ども家庭支援アセスメントガイドブック」
出版に寄せて
はじめに
目次
本書の活用方法

第1章　子どもの生きづらさに寄り添う

第1節　生きづらさの背景に気づく …… 2
第2節　実践倫理を踏まえて子どもを理解する …… 6
第3節　権利擁護の行動指針に根ざした支援をする …… 10

第2章　帳票（アセスメントツール）を使う

第1節　子ども理解を深めるアセスメントとは …… 18
第2節　帳票（アセスメントツール）の目的を明確にする …… 23
第3節　帳票（アセスメントツール）を書く …… 25

第3章　子ども・家庭をアセスメントする

第1節　子どもの声を聴く …… 38
第2節　子どもの発達を知る …… 45
第3節　子どもの生活環境を理解する …… 49
第4節　家族と向き合う …… 53

コラム　聴こえていますか？ 子どもの声――児童養護施設の立場から …… 58

第4章 学校をアセスメントする

第1節 学校理解を深める …… 66
第2節 学校内の人と構造を知る …… 70
第3節 学校内の組織を理解する …… 76
第4節 学校を支援の対象としてとらえる …… 80
第5節 地域の教育行政と児童福祉行政のつながりを理解する …… 83
コラム　学校アセスメントはなぜ必要か …… 87

第5章 地域や関係機関をアセスメントする

第1節 地域の社会資源や特色を知る …… 92
第2節 関係機関を知る …… 98
第3節 社会資源ネットワークづくりに役立てる …… 103
第4節 他職種・他機関との連携に役立てる …… 106
コラム　子ども家庭支援の「予防の時代」の担い手になる …… 108

第6章 アセスメントが活きる支援会議をどう進めるか

第1節 支援会議の事前準備を行う …… 114
第2節 支援会議をファシリテートする …… 118
第3節 支援会議を行う …… 121
コラム　児童相談所におけるアセスメントと地域とのつながり …… 136

第7章　多職種が協働する帳票の活用の実際

第1節　精神疾患のある母親に対する地域の子育てネットワークのなかでの支援 …… 144
第2節　いじめをめぐる校内委員会の取り組みのなかでの支援 …… 159
第3節　要保護児童対策地域協議会、児童相談所との連携のなかでの支援 …… 175
第4節　性別違和のケースをめぐる養護教諭と医療機関との連携のなかでの支援 …… 189
第5節　外国ルーツの子どもと地域のＮＰＯとの連携のなかでの支援 …… 202
第6節　生徒と保護者の障害受容と進路選択と自立に向けた取り組みのなかでの支援 …… 216
第7節　ヤングケアラーに対するさまざまな関係機関との連携のなかでの支援 …… 228

第8章　研修や学習をどう進めるか

第1節　実践アドバイザーをどう確保するか …… 244
第2節　研修の進め方を考える …… 246
第3節　学習者を支援する …… 253

終章　子ども家庭支援の足跡から学ぶ

第1節　ソーシャルワーク諸団体の連携と子ども家庭福祉領域の課題 …… 258
第2節　子ども家庭支援委員会の足跡 …… 262

執筆者一覧

本書の活用方法

自治体の子ども家庭支援にかかわる専門職、学校や保育園で仕事をするソーシャルワーカー、医療や司法、療育、児童福祉分野の施設職員、地域のNPOやボランティア、民間の施設・組織で活動する職員は、日頃からアセスメントを大切にしています。その誰もが要保護・要支援の子どもやその家庭のQOLの向上と専門職同士や支援機関相互の「橋渡し」を有意義に具体化する一つのツールとして帳票を活用していると思います。

本書は、広く子ども家庭支援にかかわる専門職が「帳票をつくる」ことに焦点をおいて執筆しました。帳票とは通常「アセスメントシート」と呼ばれます。本書のコンセプトは帳票づくりを通じて子どもの権利擁護や子ども理解、学校や保育園、家庭、地域への理解を高めることです。

本書の基盤は、学校―家庭―地域をつなぎ、それらの橋渡しを業務とするスクールソーシャルワーカーの実践の蓄積にあります。もちろん、スクールソーシャルワーカーだけでなく、子ども家庭支援にかかわるすべての専門職（支援者）が参考にできる内容となっていますので、ぜひ日々の実践にご活用いただきたいと思います。

第１章では、子ども家庭支援をめぐるさまざまな支援対象に共通し、その根底にある「子どもの生きづらさ」の背景を読み取ります。これは、権利擁護の原点です。実践倫理と権利擁護の行動指針をもとに解説します。

第２章では、日本社会福祉士会子ども家庭支援委員会が、全国の都道府県社会福祉士会の協力を得て作成した「帳票（基本情報シート、アセスメントシート、支援計画シート、支援経過シート）」の作成上のポイントと記入例を紹介します。

第３章は子ども・家庭のアセスメントをするうえで、「子どもの声を聴く」「子どもの発達を知る」「子どもの生活環境を理解する」「家族と向き合う」意義や考え方を解説します。

第４章はアセスメントにおいて、学校・園（保育園・幼稚園・認定こども園）を支援対象としてとらえるうえでのポイントを紹介しています。そのうえで、「学校内の人と構造を知る」「学校内の組織を理解する」「学校を支援の対象としてとらえる」

「地域の教育行政と児童福祉行政のつながりを理解する」という項目に沿って解説します。

第５章は、地域にあるさまざまな関係機関のアセスメントとして、「地域の社会資源や特色を知る」「関係機関を知る」「社会資源ネットワークづくりに役立てる」「他職種・他機関との連携に役立てる」ことを説明します。

第６章はアセスメントを活かした支援会議をどのように進めるかについて、支援会議の事前準備から支援会議の実際について実践例をもとに紹介します。

第７章は、帳票を活用した実践の広がりとして、子ども・若者に関する福祉的課題（精神疾患のある母親、いじめ、児童虐待、性別違和、外国ルーツのある子ども、障害受容と就労、ヤングケアラー）ごとに、模擬事例を掲載しています。

第８章は、職能団体等における研修や学習をどのように進めるかについて、「実践アドバイザーの確保」「集合研修やオンライン研修のプログラムづくりとその進め方」を紹介し、学習者を支援する実際の方法等を解説します。

終章として、本領域におけるこれからの課題、特に子ども家庭支援にかかわるソーシャルワーク諸団体の連携と日本社会福祉士会子ども家庭支援委員会の足跡を論じます。

そして、「コラム」では、本書を読み拓いていくうえでの「かゆいところに手が届く」ポイントやエピソードが描かれています。

子ども家庭支援にかかわる専門職の自己研鑽のためのテキストや多職種の横断的な研修会や交流会での必携書、また社会福祉士会の生涯研修のテキストとして、ご活用いただけますと幸いです。また、みなさんにとって「向き合うテキスト」というよりも、「懐にすっと入っていくガイドライン」になればうれしく思います。

本書に掲載している帳票は、以下、日本社会福祉士会ホームページよりダウンロードできます。ぜひ積極的にご活用ください。

https://www.jacsw.or.jp/csw/dataroom/kodomokatei/index.html

第1章

子どもの
生きづらさに
寄り添う

今日、生きづらさを口にすることがためらわれる時代になっています。自助、共助、公助といわれつつも、常に自助が求められ、自己解決や我慢をすることが美徳とされています。また、自らが「弱者であること」を認めたくないと考える人も多くなっています。本来、生きづらさは当事者の意思によって表出されるもので、外部からレッテルを貼られることではありません。

子どもの生きづらさは言葉や表情にあらわれにくいです。そのため、子どもの生きづらさの背景にあることへの洞察力を高めなければなりません。その際、大切にすべきことは、本章で解説する「子どもの理解を深める実践倫理」と「権利擁護の行動指針」です。

第1節 生きづらさの背景に気づく

1 生きづらさの本質

① 一つではない「事実」を自覚する

子ども家庭支援にかかわる専門職（以下、支援者）は、傾聴や観察、情報収集などを踏まえ、その「事実」をもとにアセスメントを行い、日々、支援を展開しています。ある家庭とかかわりをもつとき、子どもにとっての事実、そのきょうだいにとっての事実、母親にとっての事実、父親にとっての事実など、それぞれの事実は同じではありません。ある家庭に生活困窮があったとしても、それは支援者の立場からみて、「生活困窮」とみなしているにすぎません。「事実は一つである」という言葉は、支援者の経験則や専門領域・分野などにもとづく理論や知見によるものであることを自覚しなければなりません。

② 生きづらさの背景にある課題の分類

今日、児童虐待、いじめ、暴力、非行、貧困、外国ルーツ、発達障害、性別違和(LGBTQ・SOGIなど)、不登校などのカテゴリー*は、専門職・非専門職の境なく使われています。そのカテゴリーの対象を把握するための知識や対象への理解度は、人によってまちまちです。同じ職場にいる同じ専門職間であっても認識が異なることが

＊カテゴリー：統計調査や法令、社会的課題の象徴として用いられる用語という意味。

多々あります。

また、いじめや不登校、非行、暴力などは学校教育で毎年実施される生徒指導の問題行動調査で使用されるカテゴリーです。児童虐待やひきこもり、生活困窮などは、関係法令にもとづく調査時等に使われるカテゴリーです。

こうしたカテゴリーは子どもの周囲にいるさまざまな大人や専門職が個別にとらえ、個別に対処するため、一専門職が子どもの「生きづらさ」の全体像（生活課題）を把握するには限界があります。したがって、個別のカテゴリーは子どもの「生きづらさ」をあらわす一つの切り口として理解する必要があります。

3 カテゴリーやその背景のとらえ方の違い

また、カテゴリーは視点によってとらえ方が変わります。例えば、教職員は「不登校」を学校の教育問題である専門用語として扱うのに対し、福祉職は不登校の背景にある事実や事柄に着目し、支援の対象としてとらえます。

「不登校」というカテゴリーのとらえ方は、子ども・家族・支援者等によってそれぞれ異なり、同時に不登校の背景にある課題や困難さもさまざまであることを理解しなければなりません。そして、不登校の背景も、誰が、いつ、なぜ、どのように、何を根拠にして判断、決定したかによって異なります。支援者はカテゴリーやカテゴリーに潜む背景や課題を多角的に分析し、その妥当性を検討する必要があります。

図表1-1　不登校の背景の例

学習困難―学ぶことへのあきらめ
孤立・貧困―ネグレクト―展望の喪失
いじめ・差別による登校渋り
教師や保護者からの過度な登校刺激への拒否
集団生活への不適応や対人関係をめぐる発達特性
長期欠席・不就学・未就学―保護者の社会的認識や生活困窮
幼・保―小―中―高の未接合
学習の提供機会や提供場所の多様化

❹ カテゴリー化されることで生じる子どもの生きづらさ

子どもの生きづらさとは、差別や偏見などによる心身の苦痛を感じること、自身の意見や意思の表示が十分にできないこと、そして、大人の言葉や指標によって自身がカテゴリー化されたり意味づけられたりすることが挙げられます。子ども自身の了解や十分な説明のないままに「対処」や「支援」の対象となることで、つらさを感じます。

また、メディアや社会情勢によって、「ひきこもり」「ヤングケアラー」のように新たなカテゴリーが生まれたりすることもあります。こういったカテゴリー化によって、課題が明らかになり、多くの人が関心をもつようになるといったメリットもありますが、子どもをカテゴリー化した対象としてみることで、子どもの生きづらさを助長してしまうこともあります。子ども一人ひとりに耳を傾け、常に個々の事情や状況に寄り添う視点をもつことが重要です。

図表1-2　領域ごとの「生きづらさ」の定義

学校教育	教育における「反福祉的状況」。生活現実からの疎外
発達心理学	矛盾、葛藤対立
児童福祉	家族機能の不全、経済的困窮、偏見

2　子どもの豊かな発達を保障する

子どもにとっての生きづらさは、子ども一人ひとりの発達段階に応じた豊かな発達（発達要求）を妨げる事柄です。具体的には、以下の事柄を阻害することだといえます。

①適切な言葉で説明を受けることができる。
②困ったり不安に思ったりしているときに、相談をして、支援を受けることができる。
③自分の要望に合った援助を受けることができる。

④言葉による辱めや身体的な暴力を受けない。
⑤ルールやしつけ、責任を理解できるようにはたらきかけてもらうことができる。
⑥自分にとって必要な情報や知識を得ることができる。
⑦間違っても失敗しても適切な助言や支援を受けることができる。
⑧楽しい授業・わかる授業を受けることができる。
⑨地域の文化や歴史、伝統、自然に親しむことができる。
⑩友だちや周囲の人を尊重することができる。
⑪仲間をつくり、集まり、活動することができる。
⑫安心して過ごせる時間や居場所をもつことができる。

これらの項目は、子どもの権利条約が発効し、いち早く子どもの権利問題に取り組んだ社会的養護・児童養護施設が、入所時に子ども一人ひとりに手渡した『子どもの権利ノート』から想起して作成しています。「・・・ができる」という動詞で示すのも、支援者がその実現を子どもたちと確認し合う指標とするためです。

子どもにかかわる大人や支援者は、これらの項目を具体的な行動の指針として、日々の子どもとのかかわりのなかで意識することで、子どもの生きづらさを軽減することにつながります。自分の実践を実際の行動から振り返るポイントにもなりますので、参考にしてください。

第2節 実践倫理を踏まえて子どもを理解する

1 実践倫理とは

実践倫理（エートス）とは、「コミュニティのなかで共通的に理解されている（染み込んでいる）雰囲気、文化的風土」として、「習慣化された倫理規範」とされるものです[1)]。したがって社会福祉などの法律や施策のように明文化されていません。ソーシャルワークの理論をもとに、職域や職場などがもつ目標を達成するうえで、日常の実践のなかでつくりあげられた共通の物の見方、感じ方、考え方、行動の仕方をしっかりと身につけていることが求められます。

支援者には、固有な実践倫理があります。以下では、その主だった五つの柱である「相談の受付（インテーク）」「信頼関係（ラポール）の形成」「課題の背景理解（アセスメント）」「支援計画（プランニング）」「権利擁護」の項目に即して説明します（日本社会福祉士会子ども家庭支援委員会『スクールソーシャルワーカー実践ガイドライン』（2020年）を一部改変）。

❶ 相談の受付（インテーク）

本来であれば子どもが相談することを望んだとき、子ども自らが相談に訪れることができる条件の設定や体制づくり、雰囲気の醸成が大切です。しかし、現状では子どもにかかわる大人や専門職が気づき、はたらきかけることではじめて、相談事として浮上することが多いでしょう。

その場合、常に心においておかなければならないのは、「語れなさ」を多くの子どもが抱えているということです。この「語れなさ」に共感しつつ、追及するような「訊く」姿勢をとらずに「待つ」姿勢で、言葉にならない声をどう「聴く」（傾聴する）のかが大切です。

子ども家庭支援の現場では、子どもをめぐる支援要請は、保育士や教職員、関係機関の職員、保護者、地域住民などによるものがその多くを占めます。第３章で詳述しますが、相談できる力以上に相談される力が問われます。

② 信頼関係（ラポール）の形成

関係というのは相互作用のなかで成り立つものです。いくら支援者側が「受容」の姿勢を保持したところで、子ども側が支援者を「受容」しなければ（受け入れなければ）、関係を紡いでいくことができません。教師や保護者と異なる第三の大人としての子どもとの関係性は、課題のみに目を奪われることなく、子どもの可能性（ストレングス）に視点をおくことから始まります。

信頼関係の有無や程度を評価するのは子ども側です。支援者から示す物差しではありません。また、信頼関係を形成していくうえで、声かけは慎重にしなければなりません。特に、「褒める」ことを無自覚にすることは危険です。登校を渋っている子どもに「よくがんばって学校に来たね」と声をかけると、子どもは怪訝な顔をします。「来て当たり前と思っているのにどうして褒めるの、この人は」と思うのです。これはストレングス視点が支援者の一方的な判断によるものとなっており、子ども自身の視点が配慮されていないため生じます。

さらに相談内容や専門職の介入について、子ども自身の承認を得ているのかも信頼関係を形成するうえで重要です。一般にアセスメントは「事前評価」とも呼ばれます。インテークによる情報収集の後や面談、訪問、支援会議などの準備の前になされるもので、本人の承諾を得ることが求められます。子どもの理解度を確認しながら、一つひとつ丁寧に説明することは、自己決定を支えるという意味でも欠かせません。

③ 課題の背景理解（アセスメント）

課題の背景を理解するには、子どもを中心とした他者との関係性がどのようになっているのかを理解することが大切です。子どもが抱える課題は子どものなかから生じてくるわけではありません。子どもと他者との関係性のなかにこそ課題が潜在しているという視点（エコロジカル視点*）を鋭く磨く必要性があります。

また、子どもの姿を通して、個別の課題の背後にある社会的な背景をどのように見ていくのかがその後の支援過程においてとても大切です。子どもが抱える課題と社会

＊エコロジカル視点：人と周囲の環境との適合状態やその均衡の保ち具合、相互の関係性、影響の及ぼし合いに着目すること。生態学的視点ともいう[2)]。

的な背景は密接に絡み合っています。社会的課題の構成要素として子どもを見てしまっては、子ども自身の抱える個別的な困難やつらさを見落としてしまう危険性があります。目の前の子ども一人ひとりの姿から、現代社会の課題を洞察する力が求められます。

アセスメントは、課題解決の糸口を確認したり、ストレングスを再発見したり、支援の方向性を修正したり、さまざまな発見をもたらします。子どものアセスメントだけでなく、関係機関をアセスメントすることで、その組織が抱える課題に気づくことができ、チームとしての支援体制を築きやすくなることもあります。

④ 支援計画（プランニング）

支援者の役割は、子どもが生活のなかで社会的な関係性を結んでいける環境とのつながりをつくることです。そのためには、前提として支援者自身が社会資源との多様な関係性を育んでおく必要があります。

また、子どもの支援は一人の支援者によって行われるのではなく、同時に数多くの支援者がかかわっています。支援計画を作成することで、支援者やその関係機関それぞれの役割が明確になり、支援体制を客観的に理解することができます。併せて、支援計画を検討することは、自分や他職種の支援を振り返ることにつながり、今まで見えていなかった支援の溝などを発見する機会にもなります。

⑤ 権利擁護

すべての支援過程を通して、子どもの意見表明、参加を保障していくことが大切です。子どもの権利条約が示し、児童福祉法が理念とする「子どもの最善の利益」は、子どもの意見表明と参加を前提として保障するものです。支援者が支援の全過程を通してこの権利を保障することにより、子どもたちは自己の人生を主体的に生きることができます。

「子どもの声を聴くこと」を深めることは、子どもの全面発達*との出会いです。子どもの権利擁護は、先に述べた発達要求に根ざします。そのとき「子どもの意思をとらえる」視点とは、VOICEとしての声だけでなく、子どもの権利条約がいう

＊全面発達：人間の諸能力の調和的、統一的発達。

VIEW（S）（意見）の意味をもち、子どもの表情や雰囲気なども含めて考えなければなりません。

2 実践倫理の留意点

1 アセスメント時の留意点

実践において「アセスメントが不足する」「客観的な根拠もなくアセスメントを省略する」ことがあります。「思い込みであること」を無自覚に、実践に入ってしまうこともあります。

子どもが登校渋りをしていると聞くと、ただちに家庭訪問をしたり、学校で会えないから反射的に自宅に行ってしまったり、長年の経験や慣れ、あるいは、ただ業務マニュアルに従ったりといったことがあるかもしれません。子ども不在のアセスメントになっていないかを、常に意識することが大切です。

2 支援時の留意点

アセスメントでは、解決方法を見定めるまでに包括的に状況を把握し、対応課題を定め、背景要因の分析を行います。そのうえで、具体的な支援を実施するのですが、その際、法的な諸制度への当てはめ、行政の福祉サービスへの紹介、単なる精神的苦痛の緩和やねぎらいになっていないか、あるものを使うしかないという考えになっていないかと、立ち止まって考える必要があります。大切なのは、本人に合った個別的な支援です。多様な社会資源を活用し、必要があれば新たな資源を生み出すようはたらきかけるといった視点をもちながら、「包括的支援」「重層的支援体制」を築くことができるよう、支援を進めることが求められます。

第3節 権利擁護の行動指針に根ざした支援をする

1 権利擁護の行動指針とは

権利擁護の行動指針とは、単に法令遵守をするだけではなく、支援者の倫理意識を高め、子どもの権利を守るための具体的な指針です。支援者自身の行動・行為として示し、自己点検できる意味をもちます。実践倫理とも似ていますが、より子どもの権利に重点をおいた内容となっています。以下、主な子どもを取り巻く課題ごとに、権利擁護の行動指針を示したうえで、実践上の留意点を記載します。

1 児童虐待

◇子どもの安全の確保を子どもの視点から見極める

大人や現場の安全対策の指標が子どもの認識や身体と合致しているとは限りません。子どもの認識や体は子どもの発達段階によって異なり、同年齢でも個人差が大きいことを踏まえておく必要があります。乳幼児、小学生、中学生といった属性でひとまとめにされがちな「子ども理解」にとって注意すべき点です。

◇子どもに寄り添う存在となる

子どものためを思って周囲が子どもの行動や考えを決めてしまうことがあります。しかし、子どもは自己決定できる存在としてその権利を認め、子どもが自ら選べるように環境を整えていく必要があります。子どもに指示するのではなく、子どもに寄り添い子どもの視点で支援する必要があります。

◇家族や本人の生活歴を読み取る

問題の解決を図ろうとすると、現在の問題に執着しがちになります。現在の問題に至るまでには本人の生活があり、本人を取り巻く家族にも生活があることを認識します。生活歴を読み取ることで現状に至る背景を理解します。

◇家族（周囲）の本人に対する思いを確認する

家族（周囲）が本人に対してどのように思っているかということを確認することで、問題が変わってくることがあります。本人を大切に思っているということが本人にとって不利益なことがあります。よかれと思っての行動や言動、支援が本人を苦しめていることがあります（教育的虐待、父権主義など）。

◇家族（周囲）の生活状況を確認する

経済的な課題、家族構成、家族間の関係によって摩擦が生じます。子どもはその取り巻く環境のなかで育ち、大きく影響を受けています。経済状況や家族の関係性などをとらえて生活状況を確認します。

◇学校や地域での見守り体制の有無の確認および構築を行う

学校や地域の実情を知ることが大切です。子どもを中心として取り巻く環境には地域があり、地域の見守り支援は地域の状況によって違いがあります。それぞれの地域における見守り体制の確認を行い、十分でない場合は構築するようはたらきかけます。

◇学校・園（保育園・幼稚園・認定こども園）や要保護児童対策地域協議会などの関係機関との仲介を進める

要保護児童対策地域協議会の設置状況、機能などを確認します。要保護児童対策地域協議会について教育現場では理解が進んでおらず、地域の支援として活用できることが理解されていないことがあります。家庭・地域や学校との橋渡しとなり、地域の子ども家庭福祉の関係機関などとの仲介を進めます。

2 いじめや暴力

◇精神的苦痛は一人ひとり異なることを理解する

子どもの状況はさまざまで、精神的苦痛は一人ひとり異なります。大多数の人にとっては苦痛と感じないことも当事者の子どもにとっては苦痛に感じる状況や場面が存在します。不快な思いをさせていると気づかない相手から苦痛が与えられ続けることもあります。不快に感じること、苦しく思うことにも違いがあることを理解します。

◇他者に対して攻撃的になっていることの心理的社会的背景を探る

他者に対して危害を加えてしまうとき、危害を加えている本人こそがストレスを抱えていることがあります。その本人にのしかかっているストレスの要因である心理的社会的背景を探り、支援していきます。

◇学校生活や家庭生活でのしんどさを具体的に把握する

人が生きていくなかでつらく苦しい状況はそれぞれの場面によって異なります。学校生活や家庭生活のなかでしんどさを感じる場面も違います。その子どもの受けるしんどさを個別的、具体的に把握することが大切です。

◇いじめの形態にとらわれることなく他者との関係性に不全感があることを理解

する

「加害と被害」「善悪」と決めつけるのではなく、人間関係のなかでうまくいかない、相容れない状況にあるということを理解します。受け入れがたい状況に加害者側が追い込んでいるという見方だけでなく、その全体の関係性の不全ととらえ支援します。

◇加害者とされる子どもの生活背景について熟考する

子どもの生活はその子どもによってさまざまです。加害行動が個人の特性であり限定的と認識されてしまいがちです。加害行動の要因は多様であり、加害行動をとらざるを得なかった状況があるかもしれません。加害者とされる子どもの生き方、生活の過程、生活背景を把握し、要因についてよく考えます。

◇加害せざるを得ない状況を理解する

他者に対して攻撃的になるときにその動機を明らかにしようとします。本人がした加害行為に対して反省を促しますが、本人はその加害行為を仕方がないと思っていることがあります。加害行為が本人の意図したものであるかどうかということだけでなく、その行為をせざるを得なかった状況を理解することが大切です。

◇それぞれの人間関係の構築の考え方、方法を理解する

人は人との出会いのなかで人間関係を構築していきます。その人の生活の過程において関係性を構築する方法を獲得していきます。その人なりの人間関係を構築するための考え方や方法を理解することが大切です。

3 貧困

◇教育機会の提供や学習保障の視点からみる

学校に通学することに執着しがちになりますが、学校に通学することのみでなく、教育を受ける機会、学ぶことができる状況が保障されているか確認します。子どもの状況に応じた教育環境を提供していくことが求められます。

◇保護者・養育者の生活経験や意識を理解する

子どもの養育は、保護者・養育者の影響が大きくあります。保護者・養育者が経験してきた生活経験が現在の生活に結びついており、その生活のなかで子どもは生きています。保護者・養育者の生活経験や生活に対する意識を理解することが大切です。

◇保護者の就労状況や生活状況を理解する

子どもの生活の基盤は保護者の生活状況が影響します。保護者の職業、働き方に

よって子どもの生活時間や家庭生活が変わってきます。保護者の子どもにかかわる時間やかかわり方にも違いが生じ、子どもの家庭における役割も変わってきます。

◇家庭における貧困のとらえ方を確認する

貧困の状況はそれぞれの家庭によってとらえ方が違うことを確認します。周囲からみて、一般的に貧困であるという認識ではなく、その家庭における貧困状況を具体的にとらえ、何が不足し、何に困窮しているのかを確認します。

◇さまざまな社会資源とのつながりの有無をとらえる

現在の社会資源とのつながり、サービス利用の有無を確認します。サービスの活用に至っていない場合、サービスにつながるように支援します。地域によって個別の状況に適したサービスが存在しない場合はサービスを構築していくことが求められます。

4 外国にルーツのある子ども（外国籍の子ども）

◇生活言語のみならず、学習言語などの習得状況を確認する

学習における言葉が家庭やそのコミュニティ、日常生活において活用されている言葉と違いがある場合があります。学習するうえでの学習言語の習得状況を確認し、円滑に学習することができるように支援を検討していきます。

◇地域性や文化的背景を理解する

それぞれのルーツの地域性や文化的背景はさまざまです。ルーツとなる地域によって学習や教育に関する考え方に違いがあることを理解します。子どもの思いは周囲の友人などの影響を受け、家族の思いと違いを生じさせることがあります。家族のこれまでの生活背景を理解し、子どもとともに支援していきます。

◇生活のスタイルを理解する

これまでの生活習慣などによって時間の使い方に違いがあることがあります。日中の時間や夜間の時間の過ごし方についても生活状況によって変わります。それぞれの生活のスタイルを理解し支援します。

◇経済的に必要なことを確認する

就労状況や生活の基盤が不安定な場合、経済的に支援が必要なことがあります。家族が非正規雇用などの安定した就労環境でなく低所得世帯であれば、住環境においても支援を要することがあります。また、教育の支援制度に結びつけることも必要です。

◇家族の地域生活における困難さを理解する

言語の課題や、ルーツによる背景の課題、生活のスタイルの違いなどにより地域生活において家族が困難さを抱えることがあります。それらの生活の困難さがあるなかで家庭生活を送っている子どもの存在を理解する必要があります。

5 発達障害や性別違和

◇子どもの発達保障の視点から把握する

子どもの発達は生活状況や家庭環境、本人の発達特性からその子どもによってさまざまです。成長・発達の状況も個別性を踏まえてとらえることが大切です。また、その子どもの発達に応じた学習を保障していくことを大切にします。

◇発達障害を発達特性としてポジティブにとらえる

発達障害を「障害」というとらえ方で本人が乗り越えていく課題として指導しがちになります。本人の特性を踏まえず指導することは困難な状況をつくります。本人の発達特性としてポジティブにとらえて認識し、環境調整をしながら支援していきます。

◇子どもの意思をもとに、適切な学習環境を検討する

効率的な教育方法や、多数の子どもたちに適応していると思われる集団教育の方法は、子どもの状況によって適応しがたい場合もあります。子どもが学習への困難さを感じづらい環境を調整し、子どもの思いや様子を受け止め、適切な学習環境を検討します。

◇学校・園や家庭での学習に関する支援・指導内容を把握する

家族のかかわりが多い家庭、支援が充実している地域がある一方で、不足しているところもあります。学校・園や家庭、地域での支援・指導内容を把握し、本人の学習の保障を検討します。

◇環境調整を行いながら教育や保育の支援体制を構築する

学校教育の現場だけでは解決しがたい課題があります。課題解決のためには、子どもに適切な学習が提供できるように生活支援の体制を整える必要があります。家庭のニーズには子育て支援に関することもあるので保育等の支援と共同して実施します。

図表1-3　ガイドラインとマニュアルの違い

ガイドライン（指針・指標） 目指すべき到達点を示し、そこにたどり着くまでの流れや方向の概要であり、信頼できるものを指す。読み手一人ひとりが具体的に何をすべきかを能動的に考えるもの。何度も読むことで「自分の頭で考える」習慣や自信がつき、個の力量を高めるもの。
マニュアル（取り扱い説明書・レシピ） 誰もが同じ結果が出ることを求めるもの。何かを確実に実施するために参照するもの。「マニュアルどおり」といわれるように、初心者・熟練者にかかわらず基本的に同じ結果を得ることができ、自分で考えて判断する必要はない。想定外の事象が起こると読み手はどう行動すればよいか判断できないため、不測の事態における手順を記載したマニュアルの作成も求められる。

2　権利擁護の行動指針を実践に落とし込む

❶ 帳票に具体的に記載する

権利擁護の行動指針を踏まえて帳票を記載する際、できるだけ一般的な表現にならないように注意する必要があります。例えば、「指導する」「支援する」「調整する」という表現には、大切な支援プロセス等が埋め込まれてしまっていることがあります。一言にまとめてしまうことで、その具体的な経過やかかわりが見えづらくなってしまうため、行動指針に則った行動について、誰が、何を、どのように考えて、どうしたのかが、わかるように記載します。

❷ 個別性のある記載を心がける

帳票には「5年生・11歳」など学年や年齢、所属機関といった属性を記載します。これらは符号やケースファイルの整理番号ではなく、子どもが、学校や地域の一員として、周囲の子どもや大人とともに生きる生活者である証です。また、こういったとらえ方が権利擁護につながります。

小学生、中学生といった括り方で子どもをみないことも個別支援で重要な視点です。女児、男児という記載も考慮が必要です。同様に、発達の遅れやIQ等の診断結果に左右されすぎることなく、子ども一人ひとりの発達をとらえる視点も大切です。

③ その子らしく生きることを考える

支援者の目的は、子どもの安全の確保から教育・保育など発達機会の提供です。子どもの状況によって、学校で学ぶ必要性に違いがあります。そもそもなぜ学ぶのか、何のために学校に行くのか、その答えは人によって異なります。そのため、その子らしく生きることを考えたとき、学校はその選択肢の一つに過ぎません。

子どもがどんな学びや遊びを求めているのか、どんな力を育むことが子どもに一番よいのか、その子らしく生きるために必要な教育・保育を提供することを考えます。

④ 多様な家庭のあり方を理解する

「両親と子ども二人」という日本の典型的な核家族観は子どものいる地域の施設や学校などに残っています。ステップ・ファミリーなどへの理解はまだ十分に広がっておらず、支援者であっても「複雑な家庭」などの表現を使うことも聞かれます。同性婚や事実婚等も進むなかで、さまざまな家庭のあり方があることを理解する必要があります。支援者は子どもの生きづらさに寄り添い、生きづらさをともに解消していく存在です。同時に、子ども自身がスキルや知識を身につけ、社会資源を活用しながら、自分の人生を自分らしく生きられるよう見守り続ける存在でもあります。

そのため、支援者はここまで述べてきたような子どもの生きづらさの背景を理解し、常に子どもの目線に立って、子どもの権利を守る倫理意識をもつ重要性を日々の支援の前提として改めて理解しておくことが求められます。

◆引用文献

1） 木原活信『対人援助の福祉エートス――ソーシャルワークの原理とスピリチュアリティ』ミネルヴァ書房、pp.8-9、2003年
2） 日本ソーシャルワーク教育学校連盟編『最新社会福祉士養成講座⑫ ソーシャルワークの理論と方法（共通科目）』中央法規出版、p.66、2021年

◆参考文献

・日本社会福祉士会子ども家庭支援委員会『スクールソーシャルワーカー実践ガイドライン』2020年（https://www.jacsw.or.jp/csw/dataroom/kodomokatei/documents/ssw_guideline.pdf 最終アクセス日2022年12月1日）

第2章

帳票（アセスメントツール）を使う

子ども家庭支援にかかわる専門職（以下、支援者）は、他機関等との連携や協働を行うことが必須となっています。他分野や他機関との連携・協働において、情報共有が課題となりますが、統一した様式を使用することで、支援展開の円滑な共有や業務の効率化を図ることができます。子ども家庭支援におけるアセスメントの理解と個別支援の展開における情報共有のツールとして「基本情報シート」「アセスメントシート」「支援計画シート」「支援経過シート」を設定しています。この章では、これらの帳票の特徴や活用のポイントを説明します。

第1節 子ども理解を深めるアセスメントとは

支援者には、不登校や児童虐待、貧困、発達の偏りによる不適応、いじめ等の多様な相談が寄せられます。支援者として、寄せられた相談に対してまず権利侵害の状況や生命にかかわる緊急性の判断をします。そのうえで、個別支援を展開していきます。

1 アセスメントとは

個別支援で最も重視され、支援者として力量が問われる展開過程はアセスメントです。日本社会福祉士会基礎研修テキスト[1)]では、アセスメントを「利用者が直面している生活困難状況を理解するために、利用者本人や家族、あるいは関係者などから必要な情報を集め、整理・分析して、どのような援助が必要なのかを見極めることにつなげていく段階である。集めた情報をもとに『個人と社会環境及び両者の相互作用』への視点から、利用者や家族の生活状況の全体を把握しつつ、困難状況に対する認識を深め、援助目標やその達成のために取り組むべき課題を見出す」としています。これを受けて、アセスメントを端的に整理すると「クライエントの社会生活についての情報収集・分析を行い、クライエントの社会生活上の問題状況を把握し、環境との間で生じている社会生活上の問題と状況を理解し、その結果にもとづき援助計画及び援助展開を導き出していくプロセス」[2)]ということができます。

2 他分野の支援計画との違い

アセスメントを踏まえて作成するのが支援計画です。高齢者福祉分野では、介護支援専門員が作成する「ケアプラン」があります。障害者福祉分野では、相談支援専門員が作成する「サービス等利用計画」「個別支援計画」があります。特定のサービス利用において、対象者の社会生活上の問題状況を把握し、既存のサービス利用に結びつけるケアマネジメントの手法がとられています。これらは、個々の対象者を特定した支援計画になります。しかし、子どもを対象とした支援計画を作成するときには、子どもが単独で生活していることは極めて稀で、家族構成員を含めて家庭全体を対象者としてみる必要があります。

③ 子ども家庭支援におけるアセスメント

子ども家庭支援のなかで、虐待の緊急性の判断のためのアセスメントや親子再統合のためのアセスメントなど特定の場面に特化したアセスメントもありますが、子どものおかれた環境について家庭内の相互作用等を総合的に把握し整理することが基本となります。

つまり、子ども家庭支援における支援計画の作成にあたっては、対象となる子どもだけに焦点を当てたものでは不十分で、子どもを取り巻く家庭環境や家族、関係機関を含めたものが必要になります。この視点は、地域で子ども家庭を支える「ファミリーソーシャルワーク」ということができます。

④ ファミリーソーシャルワークとは

ファミリーソーシャルワークの位置づけをみてみると1999（平成11）年の東京都児童福祉審議会意見具申において、「個人や家族の力、親族、近隣の人々、友人などの協力のみでは解決困難な生活課題を抱える家庭を対象に、家族一人ひとりの福祉と人権の擁護に向け、個々の機関や職員、ボランティアなどが、関係機関との連携のもとに、専門的援助技術や社会資源を活用しつつ、家族を構成する個々人の自己実現と生活設計を見通し、家族構成員、とりわけ子どもが健全に育つ場としての家庭がその機能を十分に発揮できるよう援助していくこと」と掲げられています。

2004（平成16）年厚生労働省が乳児院等に「家庭支援専門相談員」（ファミリーソーシャルワーカー）を配置しましたが、その位置づけは社会的養護における入所児童の永続的な支援展開の域を出ずに、明確に定義されていない状況にあるといえます。

日本社会福祉士会子ども家庭支援委員会の「2020年度児童家庭支援ソーシャル

ワーク研修会」では、「ファミリーソーシャルワーク」の構成要素として、以下のように整理しています。

図表2-1 ファミリーソーシャルワークの構成要素

①家族構成員個々の権利擁護（子どもの最善の利益）	児童虐待に対する権利擁護だけでなく、母親等へのドメスティック・バイオレンス（DV：domestic violence）や同居する祖父等への高齢者虐待等も対象として権利侵害への介入を行う。
②家族構成員個々の課題の整理・把握	子どもを中心とし、父母や祖父母、きょうだいも対象とする。近隣に住む従兄妹や親戚も対象とすることもあり、家族構成員個々のニーズを整理し、家族全体を把握する。
③家族システムへの介入・支援	②と連続した視点で、家族構成員個々の関係性に着目した「家族の力動性」を把握し、介入・支援する。
④家族構成員間によるエンパワメント	家族構成員個々のストレングスをとらえ、家族構成員が互いに影響し合ってエンパワーできるよう支援する。
⑤家庭を基盤とした関係機関との連携	家族構成員個々の課題となる事柄が、どの法律や制度にかかわるのか明らかにし、その法律や制度を司る関係機関等と連携する。
⑥家庭を基盤としたサービス調整	家族構成員個々のニーズに沿って地域の福祉サービス等を利用できるよう調整する。
⑦地域を基盤とした家族の自立支援	「地域共生社会」実現に向けたコミュニティソーシャルワークの取り組みとして、家族が地域のなかで多様な資源を活用しながら、自立した生活ができるよう支援する。

これらの要素は、家族全体に対して、権利擁護を基盤にミクロ・メゾ・マクロレベルにおけるバイオ・サイコ・ソーシャルモデル（p.30脚注参照）、エコロジカルモデル、システムモデル、ケアマネジメント、ネットワーキングといった手法を取り入れた考え方です。

子どもを理解するにあたって、このようなファミリーソーシャルワークの構成要素からアセスメントを行うことが必要になります。本章で取り上げている帳票は、こういった要素を含み、子ども家庭を包括的に理解するためのツールとなっています。

5 アセスメントに必要な枠組み

これまで述べてきたファミリーソーシャルワークの支援展開において、アセスメントに必要な枠組みを設定しています。①から⑪の項目は、家族を構成する個々の成員について実施することになります。

図表2-2 アセスメントに必要な枠組み

①情報の収集（知りたい情報、不明な事柄の整理）	闇雲に情報を収集しても意味がない。支援者として、どのような意図で、どこから入手するのか、根拠をもって実施する。
②課題となる事柄の把握・整理	家族構成員個々が抱えている課題を把握し、整理する。
③主要な課題の整理（ニーズの整理と焦点化）	家族構成員個々が抱える課題のなかで互いに影響し合い、中核になっていると考えられる事柄を整理する。主要な課題は一つとは限らず、複数把握されることもある。
④緊急性の判断	生命の危機等、緊急性の有無を判断する。
⑤ストレングスの把握	家族構成員個々の強みを把握する。
⑥要求、要望や訴え（発する言葉）の把握	家族構成員個々の思いや訴え、意向を受け止め、理解する。しかし、自らの思い等を伝えることが難しい対象者には思いや訴え、意向を引き出すアドボカシーの取り組みも重要である。
⑦課題の発生要因の整理（アセスメント要約）	③で把握した主要な課題の発生要因を分析し、整理する。
⑧対象となる法律・制度の把握（ニーズに対する法律・制度・サービスとの照合）	家族構成員個々の課題が、どの法律や制度、サービスに照合するのか把握する。例えば、「ヤングケアラー」という課題は、「児童虐待防止法」のネグレクトに抵触する。

⑨必要となる関係機関（社会資源）の明確化と整理	主要となる課題やその発生要因を解消するために必要となる関係機関（社会資源）を明らかにする。
⑩当面の目標（短期目標）の設定	課題を解決するために、まずすべきことは何かを検討し、短期目標を設定する。
⑪危機的状況の予測（リスク要因）	介入・支援の結果がプラスに展開するとは限らない。④の緊急性の判断と併せて、子どもを取り巻く危機的な状況をあらかじめ予想する。

最後に支援者として、子ども家庭を理解する情報収集において、守秘義務や個人情報保護の観点から、必要となる情報収集の根拠、情報収集先、情報収集のタイミングなどを管理しておくことが必要になります。

第2節

帳票（アセスメントツール）の目的を明確にする

社会福祉等の支援やサービスの提供にあたっては、良質で個別的な内容が必要になります。支援者によってサービスの質や内容に差が出てはいけません。そのため、要綱や要領、マニュアルが整備されることで、適切に業務が遂行されます。要綱やマニュアル等は、提供するサービスを定期的に点検する指針として作成されます。

帳票（アセスメントツール）もその一つです。ここでは、帳票の目的を整理します。

1 業務の標準化

帳票は、経験や勘に頼るのではなく、どのような対象者にも同じような支援を展開できることを意図しています。アセスメントをし、支援計画を作成するという支援経過のプロセスにおいて、帳票を活用することで、業務を標準化できます。

業務を標準化することで、専門職としての専門性を明確化し、学校等の関係機関に支援者の役割を理解してもらうことにもつながります。

2 業務の可視化

個別支援の展開において、支援の方向性の判断や根拠を明確に示すことが重要になります。業務の可視化とは、紙媒体に限定せず電子的な媒体を含めて記録し、専門職としての業務を「見える化」することです。

帳票を通して、個別支援の判断やプロセスを残すことで、後に検証する際にも役立ちます。また、帳票を作成し保存することで学校や関係機関、地域等に対して業務の説明責任を果たすこともできます。

3 業務の共有化

子どもの抱える多様な問題や課題を適切に支援するためには、学校をはじめ、行政機関等とのチームアプローチが必要です。支援者同士の連携や他分野の専門職との連携においても、個別支援の展開過程を共有する必要があります。家族構成員の誰にどのような問題と課題があり、どのような目標を設定し、どのような支援を行うのかを帳票を通じて共有することで、よりよいチームアプローチが可能となります。

帳票を通して、教職員と支援のプロセス等を共有することが可能ですが、学校には既存の「児童票」や「生徒個票」といったシート等が存在することから、本書で紹介する帳票を押しつけることは避けるべきです。

4 支援の連続性・継続性

子ども家庭支援の大きな特徴として、年度ごとに環境が大きく変わることが挙げられます。とりわけ、学校は年度を単位とした人事異動の枠組みでもあることから、進学や進級で担任等が代わります。支援者も人事異動によって、支援の担当から外れ、それにより支援が途切れることが多くあります。さらに、転居等により学区や行政区を越えると支援が途切れる頻度は一層高まります。そういったとき、帳票を活用することで、子ども家庭支援の連続性・継続性を図ることができます。

支援の連続性とは、PDCAサイクルを基本とした展開を意味しており、支援の継続性は、支援の連続性を引き継ぐことを意味しています。支援者として、人事異動や転居等で担当者が代わっても、子ども一人ひとり、家族構成員それぞれを連続的に継続的に支援することが求められます。

最後に帳票活用の留意点として、各シートの項目の空白をすべて埋めることが目的ではなく、空白でも構いません。空白で情報が入手できない状況でも支援が求められること、また、特定の情報を収集するためにどのような活動を行うのかも支援目標になることを認識しておきます。

また、帳票は、支援者の業務を標準化する枠組みを示したものであり、標準化の見直しの際に、項目を付け加えたりすることも可能です。

第3節 帳票（アセスメントツール）を書く

それでは、実際の帳票の記入と使用方法について説明します。帳票は、「基本情報シート」「アセスメントシート」「支援計画シート」「支援経過シート」で構成されています。それぞれの帳票の使い方と記入のポイント、注意事項について説明します。

支援者として大切なことは、他機関との連携において、支援の展開ごとに帳票のもつ意味を的確に伝えることです。収集した情報を帳票に書き込むだけでは意味がありません。シートごとの目的や帳票の項目ごとの意味を理解し、支援に活かしていきます。

なお、帳票の作成では、個人情報にかかわる事柄を取り扱います。保護者や養育者の了解をもとに情報収集することが望ましいですが、虐待ケースなど、保護者や養育者の了解を得ずに情報収集することもあります。支援者として、帳票の取扱いに責任をもち、帳票を共有する際は、関係機関との集団守秘義務もあらかじめ確認しておくことが重要です。

1 「基本情報シート」

（記載日：　　年　　月　　日）

フリガナ 氏名		性別	□男 □女 □その他	生年月日	H・R　　年　　月　　日 （年齢　　　）
学校		学年	年	担任	
教育歴等	年月	学校名・利用施設等		備考（クラブ・塾・放課後児童クラブ等）	
登校状況	欠席　　日・遅刻　　日・早退　　日				
住所地				前住所地	

家族構成	氏名	続柄	年齢	職業	健康状態	備考（学歴・手帳・介護度等）

【要請を受けた相談種別】□不登校　□ひきこもり　□いじめ　□非行　□被虐待　□発達障害　□貧困　□健康　□養育環境　□LGBT・SOGI　□学力不振　□その他（　　　　　　　）□不明
【確認すべき主訴】（　　　　　　　　　　　　　　）

【相談の経緯・概要】

【生育歴】

【ジェノグラム】	【エコマップ】

「基本情報シート」の使い方と記入のポイント

❶ 基本情報シートの構成

- 基本情報シートは、支援の対象となる人物を特定するための情報を盛り込みます。
- 最初からすべての情報を埋め込むことを求めていません。支援の展開のなかで、情報を収集することを想定しています。
- 基本情報シートの構成は、氏名、性別、生年月日、支援対象者の現所属学校・教育歴、登校状況、住所の履歴、家族構成、相談種別、相談の経緯、生育歴、ジェノグラム、エコマップとなっています。

※スクリーニング（支援の必要な子どもや家庭を識別する）を目的とした帳票ではありません。スクリーニング用の帳票は、所属する機関の目的や役割に応じて作成することを推奨します。

❷ 記入のポイント

- 教育歴は、生育歴と関係することから、可能ならば保育園や幼稚園、塾や放課後児童クラブも記入します。

- 登校状況は、子どもの学校生活の全体を把握するものです。家庭環境とも重なることから、可能ならば早退や遅刻も記入します。
- 家族構成は、現在の家庭生活の構成員を記します。ジェノグラムでは、家族システムを把握する視点で、最低三世代を記入します。
- 相談種別は、課題の枠組みを分類することと、支援者の業務を統計的に処理する意味合いがあります（教育委員会等から、支援者が年間どのような相談種別に何回かかわったか等の報告を求められることがあります。また、所属機関でもどのような相談種別に何回かかわったかを把握し、業務を評価する材料にすることがあります)。「不登校」と「貧困」等が二重にチェックされることも想定されます。
- 相談の経緯・概要は、支援者がどの機関から情報提供を受け、どのような経緯で支援にかかわることになったのか、簡潔に記載します。学校からの依頼が多いと思われますが、要介護高齢者と同居している場合は、介護支援専門員等からの相談も想定されます。その際、支援を依頼した機関が課題ととらえていることや、困り感を明記することが大切です。

3 注意事項

- 性別は、LGBTQに配慮して記入します。
- 記載年月日は、内容を変更した時点で更新します。
- 学校が備えている「児童票」や「生徒個票」から情報を収集することは可能ですが、基本情報シートはソーシャルワークの展開をベースにしており、学校が備える帳票類と情報収集の目的が異なることを認識しておく必要があります。

2 アセスメントシート

記載日：　　　年　　月　　日（　　回目）　作成者：（　　　　　　）

学年・性別	年　組　　　男 ・ 女 ・ その他　　　年齢：　　歳
フリガナ 氏　名	
相談種別	「基本情報シート」より転記（　　　　　　）

1．【ジェノグラム・エコマップ】

ジェノグラム	エコマップ（追加情報を含む）

2．【本人】

項目	現状	課題
権利擁護	対象理解（　　）（　　）（　　）	□
健康	身体（発育状況や虫歯など）	□
	既往歴	
	通院歴 （　　）	
	（　　）	
学校生活	出席状況	□
	学力・成績	
	学習態度	
	社会性	
	対人関係	
	クラブ・部活	
	集金や提出物	
	進路希望	
	（　　）	
	（　　）	
日常生活	基本的生活習慣	□
	生活リズム	
	余暇	
	家族との交流	
	友人・近隣との交流	
	（　　）	
	（　　）	
発達特性		□
本人の思い		□

3.【保護者・養育者状況】

	現状	課題
経済状況		□
養育状況		□
意思		□

4.【きょうだい・親戚等】

	現状	課題
きょうだい・親戚等		□
意思		□

5.【学校】

	項目	現状	課題
学校	教育指導体制		□
	学年・学級状況		□
方針			□

6.【関係機関・地域】

	現状	課題
機関名		□
方針		□

7.【アセスメントの要約】

【課題の背景と支援の方向性】 【ストレングス】 【支援課題】

8.【支援目標】

短期	
中期	
長期	

9.【予想される危機的状況】

本人	
家族	
学校	
その他	

「アセスメントシート」の使い方と記入のポイント

❶ アセスメントシートの構成

● 支援対象者を特定するため、冒頭に学年や氏名、ジェノグラム・エコマップを入れています。これは、基本情報から転記します。「現状」の把握と「課題」として、本人、保護者・養育者、きょうだい・親戚、学校、関係機関・地域にカテゴリー化しています。現状把握において、「バイオ・サイコ・ソーシャルモデル」*を意識して情報収集することが必要になります。

● 「課題」のチェック欄を設けています。それぞれのカテゴリーの項目で課題があることを可視化できるように意図したものです。支援者が課題の有無を判断し、記載

＊バイオ・サイコ・ソーシャルモデル：クライエントの状況を把握するためには、バイオ（生物的状態）・サイコ（精神的・心理的状態）・ソーシャル（社会環境状態）の３つの側面から理解する必要があるという考え方。

します。

- ジェノグラム・エコマップの枠組みには、「家族歴、ライフヒストリー」として、整理することも可能です。
- アセスメントの要約、支援目標、予想される危機的状況の項目を加えています。アセスメントの要約は、支援者が支援の方向性を検討するうえで、最も重要な項目となります。
- 支援目標は、短期・中期・長期として分けていますが、緊急対応も視野に、短期は1週間程度、中期は3か月程度、長期は1年程度を目指すこととしています。
- 予想される危機的状況は、支援者のリスクマネジメントになります。個別支援を展開するうえでミクロ・メゾ・マクロレベルでのリスク管理をあらかじめ想定しておくことが必要です。

2 記入のポイント

- アセスメントシートは、子どもや家庭状況が変わった際には、新たに変わった内容を記入し、更新する必要があります。新たに作成した場合はその都度記載年月日、作成回数、作成者を記入します。
- ジェノグラムとエコマップを統合して記載する方法もあります。ジェノグラムは、基本情報シートと同様に貧困や虐待の連鎖、ゲーム依存、家庭内暴力、DV等の家族システムにおける家族間の力動性を把握する関係から、三世代での家族関係を把握します。
- 「本人の思い」は、子どもの権利条約にも盛り込まれている意見表明権を保障するものです。子どもが自身の思いや考えを表明できない場合は、支援者が代弁者として子どもの思いを引き出すことも必要になります。
- 保護者・養育者、きょうだい・親戚等の現状と課題の把握は、対象となる子どもだけではなく複合的な課題を把握し、家族全体を視野にいれたファミリーソーシャルワークを展開するために盛り込んでいます。
- 「アセスメントの要約」は、権利擁護を含めた子どもの最善の利益、エコロジカルモデル*、ICFモデル*、生活モデル*、家族システムモデル*等を通して、課題が発生している背景や要因を分析した内容を記載します。対象者個人だけではなく、家族や学校、地域を含めどのような状況で課題が発生しているのかとらえることが求められます。さらに、支援者は、どのように子どもを理解しているのか、子どもがどのような背景で生活しているのか、収集された情報から分析し、学校をはじめ他機関や関係者に説明する役割があります。

- ストレングスは、本人や本人のもつ環境の強みを記入します。支援方法を決める重要な要素となります。
- 支援課題は、複合的な多くの問題や課題から支援の対象となる課題を整理し、焦点化します。子どもや家族、学校や地域が抱えるニーズとして示すこともできます。

3 注意事項

- アセスメントシートの項目を埋めることが目的ではなく、空白でも構いません。一方で、空白になっている項目の情報をどのように誰が収集するのかを課題として把握することが大切になります。
- 「課題」でチェックした項目とアセスメントの要約に整合性が求められます。全体を俯瞰した記載が必要になります。

3 支援計画シート

記載日：　年　月　日（　回目）担当者：（　　　）

学年・性別	年　組　　男・女・その他　　年齢：　歳
フリガナ 氏　名	
相談種別	「基本情報シート」の種別を転記 （　　　）

1.【支援目標】（アセスメントシートをもとに）

優先順位	対象者	内　容

＊エコロジカルモデル：人と環境との相互作用に着目するモデル。
＊ICFモデル：環境因子、個人因子、背景因子、心身機能・身体構造と活動と参加からなる生活機能、そして健康状態といった要素間の相互作用を重視するモデル。
＊生活モデル：個人と環境の両者に介入するモデル。
＊家族システムモデル：家族間の相互作用に着目するモデル。

2.【支援計画】

優先順位	支　援　課　題	支援内容（誰が、何を、いつまでに、どこまで）

3.【期間・モニタリング】

計画期間	年　月　日 ～　年　月　日	次回モニタリング予定	年　　月　　日

4.【モニタリング結果】

	支援結果	今後の課題
1		
2		
3		
4		
5		

「支援計画シート」の使い方と記入のポイント

❶ 支援計画シートの構成

- 支援対象者を特定するため、冒頭に学年や氏名、相談種別を入れています。これは、基本情報から転記されます。ほかに支援目標と支援計画、計画期間・モニタリング、モニタリング結果の項目で構成されます。
- 支援計画シートは、緊急対応の判断や家族を含めたファミリーソーシャルワークの視点で優先順位を可視化することを目的としています。
- 支援計画シートは、支援の連続性（PDCAサイクル）、継続性（支援者の引継ぎ）、包括性（ミクロ・メゾ・マクロ）を意識し、地域での自立を目指した個別支援（ミクロソーシャルワーク）と平行して、ファミリーソーシャルワークが求められます。

- 支援計画シートは、支援結果を整理し、PDCAサイクルで展開することを意図しています。

② 記入のポイント

- 支援目標や支援計画は目標が達成されることで新たに更新します。支援計画シートは、最新の内容を記入し、記載年月日、作成回数、作成者を目標や計画が更新されるたびに記入します。
- 支援対象者には、課題の所在によっては教職員等が記入されることも想定しています。
- 支援計画は、支援内容を「誰が、何を、いつまでに、どこまで」行うのかについて、ケース会議等を経て記入します。

③ 注意事項

- 支援計画は、「課題解決アプローチ」等、どのようなアプローチで展開するのか想定します。
- 介護等の分野に比して、子ども分野にはサービスや資源が少ない状況にあります。そのため、すぐにサービス利用に結びつけることが難しいケースがあることなども意識する必要があります（例：緊急のショートステイ利用）。

4 支援経過シート

日時	内容	対象者・家族・学校・関係機関の状況	支援者のはたらきかけ

「支援経過シート」の使い方と記入のポイント

❶ 支援経過シートの構成

- 支援のプロセスがわかるよう、日時や支援の内容、対象者・家族・学校・関係機関の状況、支援者のはたらきかけを記入する欄があります。支援者がどのような支援を行ってその結果、どのように変化したのか根拠が明確になることを目的としています。

❷ 記入のポイント

- 支援者はどのような手法で、どのように支援を行ったのかを記録する必要があります。場当たり的で一貫性のない支援では専門職とはいえません。クライエント中心アプローチ*、課題中心アプローチ*、問題解決アプローチ*、認知行動療法*、ナラティブアプローチ*、システムアプローチ*、虐待対応アプローチ*、危機介入アプローチ*、ストレングスアプローチ*等の根拠に沿った記録が必要になります。
- 支援目標や支援計画に沿った記載が求められます。

❸ 注意事項

- 帳票全体にかかわることですが、支援者の業務を記録し、その記録を関係機関等に提供することがあります。その際、個人情報の保護や開示を意識した記録の管理が必要になります。あらかじめ関係機関と記録の取り扱いについて確認しておく必要

＊クライエント中心アプローチ：クライエントの話を傾聴し、無条件の肯定的な関心をもち、共感的に理解することで、クライエント自らの成長をうながすアプローチ。
＊課題中心アプローチ：クライエントが解決を望む問題を取り上げ、短期的な時間で、具体的な課題を設定して取り組むことで問題を解決するアプローチ。
＊問題解決アプローチ：クライエントの自我機能を安定させ、問題を小さく切り分け対処可能なものにする。動機づけ・能力向上・機会の提供により、クライエントのコンピテンスとワーカビリティを高めるアプローチ。
＊認知行動療法：認知のゆがみを改善することで、感情や行動を変化させ、問題解決を図ろうとする手法。
＊ナラティブアプローチ：クライエントが語る人生の物語（ナラティブ）に焦点をあて、心理的治療を行うアプローチ。
＊システムアプローチ：個人や集団、社会をシステムとしてとらえ、それぞれの相互作用にはたらきかけ、問題解決を図るアプローチ。
＊虐待対応アプローチ：クライエントが支援を求めるか否かにかかわらず、安全の確保や分離保護等の虐待の解消を最優先に行うアプローチ。
＊危機介入アプローチ：クライエントの危機的状況に素早く介入し、以前の状態に近づけるように問題解決を手助けする短期的なアプローチ。
＊ストレングスアプローチ：クライエントのもつ「強さ」「能力」「資源」に焦点をあてたアプローチ。

があります。

◆引用文献

1） 日本社会福祉士会編『基礎研修テキスト上巻』p.46、2015年
2） 日本社会福祉士会編『高齢者虐待対応ソーシャルワークモデル実践ガイド』中央法規出版、p.101、2010年

◆参考文献

・資生堂社会福祉事業財団監、中山正雄編集代表、STARS（資生堂児童福祉海外研修同窓会）編集委員会編『ファミリーソーシャルワークと児童福祉の未来――子ども家庭援助と児童福祉の展望』中央法規出版、2008年
・日本ソーシャルワーク教育学校連盟編『最新社会福祉士養成講座⑫ ソーシャルワークの理論と方法（共通科目）』中央法規出版、2021年
・喜多祐荘・小林理編著『よくわかるファミリーソーシャルワーク』ミネルヴァ書房、2005年

第3章

子ども・家庭をアセスメントする

第１節では、まず、アセスメントの基本である「対象者の声を聴く（傾聴する）」ことの重要性から学びます。第２節では、対象者への理解を深めるために、子どもの発達段階を学び、個々の発達をとらえ、理解を深めます。第３節では、成長や発達との関係が深い生活環境を理解することを学び、第４節で家族と向き合う姿勢を学びます。

第1節 子どもの声を聴く

1 「子どもの声を聴く」とは

「子どもの声を聴くとはどういうことか」と問いかけられたら、何と答えるでしょうか。

子どもを支援する際に、最初に行うことは、子どもの思いや願いを「聴く」ことです。当たり前のように感じますが、「意図をしっかりもって聴くこと」がとても重要です。

聴き手の姿勢によって、相手は話す内容を変化させたり、話すことを止めてしまったりすることもあります。そのことをしっかり心に留めながら、理解を深めていきます。子ども家庭支援にかかわる専門職（以下、支援者）が抱く「もっと話をしてくれたらいいのに」「なぜ本当のことを今になって言うのか」という疑問の多くは、支援者の聴く姿勢に課題があるととらえる必要があります。

2 子どもが声を上げられない理由

声を上げられない（上げることをためらってしまう）ことの要因はいくつか考えられます。①心理的に弱っている、②力をもっている人への恐怖、③スティグマ、④自分自身を責める、⑤誰か責める人がいる、⑥誰にも迷惑をかけたくない、などです。声を上げられない状態が続くと、自助努力や自己責任が強調されているように感じ、より一層声を出しにくくなると考えられます。

子どもは、やっとの思いで話そうとしているときがあります。そのときに冷たくあしらわれたり、心ない言葉をかけられたり、責められたりすると、その口は重く閉ざされてしまいます。被害等を受けたことに対するつらさに加え、他者に話すことができないという、いわば二次的な心理的加害を支援者が与えていないか精査する必要があります。

相談援助の学びのなかには「自己覚知」があり、経験年数を積み重ねても、絶えずスーパーバイズを受けながら、その感度を磨き上げていきます。「私は大丈夫」と思っているときこそ、自分自身を見つめ直す必要があります。

3 子どもの声を聴く際のポイント ——子どもの権利条約より

子どもの声を聴くために重要なことは、「子どもの最善の利益を守る」視点に立つことだといえます。私たち大人が、どの視点に立って聴こうとしているかは、子どもに見抜かれています。子どもを「ひとりの人格ある人間」としてとらえ、対等に向き合うことから始めなければなりません。

この骨子ともいえる取り決めが、児童の権利に関する条約（以下、子どもの権利条約）です。子どもの権利条約とは、子どもの基本的人権を国際的に保障するために定められた条約です。18歳未満の子どもを、「権利をもつ主体」と位置づけ、成人と同様、一人の人間として人権を認めるとともに、成長の過程で特別な保護や配慮（子どもの発達を理解し、生活環境を知ること）が必要であると示し、子どもが本来もっている権利を定めています。

4 子どもの権利条約の要点

前文と本文54条からなり、子どもの生存、発達、保護、参加という包括的な権利を実現・確保するために必要となる具体的な事項を規定しています。1989（平成元）年の第44回国連総会において採択され、1990（平成２）年に発効しました。日本は1994（平成６）年に批准しました。

子どもの権利条約の前文には、「家族」と「児童」の基本的姿勢が示されています。この内容は、子ども・家庭のアセスメントを行うにあたって、支援者が押さえておく基本と考えられます。

図表3-1 子どもの権利条約における「家族」「児童」の基本的姿勢

家族	●家族は、社会の基礎的な集団として、また家族のすべての構成員、特に児童の成長および福祉のための自然な環境として、社会でその責任を十分に引き受けることができるよう必要な保護・援助を与えられるべきである。
児童	●児童が、その人格の完全かつ調和のとれた発達のため、家庭環境の下で幸福、愛情及び理解のある雰囲気のなかで成長すべきである。 ●児童は、社会において個人として生活するため十分な準備が整えられるべきであり、国際連合憲章において宣明された理想の精神や平和、尊厳、寛容、自由、平等および連帯の精神に従って育てられるべきである。

出典：「子どもの権利条約」全文（政府訳）を一部改変（https://www.unicef.or.jp/about_unicef/about_rig_all.html　最終アクセス日2022年12月１日）

図表3-2 子どもの権利条約の定める権利には、どんなものがある？

生きる権利	育つ権利	守られる権利	参加する権利
住む場所や食べ物があり、医療を受けられるなど、命が守られること	勉強したり遊んだりして、もって生まれた能力を十分に伸ばしながら成長できること	紛争に巻きこまれず、難民になったら保護され、暴力や搾取、有害な労働などから守られること	自由に意見を表したり、団体を作ったりできること

出典：日本ユニセフ協会（https://www.unicef.or.jp/about_unicef/about_rig.html 最終アクセス日2022年12月１日）

子どもの権利条約の理解で最も重要と考えられるのは、「子どもの最善の利益」をどのように考慮するかといっても過言ではありません。子どもの最善の利益を考慮するとは、「生きる権利」「育つ権利」「守られる権利」「参加する権利」を子ども自身が自覚して大切にしたい、という気持ちが育まれることです。

5 子どもの権利条約の一般原則

子どもの権利条約には、次の四つの一般原則があります。

①生命、生存及び発達に対する権利（命を守られ成長できること）

すべての子どもの命が守られ、もって生まれた能力を十分に伸ばして成長できるよう、医療、教育、生活への支援などを受けることが保障されます。

②子どもの最善の利益（子どもにとって最もよいこと）

子どもに関することが決められ、行われる時は、「その子どもにとって最もよいことは何か」を第一に考えます。

③子どもの意見の尊重（意見を表明し参加できること）

子どもは自分に関係のある事柄について自由に意見を表すことができ、おとなはその意見を子どもの発達に応じて十分に考慮します。

④差別の禁止（差別のないこと）

すべての子どもは、子ども自身や親の人種や国籍、性、意見、障がい、経済状況などどんな理由でも差別されず、条約の定めるすべての権利が保障されます。

出典：日本ユニセフ協会より引用（https://www.unicef.or.jp/about_unicef/about_rig.html 最終アクセス日2022年12月1日）

子どもを取り巻く環境は、日々刻々と変化していきます。私たちが知り得ている状況は、ほんの一握りかもしれません。表面的に同じ様子に見えたとしても、毎日、同じことの繰り返しとは限らないのです。表情、目線、言葉の投げかけといったほんのちょっとした変化で、自分の状況を伝えてきます。受け取る側は、自分自身の固定概念（「昨日はこうだった」「きっとこうに違いない」）や先入観を一度おいて、いつでもどんなときも、新鮮な目（その瞬間、その瞬間で子どもをとらえる、理解する姿勢）で見つめる必要があります。

6 子どもの声を聴くときの姿勢

支援者が子どもの声を聴くときの具体的姿勢として、傾聴が挙げられます。傾聴とは、カウンセリングやコーチングで使用されるコミュニケーション技法の一つとされています。相手の話を深く聴いたり、話し方や表情、姿勢、しぐさといった言葉以外の部分に注意を払ったりすることで、相手を理解します。

傾聴の特徴は、①受容：相手を受け入れる、②共感：話を聴いて肯定的に伝えることであると理解されています。傾聴が正しく行われると、話し手は自身の理解を深めることができ、積極的・建設的な行動をとれるようになるといわれています。

傾聴の目的は、相手が言いたいこと、伝えたいことにポイントをおいて、理解を深めることです。傾聴では、相手のメッセージに耳を傾け、声の調子や表情などに視覚を用いて理解を表し、対象者の言葉の背後にある、「感情」に心を配って、共感的姿勢を表します。支援者が耳、目、心を使って話に耳を傾けると、支援対象者も理解してくれるようになります。このような状況を積み重ね、お互いに信頼関係を築いたうえで、「支援対象者自身が、自らの意思で結論へたどり着くこと」が、傾聴の大きな目的です。そのなかで重要とされているのが、積極的傾聴（active listening）とされています。

7 積極的傾聴とは

「積極的傾聴（active listening）」は、アメリカの心理学者ロジャーズ（Rogers, C.R.）によって提唱されました。ロジャーズは、自らがカウンセリングを行った多くの事例を分析し、対象者にとって有効であった事例に共通していた、聴く側の３要素として「共感的理解」「無条件の肯定的関心」「自己一致」を挙げ、これらの人間尊重の態度に基づくカウンセリングを提唱しました。

図表3-3 **積極的傾聴の三つの要素**

共感的理解（empathy, empathic understanding）
相手の話を、相手の立場に立って、相手の気持ちに共感しながら理解しようとする。

無条件の肯定的関心(unconditional positive regard) **相手の話を善悪の評価、好き嫌いの評価を入れずに聴く。相手の話を否定せず、なぜそのように考えるようになったのか、その背景に肯定的な関心を持って聴く。そのことによって、話し手は安心して話ができる。**
自己一致(congruence) **聴き手が相手に対しても、自分に対しても真摯な態度で、話が分かりにくい時は分かりにくいことを伝え、真意を確認する。分からないことをそのままにしておくことは、自己一致に反する。**

参照：中央労働災害防止協会メンタルヘルス教育研修担当者養成研修テキスト検討委員会編著「メンタルヘルス教育研修担当者養成研修テキスト」p.169、2010年を一部改変

❶ 共感的理解

共感的理解に基づく傾聴とは、聴き手が相手の話を聴くときに、相手の立場になって、相手の気持ちに共感しながら（聴き手の思いや願いを基本に据え、相手の願いや気持ちを理解するように心がけながら）聴くことです。

❷ 無条件の肯定的関心

無条件の肯定的関心をもった傾聴とは、相手の話の内容が、たとえ聴き手自身が受け入れ難い内容であっても、初めから否定することなく、「なぜそのようなことを考えるようになったのか関心をもって聴く」ことです。日常生活における子どもとのかかわりは、個別とは限りません。むしろ、集団生活のなかで、複数の子どもと応対することのほうが多いでしょう。「話を聴いてほしい」という欲求にはタイミング（時期）があります。その時機を逃してしまうと、話すことへの意欲をなくしてしまいます。また、「時間を割いた」としても（この感覚は、子どもに無言のメッセージとして伝わります）、時機を逃した会話には意味をなさないことも多いでしょう。聴き手のタイミングではなく、「子どものタイミング」に合わせたかかわり（傾聴）が求められます。

❸ 自己一致

自己一致に基づく傾聴とは、聴く側も自分の気持ちを大切にし、もし相手の話の内

容にわからないところがあれば、そのままにせず、聴き直して内容を確かめ、相手に対しても自分に対しても真摯な態度で聴くことです。この態度を繰り返していくなかで、信頼関係が形成されていくのです。

8 子どもと目線を合わせる

子どもと対話を行うときには、子どもと目線を合わせることが大切です。身体的な違いから、子どもの目線より上になりやすいですが、姿勢や立ち位置を工夫して、子どもの視界に入ることが求められます。子どもにとってみれば、自分より大きな存在に威圧感をおぼえることもあるでしょう。子ども自身が「話しやすい」「かかわりやすい」と安心できる存在は、「自分の視界に自然に溶け込んでくる人」です。子どもが、相手を警戒せずに受け入れるためには、聴き取りを行う大人側の姿勢をどのように保つかが重要でしょう。特に、対象とする子どもの年齢が低ければ低いほど、腰を折り、膝をかがめ、目線を同じ高さに合わせる（もしくは、子どもの目線より少し下にする）ことが重要となります。子どもの年齢的に、言葉でのコミュニケーションスキルが未成熟の場合は、より一層このような姿勢が重要です。

併せて、表情や目の動き、適度に目を合わせる、目を外す等の配慮を重ねていくことで、子どもと目線を合わせることがより容易になります。

第2節

子どもの発達を知る

効果的なアセスメントを実施するためには、子どもの発達段階を「正しく知る」ことが肝要です。子どもは、それぞれの発達段階で自身の成長に必要な発達を遂げていきます。その段階によって獲得する事柄は違ってきますので、人間関係のもち方やかかわり方、自分自身の表現の仕方も変容していきます。

就学前の支援者として代表的な存在に挙げられる「保育士」「幼稚園教諭」は、養成課程において、子ども一人ひとりの各年齢（月齢）に応じた発達段階を詳細に学んでいます。それは、乳幼児期が人生の基盤を培う重要な時期であり、子どもの発達（年齢・月齢）に合ったかかわりをすること、一人ひとりの育ちに沿ったかかわりをすることが欠かせないためです。

本節では、その重要な子どもの発達を正しく理解するための基本的な内容を解説します。

1 心理社会的発達理論

心理学者であるエリクソン（Erikson, E. H.）は、人間の発達段階を八つに分けた心理社会的発達理論（psychosocial development）を提唱しました。これは、人間の心理は、周囲の人々との相互作用を通して成長していくという考えです。各発達段階に心理社会的危機（psychosocial crisis）があり、人間は、心理社会的危機を乗り越えることで、力（virtue）を獲得できると考えています。

発達課題（development task）と呼ばれることもある心理社会的危機は、A対Bという形で表されます。例に挙げると、18歳から40歳にあたる、初期成人期（young adult）の心理社会的危機は、親密対孤立（intimacy vs. isolation）と述べられています。初期成人期において、多くの人は、家族以外の他者と長期的で親密な関係を形成しようとし、うまくいけば、力として愛情（love）を獲得することができます。しかし、他者とのかかわりを避け、コミュニーションを適切にとれないと、心理社会的危機を乗り越えられず、孤立に向かってしまうことになるでしょう。

図表3-4　エリクソンの発達段階

段階	年齢	心理社会的危機	獲得される人格的強さ
乳児期	0－1歳頃	「基本的信頼」対「基本的不信」	希望
幼児前期	1－3歳頃	「自立性」対「恥・疑惑」	意志
遊戯期（幼児後期）	3－6歳頃	「自主性」対「罪悪感」	目的
学童期	7－11歳頃	「勤勉性」対「劣等感」	適格
青年期	12－20歳頃	「同一性獲得」対「同一性拡散」	忠誠
前成人期	20－30歳頃	「親密」対「孤立」	愛
成人期	30－65歳頃	「世代性」対「停滞」	配慮
老年期	65歳頃－	「統合」対「絶望」	英知

出典：Erikson, E.H., Erikson, J.M., & Kivnick,H.Q., *Vital Involvement in Old Age*, W.W.Norton & Company,1994より作成

2　発達段階と発達課題

アメリカの教育学者であるハヴィガースト（Havighurst, R. J.）は、教育の立場から生涯発達論を提唱しています。ハヴィガーストの発達課題は、ある段階の発達課題を習得していないと、次の段階の課題の習得に影響があると考えており、習得されるべき内容を示した教育的視点が強いものです。ここにおける発達課題は、各発達段階における、身体的成熟とそれに関連する技能、社会文化的な規定によるもの、個人の価値観や選択によるものについて、具体的な内容を挙げたものとなっています。

図表3-5　ハヴィガーストの発達段階

幼児期・早期児童期（0～6歳）	歩行の学習、固形食摂取の学習、しゃべることの学習 排泄の統制を学ぶ、性差および性的な慎みを学ぶ 社会や自然の現実を述べるために概念を形成し言語を学ぶ 読むことの用意をする、善悪の区別を学び良心を発達させ始める

中期児童期 （6～12歳）	通常の遊びに必要な身体的技能を学ぶ 成長しつつある生体としての自分に対する健全な態度を身につける 同年代の者とやっていくことを学ぶ 男女それぞれにふさわしい社会的役割を学ぶ 読み書きと計算の基礎的技能を発達させる 日常生活に必要な様々な概念を発達させる 良心、道徳心、価値尺度を発達させる 個人としての自立を達成する 社会集団や社会制度に対する態度を発達させる
青年期 （12～18歳）	同年代の男女と新しい成熟した関係を結ぶ 男性あるいは女性の社会的役割を身につける 自分の体格を受け入れ、身体を効率的に使う 親や他の大人たちから情緒面で自立する 結婚と家庭生活の準備をする 職業につく準備をする 行動の指針としての価値観や倫理体系を身につける（イデオロギーを発達させる） 社会的に責任のある行動をとりたいと思い、またそれを実行する
早期成人期 （18～30歳）	配偶者の選択、結婚相手と暮らすことの学習 家庭を作る、育児、家の管理、職業の開始 市民としての責任を引き受ける 気心の合う社交集団を見つける
中年期 （30～60歳）	10代の子どもが責任をはたせる幸せな大人になるように援助する 大人の社会的な責任、市民としての責任を果たす 職業生活で満足のいく地歩を築き、それを維持する 大人の余暇活動を作りあげる ひとりの人間として配偶者との関係を築く 中年期の生理学的変化の受容とそれへの適応 老いていく親への適応

老年期 (60歳〜)	体力と健康の衰退への適応、退職と収入の減少への適応 配偶者の死に対する適応 自分の年齢集団の人と率直な親しい関係を確立する 柔軟なやり方で社会的な役割を身につけ、それに適応する 満足のいく住宅の確保

参照：開一夫・齋藤慈子編『ベーシック発達心理学』東京大学出版会、pp.46-47、2018年

上記のようなエリクソンやハヴィガーストの発達理論は、子どもの発達を理解するうえで、重要な考え方です。ただし、子どもの発達は個人差があるため、必ずしも発達段階どおりに成長するわけではありません。一つの枠組みとして理解し、その枠組みに子どもを無理矢理当てはめたりすることがないように留意する必要があります。

第3節 子どもの生活環境を理解する

1 子どもの育ちの現状

近年、就学前の子どもに関して、基本的な生活習慣や態度が身についていない、他者とのかかわりが苦手、自制心や耐性、規範意識が十分に育っていない、運動能力が低いなどの課題が指摘されています。

義務教育以降の子どもについては、学習に集中できない、教師の話が聞けずに授業が成立しない等が指摘されています。最近の子どもたちは、多くの情報に囲まれた環境にいるため、世の中についての知識は増加していますが、実際には断片的で受け身的なものが多く、学びに対する意欲や関心が低いとの指摘があります。

2 子どもの育ちの変化の社会的背景

社会構造の変化に伴う少子化、核家族化、都市化、情報化、国際化など、急激な変化を受けて、人々の価値観や生活様式が多様化している傍ら、人間関係の希薄化、地域社会のコミュニティ意識の衰え、過剰に経済性や効率性を重視する大人優先の社会の流れ等が顕著に表出しています。この現状が、子どもの育ちをめぐる環境や、家庭における親の子育て環境を変化させています。上記の事柄が複合的に絡み合って、子どもの育ちに影響を及ぼしている要因になっているのではないかといわれています。

3 子どもの育ちをめぐる環境の変化——地域社会の教育力の低下

1 地域社会における子どもが育つ環境の変化

子どもが成長し自立するうえで、目標の実現や成功などだけでなく、葛藤や挫折など個々の心情の基盤となる多様な経験をすることが欠かせません。しかし、少子化や核家族化が進行し、子ども同士が集団を形成しながら遊びに熱中し、時と場面によっては、互いの考えの違いに葛藤し、影響し合いながら活動する機会が減少するなど、子どもの成長過程で必要なさまざまな体験の機会が失われていると危惧されます。

また、都市化によって、子どもの生活空間のなかに、自然や広場などといった自然体験的な遊び場が少なくなる一方で、情報の深化によってインターネット等の室内の遊びが増えるなどアンバランスな体験を避けられない現状にあります。

さらに、人間関係の希薄化等により、地域社会の大人が地域の子どもの育ちに関心を払わず、積極的にかかわろうとしない、または、かかわりたくてもかかわり方を知らないという傾向がみられます。

② 子育ての難しさを感じやすい現状

子育てとは、親が子どもに限りない愛情を注ぎ、存在に感謝し、日々成長する子どもの姿に感動して、親として成長していくという一連の流れです。子どもの成長が感じられたときや笑顔がみられたときなどに、特に大きな喜びや生きがいを感じるとされています。このような子育ての喜びや生きがいは、家庭や地域社会の人々との交流や支え合いのなかでも実感できるものです。

しかし、核家族化の進行や、地縁的なつながりの希薄化などが進行していくなか、我が子を自らの手で育てたいと思っていても、我が子にどのようにかかわっていけばよいかわからず悩み、孤立感を募らせ、その結果、親自身の情緒が不安定になっている家庭も増加しています。このような状況下、全国の児童相談所における虐待に関する相談件数も増加の一途をたどっています。

③ 子育て環境などの変化——家庭の教育力の低下

女性の社会進出が進むなか、仕事と子育ての両立（ワークライフバランス）のための支援が進んでいます。また、子育てのほかにも、仕事だけではなく、数々の自己実現の道が選択できるようになった社会環境のなかで、子育てに専念することを選択したけれどそれでよいのか不安になったり、子育てが人生において大きな負担であるかのように感じたりする親がいるとの指摘もあります。

さらに、物質的に豊かで快適な社会環境のなかで育ち、合理主義や競争主義などの価値観をもつ者が多い今の親世代にとって、効率的でも楽でもなく、自分自身がいくら努力してもなかなか思うようにはならないことが多い子育ては困難な体験であり、その喜びや生きがいを感じる前に、ストレスばかりを感じてしまうという指摘もあります。

経済状況や企業経営を取り巻く環境が依然として厳しい現代社会において、労働時間の増加や、過重な労働などの問題は一向に解消していません。また、親が子どもと一緒に食事を摂るなど子どもと一緒に過ごす時間は十分にとれておらず、これらの現状も親の子育て環境に大きな影響を与えている要因であるといえます。

4 生活環境の改善への取り組み

このような子育て環境を改善し、家庭や子育てに夢をもてる社会を実現するため、現在、子育て支援の取り組みが積極的に行われています。

その反面、その取り組みの結果として、親や企業による際限のない保育ニーズを受け入れることで、子育て支援が単なる親の育児の肩代わりになってしまうことがあると懸念する声もあります。

このようなケースでは、子どもの生活環境の悪化が懸念されます。特に低年齢児においては、「人を愛し、人を信じる心」など、人との関係性の根幹を形成するうえで必要となる「信頼できる大人との1対1による絶対的な依存関係」を確保することが難しくなり、子どもの健やかな成長にとって影響があるのではないかと推測されます。

したがって、「父母その他の保護者が子育てについて、第一義的責任を有する」という少子化対策における基本理念を踏まえて、単に親の育児を肩代わりするのではなく、親の子育てに対する不安やストレスを解消し、その喜びや生きがいを取り戻して、子どものよりよい育ちを実現する方向となるような子育て支援を進めていくことが必要とされています。親が子どもを育て、その喜びや生きがいを感じながら、仕事やボランティア活動等、さまざまな形で社会とのかかわりをもつことを通じて、親自身の自己実現を果たせる環境を整備することも求められています。

5 家庭環境の変化によるしつけの低下

従来の日本社会は、きょうだいが多く、縦の組織がはっきりした家族形態でした。

全員での食事の機会を通じて、家庭内でも日常的に競争や協調が必要でしたが、昨今の少子化によって、きょうだいが少なく、一人ひとりに個室が与えられる等、家族の間での交流を通した刺激が少なくなりました。また、少子化により、一人の子どもに対する親の期待が肥大し、親が自分自身の価値観のみで子どもと接するために過保護になったり、逆に放任になってしまい、しつけがゆき届かないケースもみられるようになりました。

なお、文部科学省が2005（平成17）年に「子どもを取り巻く環境の変化を踏まえた今後の幼児教育の在り方について（答申)」を発出しています。かなり以前の資料となりますが、現代社会における子どもの生活環境を理解するための基盤になり得る内容となっているため、参照してください。

第4節

家族と向き合う

家族と支援者が向き合うために必要なこと（求められること）は何でしょうか。親子であっても、一人の人間であることには変わりなく、それぞれが生まれながらにしてもつ個性が、家族間の人間関係をつくり上げているといっても過言ではありません。ここでは、家族と向き合うための指標として、エゴグラムを中心に理解を深めていきます。

1 エゴグラムとは

エゴグラムはカナダ出身の精神科医エリック・バーン（Berne, E.）の交流分析の理論をベースに考案された性格分析手法です。エゴグラム性格診断では、心を五つの自我状態に分類し、グラフ化することでその人の性格のクセをとらえることが可能です。

この性格診断では、心のなかには３種類の自我状態、P（親の自我状態）、A（成人の自我状態）、C（子どもの自我状態）が入っていると考え、その組み合わせの変化によって、心の状態を理解します。

図表3-6 エゴグラムの三つの自我状態

P（親の自我状態） 自分にとっての保護者、もしくは生き方に影響を与えた人物の考え方、気持ち、振る舞いが起因している状態。この状態が優位な場合は、上記の人物と同様な思考や行動をとることが多い。
A（成人の自我状態） 自分自身が落ち着きを感じていて、臨機応変な思考や気持ち、振る舞いを行うことが可能な状態。この状態が優位な場合は、自分自身の人生経験をもとに、最も適切に行動がとれるとされている。

C（子どもの自我状態）
　自分の子どもの頃に経験した思考や気持ち、生き方が多く占めている状態。この状態が優位な場合は、自分自身が子どもの頃に経験した事柄と同じような思考、行動をとるとされている。

2 エゴグラムにおける五つの自我状態

　エゴグラム性格診断では、人の性格を五つの心の領域（CP・NP・A・FC・AC）に分けて分析しています。この診断での表現では以下のようになります。診断結果は一つの指標といえるものなので、自分を見つめ直したり、他者への理解を深めたりするために活用することをおすすめします。

図表3-7 エゴグラムの五つの自我状態

CP（controlling parent）：「支配的な親」の自我状態	正義感や道徳心、責任感、良心などを表している。この得点が高い人はリーダー的な性格で強い正義感をもち、批判的な態度で人に接する傾向がある。高い理想と強い責任感をもって秩序を重んじるなどのよい面もあるが、その反面、独善的な態度で人を見下したり、権力的、攻撃的にふるまったりする結果になることもある。CPが低すぎる人は、批判力に欠ける、無責任、物事にルーズ、人の言葉に左右されやすいなどの傾向がある。
NP（nurturing parent）：「養育的な親」の自我状態	NPは、思いやり、寛容性、受容性、共感性などを表している。この得点が高い人は面倒見のよい性格で、親切で思いやりが深く、温かみのある、許容的、保護的な態度で人に接する傾向がある。他者に対する理解があり、親身になって世話をするなどのよい面もある。その反面、おせっかいと思われたり、過保護なふるまいで相手の自立心を妨げたりする結果になることもある。NPが低すぎる人は冷たく拒絶的で、他人のことを気にかけず、自らの利益のために他者を利用するなどの傾向がある。

A（adult ego state）：「合理的な大人」の自我状態	知性、理性、冷静さ、論理性、判断力、現実志向性、情緒安定性などを表している。この得点が高い人は理性的な性格で判断力に優れ、落ち着きと自信があり、客観的事実を重視し、自分の感情もよくコントロールすることができる。物事を現実的に考え、常に沈着冷静に行動し、物事に動じないなどのよい面もある。その反面、計算高く理屈っぽい、打算的で冷たいといった印象を与えることもある。逆にAが低すぎる人は現実に疎く、冷静な状況判断が苦手で主観的、感情に振り回されやすいなどの傾向がある。
FC（free child）：「天真爛漫な子ども」の自我状態	直感力、創造性、自由奔放さ、好奇心、自発性、活気、愉快さ、表現力などを表している。この得点が高い人はのびのびとした性格で、感情を自由に表現し、高い創造力をもち、健康的で、活力にあふれている。無邪気にふるまい、表現力が豊かで、周囲に温かさや明るさを感じさせるなどのよい面もある。その反面、時と場所をわきまえずにはしゃぎすぎる、自己中心的にふるまう、衝動的で無責任、調子に乗りやすいなど、周囲とのトラブルを招く結果になることもある。逆にFCが低すぎる人は、無気力で表情の変化にも乏しく、人生をうまく楽しめないなどの傾向がある。
AC（adapted child）：「従順な子ども」の自我状態	素直さ、協調性、忍耐力、奥ゆかしさ、礼儀正しさなどを表している。この得点が高い人はいわゆる「優等生」的な性格で、従順で協調性が高く、受身的で、行儀よくふるまい、絶えず周囲に気兼ねし、その期待に応えようと努力する傾向がある。周囲からは「よい子」とみられ、慎重で我慢強く、感情を抑えることができるなどのよい面もある。その反面、主体性がなく消極的で、不安感や依存心が強く、屈折した反抗心をもったり、現実から引きこもったりする結果になることもある。逆にACが低すぎる人は、反抗的、独善的で天邪鬼になりやすいなどの傾向がある。

出典：https://www.peacemind.com/egogram_about.html#aboutより一部改変（最終アクセス日2022年12月1日）

3 エゴグラムが家族の理解に役立つ理由

家族とは「夫婦・親子を中心とする近親者によって構成され、成員相互の感情的絆（きずな）に基づいて日常生活を共同に営む小集団」[1)] と定義されています。家族の役割や機能は、時代とともに変容しており、それぞれの時代背景と紐づけてとらえることが重要だと考えられます。近年における家族形態の変容のスピードは速く、また、個別性や多様性が重要視されているといえます。このような背景で、支援を展開する（アセスメントを実施する）際に求められるのは、「対象者の理解」と「対象者と他者との関係性の理解」ではないでしょうか。対象者の理解はソーシャルワークの基本ともいえます。その必要性を担保する一つの客観的手法として、エゴグラムの活用が求められるでしょう。

4 家族と向き合う前に求められること

子どもとかかわりをもつときに、支援者が常に心がけておく事柄があります。それは、大人の立場としての思考や都合を押しつけないことです。支援者自身が「子どもだった頃」を思い出すことが重要です。自身が目の前の子どもと同じ年齢だったとき、どんな言葉をかけられたらうれしかったでしょうか。目の前の子どもと向き合うとは、子どもと大人を区別して、上から下への目線や気持ちで接するのではなく、子どもと同じ目線に立ち、「同じ景色」を見て、子どもの気持ちに「寄り添う」ことです。

支援者や保護者の立場ではなく「今、かかわっている目の前の子どもと同じ頃の自分」を思い出して関係を築いていく姿勢をもち続けることが重要です。そのようなかかわりを継続していくなかで、支援者と子どもとの信頼関係の芽生えを、保護者をはじめとする家族が気づき、互いが関係を築いていきたいと思いはじめることから、家族への支援が始まるといえます。

子どもを支援していくためには、その背景にいる「家族」（母親、父親、きょうだい、祖父母等）の存在を視野に入れておくことが肝要です。子どもは、家族という世の中で最も身近な集団のなかで生活を営んでいます。毎日の生活を共にしているからこそ感じとれる息づかい、想いや願い、喜怒哀楽があります。

家族は子どもの視点と同じ事柄をとらえているのか、子どもの思いと、家族の思いがどのように交錯しているのかを、丁寧に観察することが、家族全体の理解につながります。この理解こそが、子どもを支える（アセスメントを行う）基盤となるといえるでしょう。家族を理解することと、子どもを理解することは、車の両輪と同じで、同じ大きさ、回転速度、方向でなければ、望ましい方向に進むことはできないでしょう。家族と向き合う前（支援に携わる前）に、上記の視点をもち合わせているかを確かめることが必要です。

◆引用文献

1）「日本大百科全書（ニッポニカ）」家族の解説（https://kotobank.jp/word/家族-44825）最終アクセス日2022年12月1日

◆参考文献

・「子どもの権利条約（全文（政府訳））」日本ユニセフ協会（https://www.unicef.or.jp/about_unicef/about_rig_all.html 最終アクセス日2022年12月1日）
・「子どもの権利条約」日本ユニセフ協会（https://www.unicef.or.jp/about_unicef/about_rig.html 最終アクセス日2022年12月1日）
・小沢一仁「教育心理学的視点からエリクソンのライフサイクル論及びアイデンティティ概念を検討する」『東京工芸大学工学部紀要』第37巻第2号、2014年
・柳沢昌一「E.H.エリクソンの心理社会的発達理論における「世代のサイクル（ジェネレイション・サイクル）」の視点」『教育学研究』第52巻第4号、1985年
・中央労働災害防止協会メンタルヘルス教育研修担当者養成研修テキスト検討委員会編「メンタルヘルス教育研修担当者養成研修テキスト」2010年
・文部科学省「子どもを取り巻く環境の変化を踏まえた今後の幼児教育の在り方について（答申）」2005年
・エゴグラム性格診断テスト（https://www.peacemind.com/egogram_about.html#about 最終アクセス日2022年12月1日）

コラム

聴こえていますか？ 子どもの声
――児童養護施設の立場から

子どもを取り巻く環境の変化と複雑化

現代はさまざまな家庭状況があり、虐待のみならず、貧困、子どもの貧困、親の精神疾患、若年妊娠・出産など、子どもを取り巻く環境は大きく変化しています。

子どもが生活するなかでどのような状況にあろうと、子どもが権利の主体であることが大切であり、子どもの権利擁護の視点で子ども家庭支援を考えていく必要があります。近年、社会的養護を取り巻く状況は大きく変化しており、「施設」から「里親」への移行はもとより、施設での養育も小規模化が進み、より家庭に近い住環境や職員配置になっています。児童養護施設には、日々の個別支援はもちろん、家庭支援、自立支援、里親支援、そしてアフターケアが求められ、地域とのつながりのなかでの支援も多くなっています。

施設の入所児童数は減少しているものの、多くが被虐待児童であり、一人ひとりの支援の困難さ、自立支援の強化、小規模化による個別支援の充実など取り組むべき課題は多く、職員自身が求められるものも多様化しています。

学校へ通う子どもたちの視点でみると、要保護家庭もあれば、施設から通う子ども、里親家庭から通う子どももいます。

児童養護施設で、児童指導員、家庭支援専門相談員そして里親支援専門相談員として子どもや家族とのかかわりからみえてきた、子どもの思い、家族の思いについて考えていきたいと思います。

子どもはどのような大人を求めているか
――児童養護施設の立場から

本来無条件に愛され、受け入れられるはずの親から見放され、愛着を構築できずにきてしまった子どもたちとの出会いから、支援は始まります。出会えたということは、その子ども自身が過酷な状況のなかにも、懸命に生き延びてきた証であると思います。

出会ったからこそ、その大切な命を、そして一人ひとりのありのままを「かけがえのない存在」として責任をもって向き合っていくことが求められます。子どもはすぐに答えが欲しいわけではありません。一緒に悩み、喜び、子ども自身の生い立ちや家族のこと、これからのことなどその時々で一緒に考えてくれる、苦しさを理解してくれる、自分を信じてくれる、時に一緒に迷ってくれる大人を子どもは求めています。それは、子どものことばや行動の裏にあるものにどう気づいていくか、ことばにできない、ことばにならない気持ちを察し、どう寄り添うのか、寄り添い続けるのかということなのかもしれません。

子どもが本当に求めているのは家族であり、その家族に向き合うために、「職員」を介して、ことばや行動で練習を繰り返していきます。だからこそ、職員は子どもに試され、振り回されます。職員の立ち位置や役割によっても求められるものが異なってきます。かかわる職員一人ひとりの個性、自分らしさ、強みをいかに発揮できるかも、子どもが求める大人であるために、重要な要素といえるのではないでしょうか。

子どもや保護者を理解する
——児童養護施設の家庭支援の実践から

❶ 保護者との関係構築

保護者への対応は難しく、相談関係、信頼関係を構築することには苦慮します。保護者への支援も子どもの入所時（出会い）から始まり、保護者との関係構築には、保護者を理解することが重要と考えています。保護者自身も子どもの養育に限界を感じたこと、虐待等の事実に後悔があります。その気持ちを受け止めることが必要です。

また、施設には「保護者と一緒に子どもを育てていく」役割もあります。そのために、まず、「保護者」として認めることから始めます。そして、一緒に子どもを育てていく関係だからこそ、子どもの様子や気持ちを保護者に伝えます。情報共有することで、保護者の気づきにもつながり、保護者としての自覚にもつながります。施設は、保護者が子育ての悩みなどを相談できる拠りどころであることを伝えていくことも必要です。

❷ 子ども・家族のよいところを見つけよう

子ども、保護者·家族のストレングス（強み）を見つけ出していくことが大切です。できないこと、デメリットを見つけることは容易にできてしまいますが、できない、ダメだと決めつけてしまうと、肯定的な見方ができなくなってしまいます。

一般的に「できない」と判断されることでも、その子どもや家庭にとっては最大限の「できる」ことなのかもしれませんし、保護者なりの考えがあっての対応なのかもしれません。そのことに気づくことが重要です。

子どもや家庭の強みを見つけるためには、しっかりとその子どもや家庭を観察しつつ、よく話をし、耳を傾け、心に寄り添うことが大切です。

家庭支援専門相談員として入所児童の保護者を支援していくなかで、相談関係ができ、子どもとの関係も回復できてきたと感じるのは、保護者が自分のできなさ、自分の生い立ち、自分が子どもにしてきた不適切なかかわりについて振り返り、話り始めたときです。

そういった関係に至るまで、保護者は、支援者がどんな人なのか、指導する人なのか、攻撃する人なのかなど、支援者をどう受け入れていいのか構えます。「できない」と言ったら、保護者として認めてもらえないのではないか、子どもを家に帰してもらえないのではないかなどと考えると、子どもとのかかわりでの難しさを支援者には伝えられません。支援者は、子どもや保護者の応援者であることを伝え続けて、関係を築いていくことが求められます。

子どもと家庭を支援する

子どもはどんな大人に出会ったかによって、その後の生き方が大きく左右されるといわれます。それは、大人も同じです。子どもも保護者も「大切な存在」であることを受け止め、期待し、可能性を信じてくれる存在がいることで安心して生活し、自尊感情の回復につながり、生きる力が生まれます。

❶ 施設の養育

施設の養育は、職員一人の養育ではなく、職員の「チーム養育」により成り立ちます。どんな状況であれ、必要なときに必要な支援を提供できる専門性が施設に求められるでしょう。職員自身もそれぞれの「育ち」があるなかで、子どもの生活を支援するには、職員間の連携が不可欠であると考えます。

子どもは魅力ある大人に惹かれていくものです。職員一人ひとりの自己理解と施設として、職員一人ひとりの魅力をどう引き出していくかが、子どものよりよい生活や子どもの求める大人に近づいていくことにつながるのではないかと思います。

❷ 里親による養育

里親とは、さまざまな事情により家庭で暮らせない子どもを自分の家庭に迎え入れ、養育する人をいいます。施設よりも家庭的な雰囲気のなかで、子どもが家庭や家族の存在を実感できるといったメリットがあります。

もちろん、里親の養育であっても、里親だけで悩み等を抱え込むことなく、里親同士や関係機関等と連携をとりながら、社会全体で子どもを育てていくという意識が重要です。

【社会全体で育てていこう】

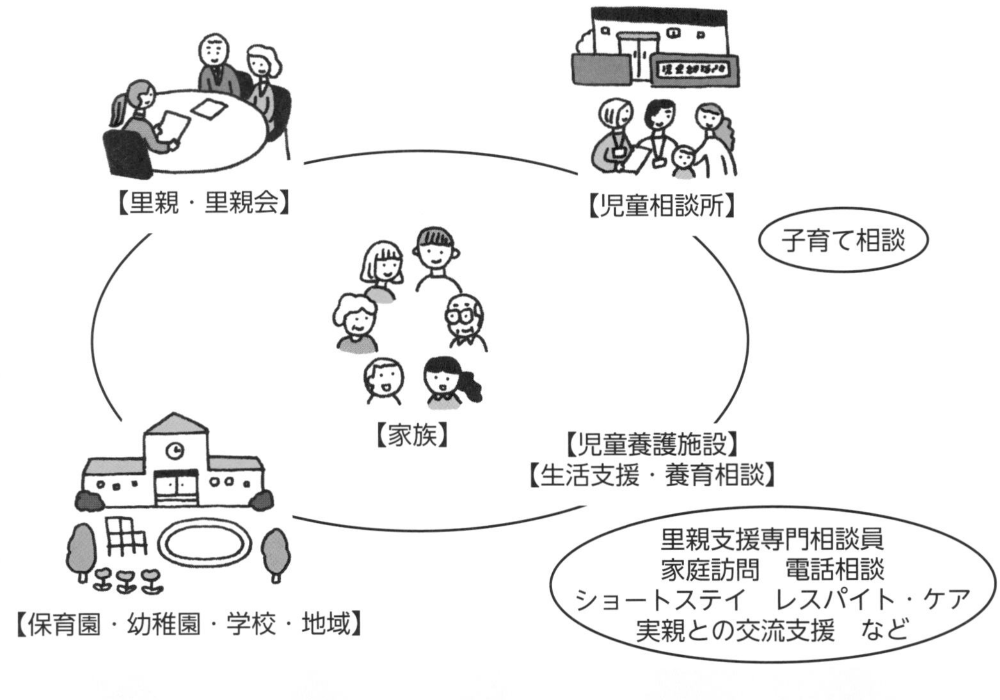

③ 学校での支援

学校でも同じことがいえるのではないかと考えます。学校には教師、養護教諭、支援員、スクールソーシャルワーカー、スクールカウンセラー、そして地域の支援者などたくさんの大人がいます。小さな変化に気づいた人、子どものSOSを感じ取った人がまず発信してみることが大切ではないかと思います。

また、問題がすぐに解決されなくても、子ども自身が自分のためにたくさんの大人（教職員）が動いていることを感じることができれば、子どもの声にならない気持ちに寄り添う（子どもの声を聴く）ことにつながるのではないでしょうか。

かかわりの難しい保護者について、どう受け止めていくかも大事な要素になります。「難しい親、厄介な親」と受け取っていると、ことばには出さなくても、自然と表情、態度で伝わってしまうものです。

保護者がなぜそういう行動をとるのか、何を伝えたいのかを考えることが必要です。攻撃的な態度は、自己防衛であるかもしれませんし、本当は困っている、相談したいというSOSであるかもしれません。学校場面におけるトラウマがあったり、問われていることが理解できなかったりするのかもしれません。

学校として保護者への対応が難しいときは、学校に配置されている専門職（ソーシャルワーカーやカウンセラー）、地域の関係機関等に相談し、抱え込まないようにすることも重要です。

子ども・家族の声を聴く、そして心に寄り添う

❶ 子どもや家族が安心して話せる環境をつくる

子どもは家族の問題を映す鏡であるといわれます。どのような家庭環境で子どもが生活しているのかを知ることが子どもの理解につながります。家庭環境を知るためには、子どもとも家族とも「語っていい」「話してみてもいい」関係性や場をつくることが大切です。

その際、支援者は子どもや家族が経験してきたつらさや苦しさに対し、「その気持ち、わかるよ」などと口にすることは十分注意しなければなりません。共感は大切で

すが、わかったつもりになることは当事者の気持ちを踏みにじるものになります。
もちろん、過酷でつらかったことを少しでも理解するためには、当事者である子どもや家族の「語り」によって共有することです。相手のペースで少しずつ時間を積み重ね、安心して話せるよう配慮することが求められます。
そして、みえたことを分析・検討し、子どもを中心に、かかわる大人も同じ目標をもって支援していくことが大切です。

❷ 子どもにとっての本当の幸せを考える

劣悪な環境での家庭養育から、児童養護施設や里親のもとで生活できることは、「幸せなこと」「これで安心」と思われますが、子どもにとって本当に幸せなことなのでしょうか。決して保護されて終わりではありません。
子どもが家族や保護者と暮らすことを望むとき、施設としても、いつかは保護者のもとへ戻すものとして、入所時から地域で子どもと家族が安心して暮らせる日まで見守ります。
子どもの権利擁護を第一に、子どもや保護者が本当に求める生活を実現するためには、支援者一人で抱え込まず、組織や社会でかかわることが欠かせません。子どもや保護者が幸せに過ごせる環境を社会全体で考えてみませんか。

第4章

学校をアセスメントする

「学校をアセスメントする」というと、学校の課題を見つけ評価するという印象をもつ人がいるかもしれません。学校アセスメントの目的は、さまざまな福祉的支援を必要とする子どもたちの状況や学校の支援体制を把握するために、学校の「よさ」や「ストレングス」がどこにあるのかを見つけ、学校と地域や家庭の新たな結びつきを発見することです。

どのように学校のもつ諸力を社会的資源に高め直していくのか、子ども家庭福祉にかかわる専門職（以下、支援者）として、学校教育の現場との距離（関係性）をどのように読み取っていくのかなどを押さえることが、学校アセスメントの本質です。

第1節 学校理解を深める

1 1条校とは

「学校とかかわる」という場合の学校とは、その多くが「1条校」を指します。これは、学校教育法の第1条「学校とは、幼稚園、小学校、中学校、義務教育学校、高等学校、中等教育学校、特別支援学校、大学及び高等専門学校とする」ことに由来する言葉です。学校教育法は、この1条校がどのように教育をすればよいのかを規定する法律です。

一方、教育基本法とは日本国憲法の精神にもとづいた法律で、日本の教育の根本的な理念を定めているものです。前文は以下のとおりです。

> 我々日本国民は、たゆまぬ努力によって築いてきた民主的で文化的な国家を更に発展させるとともに、世界の平和と人類の福祉の向上に貢献することを願うものである。
>
> 我々は、この理想を実現するため、個人の尊厳を重んじ、真理と正義を希求し、公共の精神を尊び、豊かな人間性と創造性を備えた人間の育成を期するとともに、伝統を継承し、新しい文化の創造を目指す教育を推進する。
>
> ここに、我々は、日本国憲法の精神にのっとり、我が国の未来を切り拓く教育の基本を確立し、その振興を図るため、この法律を制定する。

学校アセスメントの視点には、こうした日本国憲法や教育基本法、学校教育法などの理念や目的が含まれます。

一般に法令とは、通常「○○法」の下に、政府が決める「政令＝施行令」、各省で決める「省令＝施行規則」という３段階の構造になっています。法律自体は、いわば総則的なものを規定し、細部は施行令や施行規則で決めることになります。施行規則は、施行令よりもさらに具体的なものを決めています。学校について理解を深めるためには、日常の職員室や教室での風景、教職員や保護者、子どもとの会話などの経験則とともに、学校教育のルールを示す事柄について習熟しておく必要があります。

しかし、気をつけなければならないことがあります。これらは子どもたちへの規制やルールではなく、子どもたちの学校生活を適切に運営する大人側のルールであるという点です。子どもたちを守るルールとしては、「児童の権利に関する条約（子どもの権利条約）」を規範とします。

2 日常の生徒指導と教育相談の担い手について考える

❶ 生徒指導と教育相談の担い手

生徒指導は集団に焦点をあて、集団としての成果や変容を目指し、その結果として個の変容に至るものと考えられ、教育相談は個に焦点をあて、個別の対話や場面指導を通して個の内面の変容を図ろうとするものです。1990年代半ば以降、前者を教師、後者を心理職（スクールカウンセラー）が担うという構図がありました。2008（平成20）年にはソーシャルワーカーなどの福祉職も位置づけられましたが、学校からのニーズは教育相談領域にやや偏りがちでした。本来、福祉的支援とは生徒指導と教育相談にまたがる機能を発揮するものであり、子どもたちの学校生活を有意義で価値あるものに高めていく役割を担うものですが、その役割を十分に発揮しきれていない状況もあります。

❷ 学校に教育相談がある利点

教育相談という領域が学校教育に位置づいたのは戦後になってからですが、学校に教育相談がある利点を、三つ挙げます。

第一に、教職員は日頃から子どもと同じ場で生活し、家庭環境や学習面など多くの情報を得ることができるため、教職員と教育相談の担い手が連携することで、子どもの課題の早期発見や早期対応につながりやすいことです。第二に、学校には援助や支援の資源が豊富にあるため、教育相談で見つかった課題に対応しやすいことです。学校には、学級担任（ホームルーム担任）や生徒指導の教師、養護教諭、生徒指導主事、スクールカウンセラー、スクールソーシャルワーカーなど、さまざまな立場の教職員がおり、相談室や図書室などの施設や教材・教具など資源も充実していますので、子どもの内面の変容を図るための環境が整っているといえるでしょう。第三に、関係機関との連携がとりやすいことです。学校は子どもにかかわる機関として中核的な役割を果たし、教育相談で生じた課題を解決するために、児童相談所や児童養護施設、放課後等デイサービスなど、さまざまな地域の社会資源と連携がとりやすい立場にあります。ただし、学校が日頃から継続的な連携体制を構築していないと情報共有がうまくいかず、混乱が生じて問題解決に至らないこともあります。

3 隠れたカリキュラムと学校ごとの個別性——教育課程や登校日から考える

❶ 教育課程とは

学校は地域の公的な教育機関として、次代を担う子どもたちへの教育のあり方を示す教育課程を作成します。教育課程とは、学習指導や生徒指導の目標、教材、学習活動、評価方法などを明示化したものであり、何を教えるかという教える側からみた計画や内容です。これを子どもたちの側からみると、何をどこまで学習し、身につけたのかという「学びの履歴」になります。日本では2000年代以降、こうした教育内容について国家的に基準を示していく傾向が強くなっています。

❷ 隠れたカリキュラム

教育課程とは別に、教育する側が意図する、しない、にかかわらず、学校生活のなかで子どもたちが学びとっている事柄があります。これを教育社会学では潜在的カリキュラム（隠れたカリキュラム）と呼びます。雰囲気や慣習といった明示化されていないもの、非計画的で無意図的な教育内容、例えば学校文化や校風、伝統にあたるものです。校則問題や制服（標準服）問題における「中学生らしくしなさい」という声かけはその典型です。学習規律など、学齢期の発達段階に隠れたカリキュラムについて、支援者がどんな見解をもつかが問われます。学校をアセスメントするうえで、こうした隠れたカリキュラムについても意識しておく必要があります。

❸ 自治体や学校における個別性

「学校の数だけ学校がある」と言われます。それは、幼稚園・保育園・認定こども園、小学校、中学校、高等学校、特別支援学校などの校種の違いではなく、「学校はとても個別性のある存在だ」ということです。支援会議のために複数の学校に出向いていると、「午前中がドイツに、午後からイギリスとフランスに行ってくる」と感じるくらい文化や風土が異なります。

例えば、担任が学年をもち上がることはどこにも規則はなく、自治体や各学校の習慣、校長の判断で決まります。学校の登校日の日数も同様です。学校教育法施行令（第29条）で「公立の学校（大学を除く。）の学期並びに夏季、冬季、学年末、農繁期等における休業日又は体験的学習活動等休業日は、市町村又は教育委員会、公立大学法人の理事長が定める」とし、学校教育法施行規則（第61条）で、「公立小学校における休業日は、次のとおりとする。ただし、第三号に掲げる日を除き、当該学校を設置する地方公共団体の教育委員会が必要と認める場合は、この限りでない。

一　国民の祝日に関する法律（昭和23年法律第178号）に規定する日

二　日曜日及び土曜日

三　学校教育法施行令第29条第１項の規定により教育委員会が定める日」とあります。2002（平成14）年から完全実施になった学校５日制も、近年では自治体ごとの判断で土曜日の授業が始まっています。

年間の授業時数も法令により標準はありますが、同じ自治体内（同じ市区町村や都道府県の学校設置者）でも同じとは限りません。「朝の活動」や「ゼロ時間目」も学校によって違いがあります。

学校をアセスメントする際、対象学校の基準（教育課程）と法的に定められた基準との違いがある場合、支援者がその理由や根拠を知ることは、子どもたちの学校生活のありようを理解するうえで大切です。それは子どもの学校生活を見る、聴く、感じるときの俯瞰的な視点になるからです。

第2節 学校内の人と構造を知る

1 学校内にいる教職員の業務

❶ 教師の業務

まず、「教員勤務実態調査（2016年）」にみる教師の一般的な業務内容分類（図表4-1）を見てみます。

これは一般的なものですが、一人の教師が以下のすべての業務を抱えています。仮に小中学校の平日１日の勤務時間に置き換えると、朝の業務や会議が１時間、授業やその準備が５時間30分、部活指導40分、生徒指導１時間10分、教育相談10分、保護者対応20分、地域や関係機関の対応１分、休憩９分になります。教師の仕事に触れて初めてこうした業務があることを知ったという声がよく聞かれます。

図表4-1 教師の業務内容分類

業務分類	具体的内容
児童生徒の指導にかかわる業務	
朝の業務	朝打合せ、朝学習・朝読書の指導、朝の会、朝礼、出欠確認など
授業（主担当）	主担当として行う授業、試験監督など
授業（補助）	ティーム・ティーチングの補助的役割を担う授業
授業準備	指導案作成、教材研究・教材作成、授業打合せ、総合的な学習の時間・体験学習の準備など
学習指導	正規の授業時間以外に行われる学習指導（補習指導・個別指導など）、質問への対応、水泳指導、宿題への対応など
成績処理	成績処理にかかわる事務、試験問題作成、採点・評価、通知表記入、調査書作成、指導要録作成など

生徒指導（集団）	給食・栄養・清掃指導、登下校・安全指導、健康・保健指導、全校集会、避難訓練など
生徒指導（個別）	個別面談、進路指導・相談、生活相談、カウンセリング、課題を抱えた児童生徒への支援など
部活動・クラブ活動	授業に含まれないクラブ活動・部活動の指導、対外試合引率（引率の移動時間も含む。）など
児童会・生徒会指導	児童会・生徒会指導、委員会活動の指導など
学校行事	修学旅行、遠足、体育祭、文化祭、発表会などの行事、学校行事の準備など
学年・学級経営	学級活動・HR、連絡帳の記入、学級通信作成、名簿作成、掲示物作成、教室環境整理など
学校の運営にかかわる業務	
学校経営	校務分掌業務、初任者・教育実習生などの指導、安全点検・校内巡視、校舎環境整理など
職員会議・学年会などの会議	職員会議、学年会、教科会、成績会議、学校評議会など校内の会議など
個別打ち合わせ	生徒指導等に関する校内の個別の打合せ・情報交換など
事務（調査への回答）	国、教育委員会等からの調査・統計への回答など
事務（学納金関連）	給食費や部活動費等に関する処理や徴収などの事務
事務（その他） ※今回調査の回答時間を含む。	業務日誌作成、資料・文書（校長・教育委員会等への報告書、学校運営にかかわる書類、予算・費用処理関係書類）の作成など
校内研修	校内研修、勉強会・研究会、授業見学など
外部対応	
保護者・PTA対応	保護者会、保護者との面談や電話連絡、保護者対応、家庭訪問、PTA関連活動、ボランティア対応等
地域対応	町内会・地域住民への対応・会議、地域安全活動、地域行事への協力など
行政・関係団体対応	行政・関係団体、保護者・地域住民以外の学校関係者、来校者の対応など

校外	
校務としての研修	初任研、校務としての研修、出張を伴う研修など
会議・打合せ（校外）	校外への会議・打合せ、出張を伴う会議など
その他	
その他の校務	上記に分類できない校務、移動時間など

出典：文部科学省「教員勤務実態調査（平成28年度）の分析結果及び確定値の公表について（概要）」p.16、2018年（https://www.mext.go.jp/component/a_menu/education/detail/__icsFiles/afieldfile/2018/09/27/1409224_004_3.pdf 最終アクセス日2022年12月１日）

2 スクールカウンセラーの業務

スクールカウンセラーは、学校・幼稚園における児童生徒の「心理に関する支援に従事する」と学校教育法施行規則に明示され、主な業務には児童生徒および保護者からの相談対応、学級や学校集団に対する援助 、教職員や組織に対するコンサルテーション、児童生徒への理解、児童生徒の心の教育、児童生徒および保護者に対する啓発活動などが示されています。

3 スクールソーシャルワーカーの業務

スクールソーシャルワーカーは、学校・幼稚園における「児童の福祉に関する支援に従事する」と明示され、その業務には地方自治体アセスメントと教育委員会へのはたらきかけ、学校アセスメントと学校へのはたらきかけ、児童生徒および保護者からの相談対応（ケースアセスメントと事案へのはたらきかけ）、地域アセスメントと関係機関・地域へのはたらきかけが求められます。

なお、「児童生徒の教育相談の充実について――学校の教育力を高める組織的な教育相談体制づくり（報告）」（教育相談等に関する調査研究協力者会議、2017年１月）では、スクールソーシャルワーカーの業務が示されているので、参照してください（https://www.pref.shimane.lg.jp/izumo_kyoiku/index.data/jidouseitonokyouikusoudannjyuujitu.pdf 最終アクセス日2022年12月１日）。

2 教職員の関係性と構造

会話のなかで主語が「学校が…」という役割や責任の所在があいまいになるような表現をよく聞きます。「学校」とは建物の名称であり、そこには個々に役割や立場をもつ教職員がいます。学校内の人のことをよく知らないため、こういった表現になってしまうのでしょう。学校をアセスメントするうえで、学校内の教職員の関係性を理解することは欠かせません。

まず、学校教育法第37条（小学校の例示）から、教職員の役割と関係性と構造をみていきます。

第37条　小学校には、校長、教頭、教諭、養護教諭及び事務職員を置かなければならない。

2　小学校には、前項に規定するもののほか、副校長、主幹教諭、指導教諭、栄養教諭その他必要な職員を置くことができる。

3　第１項の規定にかかわらず、副校長を置くときその他特別の事情のあるときは教頭を、養護をつかさどる主幹教諭を置くときは養護教諭を、特別の事情のあるときは事務職員を、それぞれ置かないことができる。

4　校長は、校務をつかさどり、所属職員を監督する。

5　副校長は、校長を助け、命を受けて校務をつかさどる。

6　副校長は、校長に事故があるときはその職務を代理し、校長が欠けたときはその職務を行う。この場合において、副校長が２人以上あるときは、あらかじめ校長が定めた順序で、その職務を代理し、又は行う。

7　教頭は、校長（副校長を置く小学校にあっては、校長及び副校長）を助け、校務を整理し、及び必要に応じ児童の教育をつかさどる。

8　教頭は、校長（副校長を置く小学校にあっては、校長及び副校長）に事故があるときは校長の職務を代理し、校長（副校長を置く小学校にあっては、校長及び副校長）が欠けたときは校長の職務を行う。この場合において、教頭が２人以上あるときは、あらかじめ校長が定めた順序で、校長の職務を代理し、又は行う。

9　主幹教諭は、校長（副校長を置く小学校にあっては、校長及び副校長）及び教頭を助け、命を受けて校務の一部を整理し、並びに児童の教育をつかさどる。

10　指導教諭は、児童の教育をつかさどり、並びに教諭その他の職員に対して、教育指導の改善及び充実のために必要な指導及び助言を行う。

11　教諭は、児童の教育をつかさどる。

これらの条文からわかることは、学校には校長をトップとする階層制があり、学校の目的を達成する上意下達のライン系統があるということです。本来、教職員は、俗にいう「なべぶた型」の単層構造として、校長―教頭等以外が横並びで平等な立場です（同一職務型）。初任者も中堅も、ベテランも「差」がなく、子どもの前ではみな対等で平等な関係です。

図表4-2　ピラミッド型組織となべぶた型組織

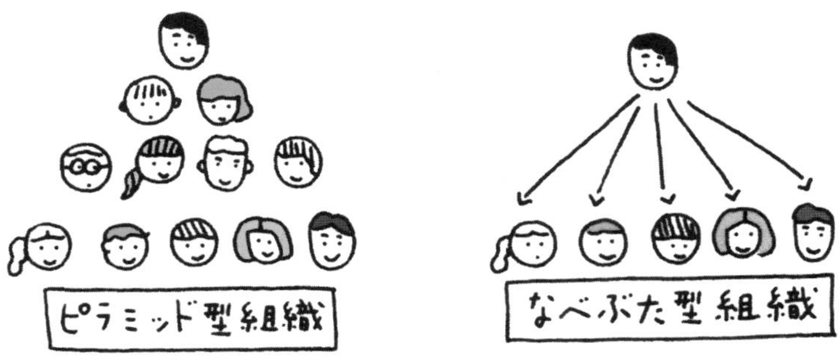

しかし、この条文中に色字で示した箇所に着目すると、「所属職員を監督する」「命を受けて」「あらかじめ校長が定めた順序」「校務を整理」「職務を代理」「命を受けて校務の一部を整理」という表記は重層構造の実態を示しています。「副校長は、校長を助け、命を受けて校務をつかさどる」とあるように副校長は教頭と異なり、「児童の教育をつかさどる」ことから離れます。「教諭は、児童の教育をつかさどる」とありますが、漢字をあてると「司る」であり、子どもを教育する職務に専念することが示されています。

3　学校の単層構造と重層構造の歴史

1　単層構造と重層構造

1955（昭和30）年以降、戦後教育改革による民主的な学校運営が効率性や合理性に欠けるとし、アメリカの企業の経営管理法を学校の組織管理に援用し、「経営層」（校長・教頭）、「管理層」（教頭・各主事）、「作業層」（教職員）というピラミッド型の３層構造を取り入れてきました。これは国―都道府県―市町村―学校という４層構造の効率性を高めるとして、各階層の職務と権限を明確にしてきました。国が政策立案を行い、都道府県・市町村教育委員会はその管理、学校はその実施を行うものとされました。結果、学校目標を測定できるように数値化し、目標の進行管理によって、「作業層」が重層的に監督・管理され、評価される構造を強化しました。

❷ 重層構造論への批判

宗像誠也は、『教育行政学序説（増補版）』（有斐閣、1969年）において、重層構造論を次のように批判しました。「決定的なことは、工場の各職制はそれぞれ違った仕事をしているのに、学校では教師はすべて本質的に同じ仕事をしているのだ、ということである。この意味では、学校は本質的に単層構造なのである」。ここでいう「監督」という行為は学校における教職員の教育活動の一環であるという考え方です。

学校関係者以外の支援者から、「学校ではどうして当事者参加の支援会議が想定されないのか」という声がよく聞かれますが、それは重層構造の弊害です。「管理職の指示を教諭が受ける組織システム」が日常にあり、子どもや保護者の声から出発するという考え方が希薄であり、指示があれば行うが、指示がないものは行わない習慣が根づいているのです。

第3節 学校内の組織を理解する

1 校務分掌と各種委員会とその特徴

① 校務分掌とは

校務分掌とは、学校の教職員が学校教育の目標を実現するため、校務を分担して遂行していく組織です。校務を大きく分けると三つあり、①教務にあたる教育指導（教科指導ごと）の単位、②教育指導の効果的遂行のための学校の諸事務の単位、③教職員の職務能力を高める研修の単位というものです。**図表4-3**は小学校の校務分掌の一例です。「特別委員会」にあたる部分が年々増加しています。

図表4-3 校務分掌の例

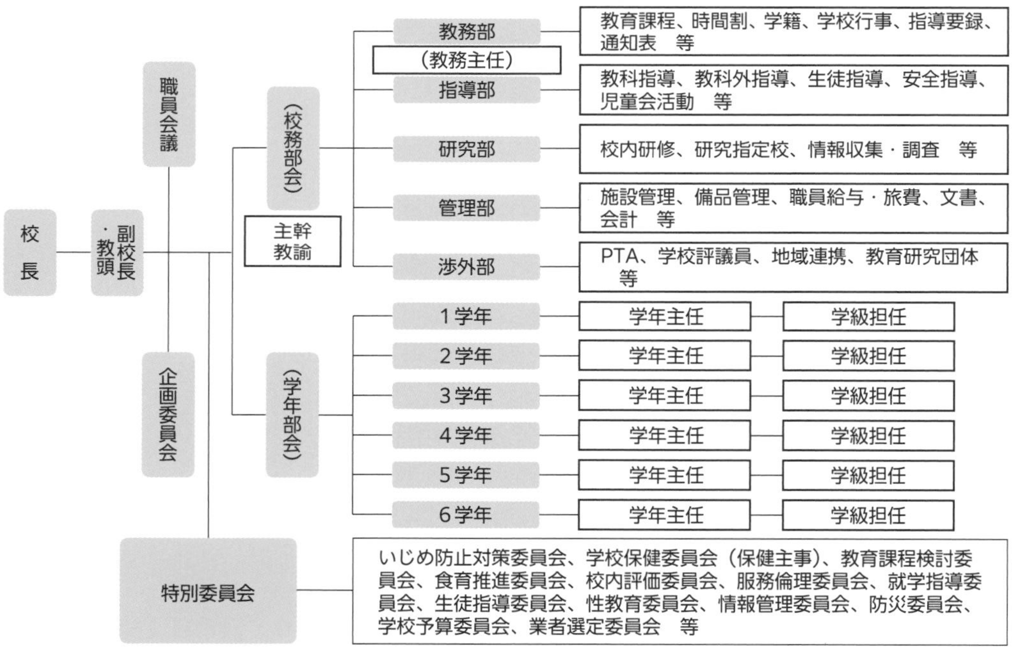

② 校務分掌の役割分担

これらは、単年度で担当します。校務分掌の数は、学校規模に左右されるわけではないため、小規模校では一人で10近い担当をもっていることがあります。そのほか、特別支援教育コーディネーターや教育相談コーディネーターが配置されています。

さまざまな部署を経験する意義はありますが、細分化され担当者が頻繁に変わるとそのノウハウの蓄積や責任感が乏しくなっている現状があります。

2 「チーム学校」時代の学校構造

「学校のチーム力を高め、教師が児童生徒の教育に専念できる体制の実現」という教育政策の文言があります。これは、2013（平成25）年５月23日に教育再生実行本部が行った「第２次提言」の一文です。これは、今日の「チーム学校」論の発端となる政策的指針であり、のちに中央教育審議会が提出した「チームとしての学校の在り方と今後の改善方策について（答申）」（2015（平成27）年12月21日）で具体化されました。この「第２次提言」の特徴は、学校教育に外部人材の活用を促進することと、主幹教諭といった中間管理職の配置です。

「チーム学校」論のイメージは**図表4-4**のとおりです。

従来が教師による自己完結型です。現在は、近年の働き方改革と結びつけ、「教師の業務だが負担軽減が可能な業務」の仕分けのなかで、「専門スタッフ」と称する「職員」（**図表4-5**）が設置されました。それを具体的に示したのが学校教育法施行規則です。以下は小学校ですが、幼稚園や中学校等も同様です。

「チーム学校」論における教師との連携や分担として、教師の「本来的な業務」は、上述の業務分類で示した学習指導や生徒指導、進路指導、学校行事、授業準備、教材研究、学年・学級経営、校務分掌や校内委員会等に係る事務、教務事務（学習評価等）などです。

教師が専門スタッフや地域人材と「連携・分担」する業務として、カウンセリング、部活動指導、外国語指導、教師以外の知見を入れることで学びが豊かになる教育（キャリア教育、体験活動など）、特別支援教育、保護者対応、地域との連携推進が挙げられます。また、これらに対応する専門スタッフとして、スクールカウンセラー、

図表4-4 「チームとしての学校」像

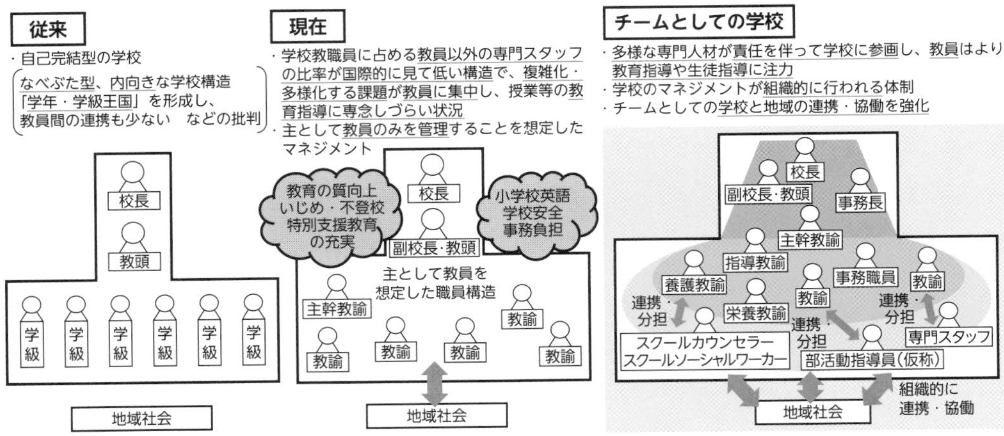

（注）「従来」「現在」の学校に係る記述は、学校に対するステレオタイプ的な批判等を表しているものであり、具体の学校、あるいは、全ての学校を念頭に記述しているものではない。

（注）専門スタッフとして想定されるものについては、本答申の22ページを参照。また、地域社会の構成員として、保護者や地域住民等の学校関係者や、警察、消防、保健所、児童相談所等の関係機関、青少年団体、スポーツ団体、経済団体、福祉団体等の各種団体などが想定される。

出典：中央教育審議会「チームとしての学校の在り方と今後の改善方策について（答申）」を一部改変

図表4-5 学校教育法施行規則における職員の規定（小学校）

第４章　小学校

第４節　職員

第64条　講師は、常時勤務に服しないことができる。

第65条　学校用務員は、学校の環境の整備その他の用務に従事する。

第65条の２　医療的ケア看護職員は、小学校における日常生活及び社会生活を営むために恒常的に医療的ケア（人工呼吸器による呼吸管理、喀痰吸引その他の医療行為をいう。）を受けることが不可欠である児童の療養上の世話又は診療の補助に従事する。

第65条の３　スクールカウンセラーは、小学校における児童の心理に関する支援に従事する。

第65条の４　スクールソーシャルワーカーは、小学校における児童の福祉に関する支援に従事する。

第65条の５　情報通信技術支援員は、教育活動その他の学校運営における情報通信技術の活用に関する支援に従事する。

第65条の６　特別支援教育支援員は、教育上特別の支援を必要とする児童の学習上又は生活上必要な支援に従事する。

第65条の７　教員業務支援員は、教員の業務の円滑な実施に必要な支援に従事する。

スクールソーシャルワーカー、ICT支援員、学校司書、部活動支援員、看護師、特別支援教育支援員、言語聴覚士、作業療法士、理学療法士などが挙げられます。

支援者は、従来の学校の教職員だけでなく、こうした専門スタッフを念頭においた支援体制を構築することが求められます。

第4節 学校を支援の対象としてとらえる

個別支援や支援会議の質を高めるためには学校への支援が欠かせません。子どもたちが生活する学校の実態や教職員の状況をめぐる情報収集を通じて、今後の学校支援そのものを考えます。その際、学校のおかれた環境や校内の実態を理解することは、支援者自身の立ち位置の明確化にもつながります。

第１節から第３節で述べてきたことを踏まえつつ、多くの学校が作成しているホームページや学校便覧などの確認とともに、教職員の体制や雰囲気、PTA活動、地域性などについて、以下の項目（**図表4-6**）をもとに情報収集シートを作成し、学校支援のためのアセスメントに活かしていきましょう。

図表4-6　学校理解のためのアセスメント視点

項　　目	項目を確認するときのポイント
学校名 校長名 連絡先 全校児童数・学年児童数 学級数（支援学級数）・通級指導の有無	全校・学年ごとの児童生徒数、支援学級数や通級指導の有無などを確認しましょう。各学校が作成する「学校便覧」やホームページの閲覧などは必須です。
窓口対応教職員の職名と氏名	窓口職員が存在することは、連絡や調整の機能をもつ組織であるかどうかを明確にします。派遣や依頼の際に対応する教職員が決まっているかどうかと、学校内での組織的な検討がなされているかどうかは大切です。対応する教職員がいないと「家庭を足繁く訪問をして、ようやく校門まで一緒に来られたが、そこで子どもを手渡す人がいない」ということにつながります。
他職種の配置状況など（教育委員会派遣を含む）	学校にスクールカウンセラーや支援員などが配置されているか、配置されている場合は、どのような勤務形態か、どのような役割を担っているか、さらに人柄や専門性について確認しましょう。これまでに

	どのような支援や関係があったのかを理解することも大切です。
教育課程や校務分掌の特徴	各学校が作成する「学校便覧」などを見比べると同一の教育課程や校務分掌はありません。それぞれの特徴を理解しましょう。
学校（自治体ごと）の問題行動等調査の結果	各自治体や各学校の不登校児童数やいじめの認知の件数、発達特性のある児童生徒数、要保護家庭・準要保護家庭数は子ども家庭支援のための一つの指標になります。その際、こういった数値の算出基準や報告方法は学校や教育行政ごとに異なるため、その数値の基準について理解することも大切です。
学校行事や学年行事の特徴	運動会や学芸会、遠足、修学旅行などは子どもにとっての学校生活イベントであり、保護者と学校とのかかわりをめぐる多様性を可視化し、理解する機会になります。
教職員間、学年間の人間関係や雰囲気	教職員同士や学年ごとの「風通しのよさ」をキャッチします。たとえ雰囲気が悪くても、そこに自分がどのように介在して改善していくのか考える材料になります。
担当する事案における校内のキーパーソン	校内の生徒指導主事や各種委員会の責任者という役職者だけでなく、校内での発言力や視野の広さなどを見立てる必要があります。校務分掌での分担と同一とは限りません。
保護者（PTA）活動や学校支援地域本部の状況	子ども同士の人間関係は親同士の人間関係の影響も受けます。保護者の就労状況や所得の格差などが関係している場合もあります。幼稚園や保育園からの「ママ友」関係や地域住民との関係性、私的な出来事など、学区の民生委員・児童委員との関係性なども大切になります。
学区や地域の地勢、住宅状況、産業構造等	中学校に重点的に配置される専門スタッフ（スクールカウンセラーやスクールソーシャルワーカーなど）は学区単位です。中学校での学区選択制では、あえて大勢の人が行く進学先を選ばない子どもが集

	まる場合もあります。その地域に公営住宅や旅館街・歓楽街があるか、児童養護施設があるか（そのことが逆にこれまでの教育・指導観を変える場合も少なくない）など確認します。子どもが「在籍する学校」だけではなく、その子どもが生活する地域の学区を視野に入れることは地域アセスメントとセットで重要です。
学校と関係機関とのこれまでの連携状況	警察や児童相談所との正・負の経験則がその後の連携に影響を与えることもあります。個人的な力量ではなくその背景を理解することは、子どもや保護者への理解と同様に重要です。
通学時の様子（徒歩、バス、自転車、送迎）	交通事故の状況、登下校時の地域の見守りや歩道の有無、ドブ板の有無、常夜灯の設置があるかなど確認します。学校の統廃合により通学距離が拡大しバス通学が増えるなかで、長時間、狭い車内にいる環境にも注意を払う必要があります。
学区などにおける地域行事や文化的活動	地域のお祭りや伝統行事は、地域の子ども組織や世代を超えた大人の関係性があり、それらを社会的資源として考えることも有効です。

第5節 地域の教育行政と児童福祉行政のつながりを理解する

1 地方教育行政の組織とその運営——教育委員会

教育委員会とは、教育における政治的中立性、継続性・安定性を確保する執行機関とし、地方教育行政における責任の明確化や迅速な危機管理体制の構築、首長との連携の強化を図り教育行政の責任を負い、総合教育会議の設置や大綱の策定を行います。教育委員会は、自治体の公共事務（一般行政）のうち、「教育」「文化」「スポーツ」などに関する事務を処理します（図表4-7、図表4-8）。日頃、支援者が主にかかわりがあるのは教育委員会の事務局や学校教育課の指導主事です。

図表4-7 教育委員会の組織のイメージ

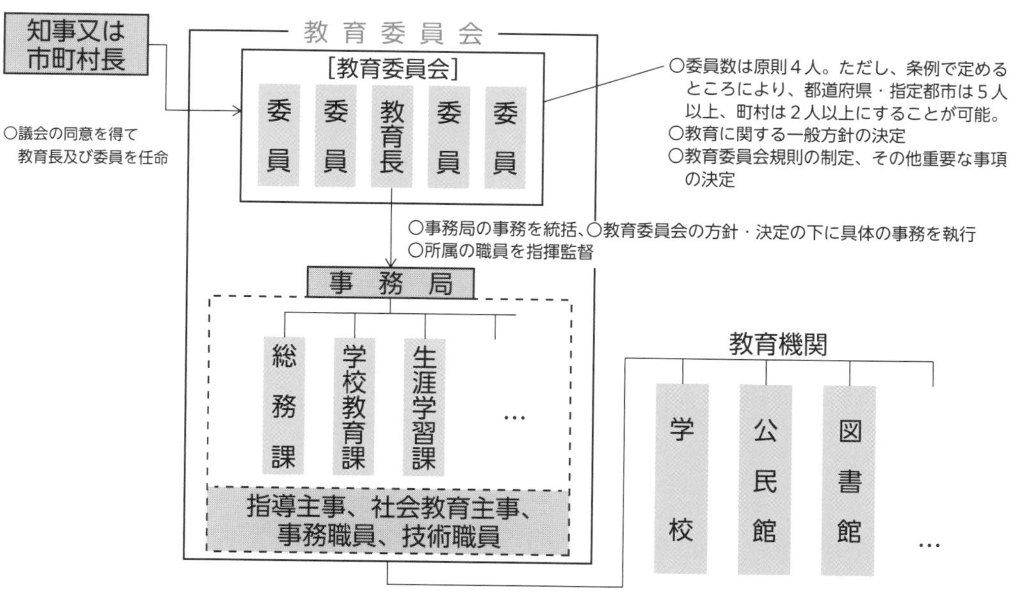

出典：文部科学省「教育委員会制度について」（https://www.mext.go.jp/a_menu/chihou/05071301.htm 最終アクセス日2022年12月１日）

図表4-8　教育委員会の事務

学校教育の振興	・学校の設置管理 ・教職員の人事及び研修 ・児童・生徒の就学及び学校の組織編制 ・校舎等の施設・設備の整備 ・教科書その他の教材の取扱いに関する事務の処理
生涯学習・社会教育の振興	・生涯学習・社会教育事業の実施 ・公民館、図書館、博物館等の設置管理 ・社会教育関係団体等に対する指導、助言、援助
芸術文化の振興、文化財の保護	・文化財の保存、活用 ・文化施設の設置運営 ・文化事業の実施
スポーツの振興	・指導者の育成、確保 ・体育館、陸上競技場等スポーツ施設の設置運営 ・スポーツ事業の実施 ・スポーツ情報の提供

出典：文部科学省「教育委員会制度について」(https://www.mext.go.jp/a_menu/chihou/05071301.htm 最終アクセス日2022年12月1日)

2　学校運営協議会 ――「地方教育行政の組織及び運営に関する法律」改正

❶ 学校運営協議会とは

地方教育行政の組織及び運営に関する法律（以下、地教行法）は都道府県・市区町村における教育行政を規定している法律です。社会福祉法などと結びつけて理解すると2030（令和12）年に向けた地域福祉と学校教育との関係が俯瞰できます。地教行法第47条の５において学校運営協議会（コミュニティ・スクール制度）が定められています。

学校運営協議会は、地域住民等の意見を学校運営に反映し、地域とともにある学校づくりを実現するための仕組みです。協議会委員は、当該校の所在する地域の住民、在籍する児童生徒の保護者、地域学校協働活動推進員などで構成されます。

地教行法の2004（平成16）年改正時に制度化され、地域と連携した取り組みを組織的に行えるようになりました。子どもたちの状況に応じた学習支援や生徒指導上の課題への対応、災害時の学校安全の確保など学校を取り巻く課題が複雑化し困難化するなかで、教職員のみならず、地域住民や保護者等を巻き込み、適切な支援を得ながら、学校運営の改善を図ることが目指されています。

2 地教行法の改正と学校運営の変化

学校運営協議会の設置は任意でしたが、2017（平成29）年に地教行法が改正され、教育委員会は、その所管に属する学校ごとに「当該学校の運営及び当該運営への必要な支援に関して協議する機関として、学校運営協議会を置くように努めなければならない」（地教行法第47条の５第１項）とされ、その設置が努力義務化されました。地域ならではの創意工夫を活かした学校運営の充実がより一層推進されることになりました。

そのほか、2017（平成29）年改正の主な内容は**図表4-9**のとおりです。教育委員会は、改正趣旨を踏まえ、それぞれの地域や学校の状況に応じた適切な措置を講ずるよう取り組みを進めています。

図表4-9　地教行法の2017（平成29）年改正の主な内容

○学校運営協議会の設置が努力義務化に
○学校運営への必要な支援についても協議すること
○学校運営協議会の委員に、学校運営に資する活動を行う者を追加
○教職員の任用に関する意見の範囲について、教育委員会規則で定めることに
○複数校で一つの学校運営協議会を設置することが可能に
○協議結果に関する情報を地域住民に積極的に提供することを努力義務化

出典：文部科学省「コミュニティ・スクール2017――地域とともにある学校づくりを目指して」を一部改変

3 学区における子どもの権利擁護

こうした諸制度や諸法規改定の内実は、一言でいうと、子育てや教育に対する第一親権者（保護者）の役割強化であり、制度やサービスは、本人の努力では賄えないところを補うという位置づけです。当事者の自助や自力解決に傾かないように、顔の見える中学校区や小学校区といった域内での人的社会的資源との連携が欠かせません。

一例として、家庭への介入と適切な対応について、今日のヤングケアラーの課題にみられるように、教育関係者が子どもの家庭背景への気づきがあっても手を出す術をもたず、一人で抱え込んでしまい地域の専門職等に支援を求められず「配慮」のまま見過ごしてきた時代が30年近くに及びます。2006（平成18）年の教育基本法改正でも、この家庭背景に目を背けてきました（ようやく2022（令和４）年の「生徒指導提要」改訂において児童の権利に関する条約の理念が明示され、子ども家庭支援への考え方が変容しつつあります）。

こうしたなかで、今後、支援者が探究すべき課題をいくつか列記します。

① 「チーム学校」の一員として、地域住民の一員として、そして子どもの幸せを考える市民として、多職種横断的な協働をつくり出す専門性とは何かを探究すること。
② 重層的な支援体制や包括的支援をめぐりその専門的な知識や技能を身につけること。「重層的な支援体制」「包括的支援体制」は施策用語として広範に使われるが、それらを具体化する固有な方法技術を深めていく必要がある。
③ 学校教育の現場のみならず、多くの支援組織や機関における会議のスリム化。その際、会議のアジェンダが話題になる。アジェンダとは会議の目的や流れなどを示し、有意義な会議を行うための予定表である。アジェンダを作成することで、「会議の目的を明確にする」「会議で決定するべきことを明確にする」「会議の進行方法を明確にする」など会議が円滑化され、迅速な対応につながる。

しかし、話し合われる内容は個人の人生や生き方にかかわります。業務の効率化や合理性を追究するあまり、本質を見失わないように注意が必要です。

第四に、子どもたちの個別支援計画の作成と提案能力の向上です。

これらを、支援者として、あるいは専門職団体の一員として組織的に探究していくことが求められます。

コラム 学校アセスメントはなぜ必要か

学校アセスメントの目的は、第４章冒頭で述べているように、さまざまな福祉的支援を必要とする子どもたちの状況や学校の支援体制を把握するために、学校の「よさ」や「ストレングス」がどこにあるのかを見つけることです。多くの子ども家庭支援にかかわる専門職（以下、支援者）は、「個のクライエント（子ども本人やその保護者）」のアセスメントは業務として当然行っていると思いますが、普段の業務のなかで、学校アセスメントはあまり意識されていないのではないでしょうか。

学校に勤務するスクールソーシャルワーカーは、学校アセスメントなしに業務を行うことはできませんが、学校外で勤務する福祉行政職や福祉関係機関などの家庭支援専門員についても、学校アセスメントの視点はとりわけ重要です。

学校アセスメントが重要な理由

なぜ学校アセスメントが重要かというと、積極的に外部機関との情報共有を行い関係機関との連携がうまくいっている学校も多くある一方で、いまだに「外部の人の手を借りるのは教師の敗北だ」と考えていたり、個人情報保護を理由に虐待等のケースで外部機関との情報共有が必要な場合においても情報を外部機関に提供することをためらう学校もあったりするなど、学校によって文化や風土が異なるからです。

このような学校による文化や風土の違いを知らずに学校と協働することは、多職種・多機関連携を進めていくうえでの弊害となります。たとえ福祉行政職や福祉関係機関などの家庭支援専門職が有能であったとしても、学校アセスメントをおろそかにしてしまえば、チーム力を存分に発揮することはできません。昨今の子どもや家庭を取り巻く課題は複雑多様化しており、「学校関係者のみ」あるいは「福祉行政職のみ」で解決していくことは困難です。双方が一つのチームとなり、連携・協働して対応していくことによって、はじめて効果的な支援ができます。そのような意味でも学校アセスメントはとても重要なのです。

学校内における支援体制を見極める

筆者は、スクールソーシャルワーカーとして複数の小・中・高等学校へ勤務しています。第1節にも「午前中がドイツに、午後からイギリスとフランスに行ってくる」という表現がありましたが、同じ校種であっても学校内における文化・風土の違いや支援体制の多種多様さがあることを実感しています。

また、学校による文化や風土の違いのみならず、校務分掌も異なっています。第2節にあるように、学校内には校長・副校長・教頭・主幹教諭・指導教諭・教諭・養護教諭・事務職員などさまざまな教職員が存在しており、詳細な校務分掌が定められています。そして、校務分掌に沿ってそれぞれの教職員にはさまざまな役割が課せられています。この校務分掌も校種によっては大きく異なっていますし、同じ校種間でも学校によりさまざまです。

❶ 支援体制がうまくいっていない学校

学校間での支援体制にもさまざまな違いがあります。筆者もスクールソーシャルワーカーとしてさまざまな学校に勤務していますが、例えば、ある学校では「管理職（校長・副校長・教頭）が支援体制の主導権を握っていて、養護教諭や担任教師にはあまり発言権がなく自由に意見が言いにくそうだな」とか、別の学校では、「担任教師が丸抱え状態で組織としての対応ではなく、個人プレーになりがちになっているな」などといったように、それぞれの学校における支援体制はさまざまであることを実感しています。特に小学校では中学校や高等学校のように教科担任制ではなく学級担任制のため、とりわけ担任教師が丸抱え状態になる割合が高く、組織的な対応につながらないことも少なくありません。

❷ 支援体制が構築されている学校

先の例では支援体制に課題のある学校を取り上げましたが、一方で担任教師や一人の教師が丸抱えするのではなく、学校組織全体で対応し、うまくチームとして支援体制が構築できている学校も多くあります。そのような学校の特徴としては、まず職員室の雰囲気が良いことが挙げられます。筆者はスクールソーシャルワーカーとして職員室で勤務することも多いのですが、チームとして支援体制が構築できている学校は、教職員の会話が多かったり、管理職とその他の教職員の距離感が近かったりする特徴があります。

③ ソーシャルワーカーなど支援者の学校とのかかわり方

スクールソーシャルワーカーとして、チームとしての支援体制が脆弱な学校では、まずは積極的に担任教師やその他の教職員に話しかけ、教職員もクライエントと認識し、互いの信頼関係を構築していくことが必要であると考えます。同じように、福祉行政職や福祉関係機関などの家庭支援専門職も、子どもの支援を通じて学校と連携していく際は学校訪問時などに教職員に対し積極的に話しかけるようにして、互いの信頼関係を構築していくことが重要です。

なお、スクールソーシャルワーカーには、「学校アセスメントと学校へのはたらきかけ」の業務が課せられています。学校の連携・支援体制の構築やその支援も重要な業務ですので、学校アセスメントをしっかり行い、支援体制の構築において何が課題なのか、逆にストレングスは何かをしっかり見極めていかなければなりません。

児童虐待防止法と学校アセスメント

学校との連携が必要な場面における代表的なものとして、児童虐待が挙げられます。児童虐待の早期発見・早期対応のためには、学校だけで情報を丸抱えせず、早い段階でしっかりと福祉行政を司る地方自治体の関係窓口や児童相談所と連携することが必要であるのはいうまでもありません。

筆者がスクールソーシャルワーカーとして勤務しているほとんどの学校では、児童生徒の虐待の兆候がみられた場合、学校長が率先して関係教職員から情報収集をして即座に子育て支援課などの福祉行政を司る地方自治体の関係窓口や児童相談所に連絡を入れます。こうした学校も多くある一方で、「まだこの段階で関係機関に情報共有するのは早い。まずは学校でできる限り対応し、もう少し経過をみながら状況が悪化した段階で関係機関に連絡を入れるべきだ」などと関係機関と情報共有することにやや消極的な学校もあります。さらに、学校によって、関係機関に連絡する担当者もまちまちで、管理職自ら行う学校もあれば、養護教諭や生徒指導主事などが行う場合もあります。

このように学校間で対応はまちまちであり、より効果的な児童虐待への対応を行うためには、子ども家庭支援専門職として普段からの学校アセスメントが重要です。そのため、「この学校の窓口教員は誰なのか？」「虐待のリスクがあった際に、早期に情報提供してもらえる学校か？」などを把握するなど、平時における学校との関係構築は重要です。また、年度初めなど担当が変更する場合には、学校に出向いて挨拶を行い、その際には虐待の兆候がみられた場合の対応方法や通報窓口の確認などを行っておくとよいでしょう。

児童福祉法と学校アセスメント

児童虐待以外にも学校との連携が必要な場面として、児童福祉法に基づいて設置される要保護児童対策地域協議会との連携があります。要保護児童対策地域協議会の支援対象は、大きく分けて「要保護児童」「要支援児童」「特定妊婦」があります。特に学校にかかわるものとしては、「要保護児童」と「要支援児童」です。

要保護児童には、「保護者が虐待している児童」のほか、「保護者の著しい無理解又は無関心のため放任されている児童」、「保護者の労働又は疾病などのため必要な監護を受けることのできない児童」などが含まれます。一方で「要支援児童」には、「食事、衣服、生活環境等について、不適切な養育状態にある家庭など、虐待のおそれやそのリスクを抱え、特に支援が必要と認められる保護者とその児童」、「児童養護施設等の退所又は里親委託の終了により、家庭復帰した後の保護者とその児童」などが含まれます。

以上のような対象児童は、特に普段から子育て支援課などの福祉行政を司る地方自治体の関係窓口や児童相談所との連携が欠かせず、対象児童の学校での様子の変化等をいち早くキャッチして、学校が関係機関と連携できるような体制を構築することが必要です。そのためには、何よりも学校と関係機関との信頼関係が重要となるのはいうまでもないでしょう。

児童虐待防止法における対応と同様、児童福祉法におけるさまざまな支援場面においても学校間で対応はまちまちであり、より効果的な対応を行うためには、支援者として普段からの学校アセスメントがとりわけ重要となります。

第5章

地域や関係機関をアセスメントする

一口に「地域」といっても何を示しているのか、漠然としています。ここでは、子どもが生活している場所を中心に考えていきます。子どもが生活している場所とは、子どもが直接的に、あるいは間接的にかかわるところや機関、そこにいる人々の役割・強み・課題などを含みます。

子ども家庭支援にかかわる専門職（以下、支援者）にとって、子どもがどんな場所に住んでいても、子どもが接する人や子どもとかかわる場所、機関の役割を知る必要があることは共通しています。まずは、子どもにとって必要な社会資源が子どもの暮らす地域に存在しているのか、それとも存在しないのか、そこからアセスメントすることが求められます。

第1節 地域の社会資源や特色を知る

子どもを取り巻く地域には多様な社会資源があり、自治体の行政機関をはじめとする公の機関や民間の機関、隣近所といわれる身近な生活圏の人々も社会資源に含まれます。

その他にも、スポーツ少年団・クラブチーム・学習塾・習い事・公園・民間の学習支援事業・生活支援事業・スーパーマーケット・コンビニエンスストア・駄菓子屋など、子どもを理解するために把握しておかなければならない社会資源は多岐にわたります。支援者は、地域連携を図るために、地域の人々との地道なかかわりを続けていくことが求められます。

1 地域・学区のエコマップの作成と地域アセスメント

図表5-1は近年、子ども家庭支援において、連携の重要性や強化が求められる社会資源の例です。フォーマル、インフォーマルを含め、各自の日常的な実践においてその過不足などを点検する意味でも、社会資源のネットワークづくりの指標としてみましょう。

図表5-1　子ども家庭支援における社会資源の例

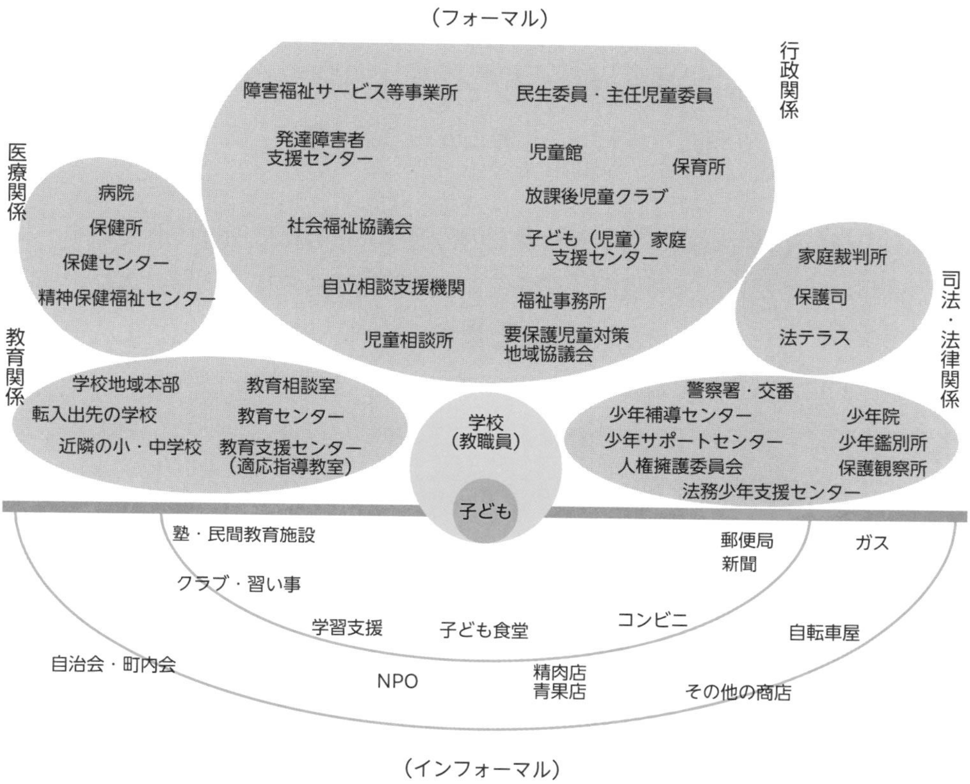

出典：日本社会福祉士会子ども家庭支援委員会「スクールソーシャルワーカー実践ガイドライン」p.17、2020年

地域・学区のエコマップを作成する際、フォーマル、インフォーマルを含めたものを検討する必要がありますが、前提として支援者自身が、地域の社会資源それぞれと関係性を結んでおくことが大切です。

また、子どもを中心としたエコマップづくりであるということを意識します。そして、子どもや家庭のみを見るのではなく、そこを取り巻く社会がどのような状況になっているのかを見ていく必要があります。そのために、組織や制度について知っておくことはもちろん、それぞれの組織には、どのような人がいて、どのような役割をもって仕事に取り組んでいるのかを理解することも求められます。まずは、エコマップに描かれた世界のなかで、子どもたちがどのように生活をしているのかを想像します。

2　子どもを取り巻く環境を理解する

子どもにかかわる相談を受けたとき、まず、「目の前の一人の子どものおかれた状況を理解する」ことから始めます。直接、子どもから状況が語られることは少なく、ほとんどが保護者との面談や学校での教職員からの相談等が、情報収集の始まりとなります。

子どもの抱えている課題に対する背景要因の情報を得るには時間が必要です。家族からの情報、かかわりのある機関や関係者からの情報をもとに、支援会議などを通して情報の整理、分析、支援の計画・実施と展開していきます。そのときに、子どもの状況を視覚的にとらえるために、エコマップを活用します。

エコマップは、あくまでも得られた情報がどのように関連し合っているのかを理解しやすくするためのツールです。決して、資源ありきの支援者の都合でつくられるものではありません。

3　エコマップをつくることで、期待できる効果

エコマップを作成し俯瞰してみることで、支援者としての自分の立ち位置が見えてきます。時には、自分が介在しないほうがよいこともあります。その際は、エコマップ上の「どこ」の「誰」が、子どもや家族の本音を導き、子どもや家族の歩みを支える人となり得るのかを考えます。

あくまで、支援の中心にいるのは子どもです。エコマップを見て、それぞれの地域や学区で、目の前の子どもにとって本当に必要な社会資源を見つけ、つながりを構築していきます。

子どもにとって、依存できる場所や人は複数必要です。家族にだから言えないこと、学校だから言えないこと、でも隣のおばちゃんには「気づいたら言っていた」ということもあります。子どもも、大人も、自分にとって大事なことはなかなか話しにくいため、多様な資源による多様なサポートが受けられるようエコマップを見ながら漏れがないかなど確認します。

また、ここまで挙げてきた社会資源等は、それぞれ子どもや家族にとってどのような意味をもつのかを考えることも重要です。支援機関や関係機関、地域の人々が多く

かかわることになったとしても、それらの社会資源を受け入れるかどうかは子どもや家族自身が決定することであるということを忘れないようにしましょう。

4 エコマップの作成例

小学４年生M君の担任教師からスクールソーシャルワーカー（以下、SSWr）が、M君の不登校や友人への暴力行為について相談を受けました。M君の両親は、離婚したばかりで、M君は父親に引き取られたことなどが共有されました。

ア 相談を受理したときに得た情報

- M君は３人兄弟で、弟（認定こども園に通う４歳）と兄（中学２年生）がいる。両親離婚後、３人とも父親に引き取られ、父子家庭に。
- 父親の就労状況が悪化し、経済的に困窮している。
- M君は、学校で友人への暴力行為が問題になっている。最近は、登校もほとんどしておらず、担任教師が自宅に連絡しても、連絡がとれないことがある。
- SSWrが家庭訪問し、父親と面談の機会を得ることとした。

相談を受理したときのエコマップ

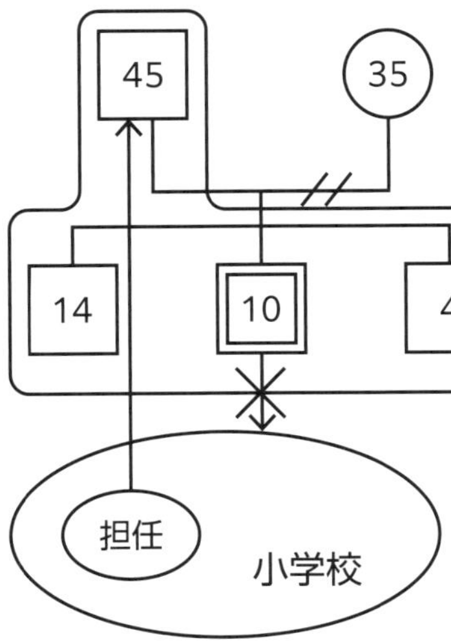

イ　支援実施時の方向性

・父親と一緒に福祉事務所の家庭児童相談室へ相談に行く。
・児童扶養手当の説明をし、申請を支援する。
・父親と一緒に生活困窮者自立支援センターの窓口へ相談に行く。
・就労相談窓口に同行する。
・住居確保のための支援をする。
・就学援助の申請を一緒に行う（小学校・中学校）。
・父親の精神的な不安定さの改善のため、精神科クリニックを紹介し、通院できるようにする。
・児童相談所に相談する（養育相談）。

支援実施時のエコマップ

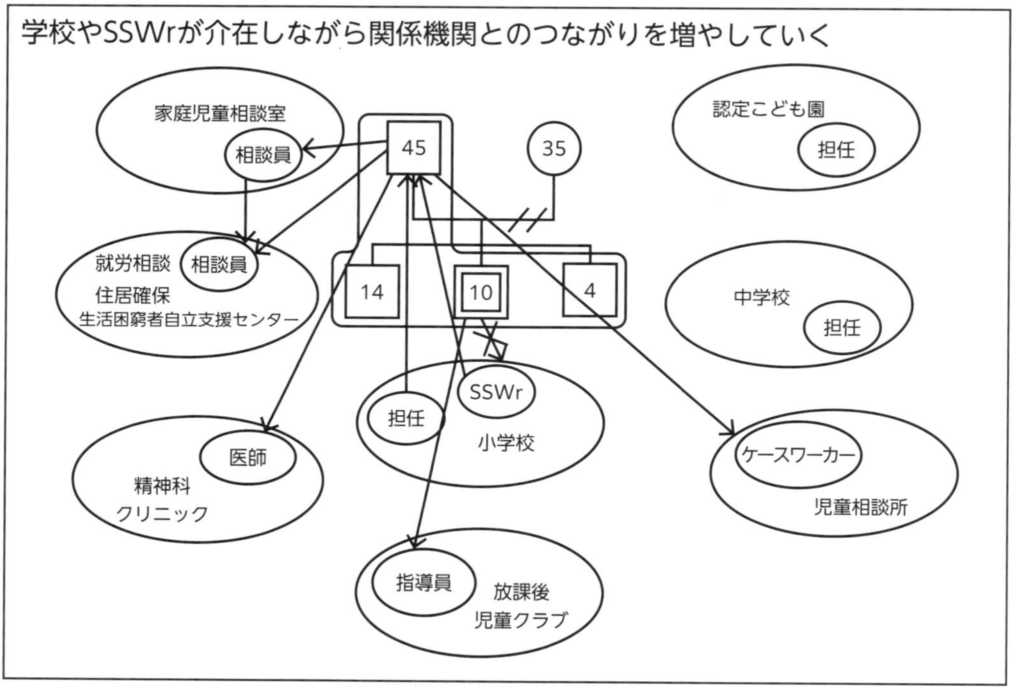

ウ　支援終結時の状況

- 子どもの通う認定こども園・小学校・中学校の担任教師がそれぞれ子どもの様子を気にかけ、日常的にコミュニケーションをとるようにしている。
- M君は、週４回放課後児童クラブに通うようにした。
- 父親は、不安なことがあるときは福祉事務所の家庭児童相談室に相談をすることができている。
- 社会福祉協議会が委託を受けている、生活困窮者自立支援事業の支援の提供を継続する。
- 精神科クリニックに父親が通院できている。
- 児童相談所が月に１回程度訪問し、父親の相談にのっている。

支援終結時のエコマップ

SSWrの介在は薄くなり、父親やM君が自らの力でかかわりを継続している

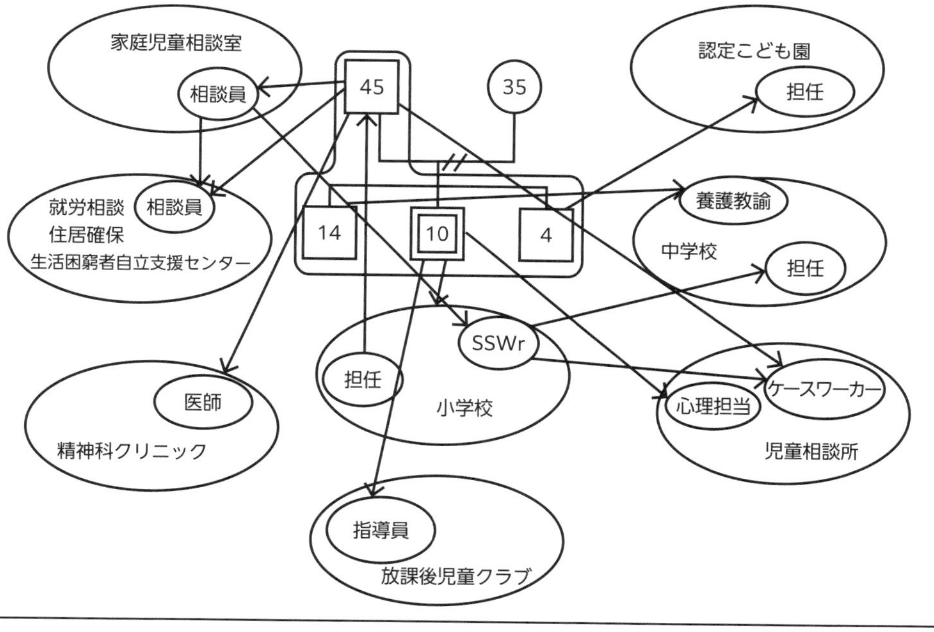

第2節

関係機関を知る

1 関係機関の役割を知る

子どもと家族の状況をとらえたときに、学校を含めてかかわりのある地域の機関をピックアップします。もちろん、すぐに必要な機関が見えてくるわけではありません。学校内での情報を頼りにしたり、必要に応じて、保護者と面談を行ったり、家庭訪問をしたりすることで、家庭とつながりのある関係機関が見えてきます。公の機関とはつながりがなくとも、親族や友人など頼ることができる人がいることもあります。また、どの機関ともつながっておらず、子どもや家族が孤立していることもあります。

なお、子どもと家族にとって必要な関係機関とは、支援者が必要と考えるのではなく、当事者が必要だと感じられるものを指します。支援者がかかわる主な関係機関を**図表5-2**、**図表5-3**に示します。

図表5-2 子どもと家族にかかわる行政機関や専門職

機関名	強み	弱み
医療機関	医学的権威がある。	守秘義務にかなり敏感である。
児童相談所	施設入所の措置権をもっている。立ち入り調査、家庭裁判所の承認を得ての施設入所、親権喪失の宣告の請求等ができる。医師、心理職、福祉職、保育士等さまざまな専門職が勤務する。	都道府県・指定都市・政令で定める市に設置。児童福祉司の配置基準は人口３万人に１人。対象範囲が広域のため機動力、地域性が低い。
福祉事務所	生活保護、母子・父子・寡婦・障害分野等に関する措置や社会福祉に関する事務を実施している。	窓口業務が多い。社会福祉専門職採用の導入は少ない。兼務が多い。

福祉事務所の家庭児童相談室	地域に密着しており地域の事情に詳しい。福祉事務所のなかにあるため、福祉事務所のさまざまな部署と連携がとりやすい。機動力、地域性が高い。	専門職でなく、行政職が多い。都道府県や市区町村によって取組み内容にばらつきがある。支援の対象範囲が狭い。
要保護児童対策地域協議会	児童虐待等を扱う検討会組織。情報漏洩に罰則規定がある。法定化されており、参加要請できる。	保護や措置の実施機関でない。専任の専門職が配置されていない。
学校	直接、子どもたちをみることができる。子どもに関する問題を発見しやすい。家族や子どもに身近である。	無限性、無境界性をもつため、問題を抱え込みがちである。外部評価に警戒をもち、権威的になりやすい。
警察	機動力がある。	家庭内の問題に取り組むようになったのは最近である。
民生委員・児童委員	人数が多く、地域をよく知っている。高齢者から子どもまで対象が幅広い。	民間の奉仕者であるため、責任の高い業務をするのは難しい。
CSW（コミュニティソーシャルワーカー）	地域において、既存の福祉サービスだけでは対応困難な事案の解決にあたる（新たな解決システムの開発を行うなど）ソーシャルワーカー。 地域のことをよく把握しており、住民に身近である。	地域によっては子ども領域に強い担当者がいない。

出典：日本社会福祉士養成校協会監、門田光司・富島喜揮・山下英三郎・山野則子編『スクール（学校）ソーシャルワーク論』中央法規出版、p.31、2012年を一部改変

図表5-3　子どもと家族にかかわる関係機関と役割

関係機関	関係機関の役割	支援者の連携時のポイント
①市役所や福祉事務所の生活保護担当課	生活保護に関する相談業務を行う。生活保護受給者の家庭訪問や保護費の計算の事務作業など生活保護を利用している人、これから利用する人を総合的に支援する。	・クライエントが事前予約できるよう支援する。 ・生活保護の説明をする担当者を知っておく。 ・生活保護の基本的内容を理解しておく。 ・説明後のフォローを行う。
②市役所の障害福祉担当課	療育手帳の申請手続きや相談支援事業所の紹介、放課後等デイサービスの利用申請等を担う。	・療育手帳等の申請手続きを知っておく。 ・障害者相談支援事業所等関係機関の役割や法的根拠を理解しておく。
③市役所の高齢福祉担当課	在宅の高齢者の生活支援、介護保険の介護予防事業、地域包括支援センターの運営等を担当している。	・子育てと介護を同時に担う「ダブルケア」の場合、子どもの立場からみた家族関係等を伝える。 ・過度のケア（介護や心理面）を担う子どもがいる場合、子どもの言動について担当者と共有する。
④配偶者暴力相談支援センター	DV相談の窓口。性別にかかわらず相談を受ける。	・DVの構造を理解しておく。 ・クライエントの揺らぐ気持ちに寄り添う。
⑤母子生活支援施設	母子を保護し、心身と生活を安定するための相談・援助を進めながら、自立を支援していく。DVによる一時保護施設として重要な施設である。	・傷つき体験や喪失体験をしている子どもの姿から、学校や、関係機関と共同でアセスメントを行う。
⑥地域若者サポートステーション	働くことに悩みを抱えている15～49歳までを対象に、就労に向けた支援を行う機関。	・中学校卒業後の支援機関として、日頃から訪問し、当事者のニーズに合うかどうか調査しておく。同行訪問も行う。

⑦放課後等デイサービス	対象は、原則として6歳から18歳までの就学児童で、障害者手帳、療育手帳、精神障害者保健福祉手帳などの手帳を所持する児童。または、発達の特性について医師の診断書がある児童。個別の支援計画に基づく活動を行う。	・放課後等デイサービスの指導員が学校に子どもたちを迎えに来るときに、子どもの様子を共有する。 ・学校・放課後等デイサービス・保護者で連携をとり、関係を築く。 ・子どもの特性を理解し、かかわりに活かす。
⑧放課後学童(児童)クラブ	親が就労しているなど留守家庭の小学校に就学している児童。運営母体はさまざまで、自治体が社会福祉法人や民間組織に委託していることもある。	・学童クラブでは、子どもたちの学校以外の顔を見ることができる。 ・それぞれのクラブの指導員・支援員がどのような方針で運営しているかを知っておく。
⑨市町村保健センター	市民に身近な保健事業を実施している。予防接種、妊産婦への支援などを行う。出産後の全戸訪問、1歳半児健診、3歳児健診などを通して、幼児の発達、養育をフォローする。	・児童にかかわる支援者は、その家庭に乳幼児がいる場合、担当保健師との連携により、家庭全体のアセスメントに活かすことができる。
⑩法テラス	法的トラブルを解決するための相談窓口。離婚、養育費、債務整理等、法的解釈に基づいた判断が必要な事例に対応する。 情報提供や裁判代理援助費用や書類作成費用の立替え、弁護士・司法書士の紹介等を行う。	・当事者の抱える法的課題や状況の整理をサポートする。 ・窓口は、市町村ごとではないため注意が必要。相談するためには、エネルギーが必要である（精神的、金銭的、時間的負荷がかかる）ことを知っておく。
⑪法務少年支援センター	全国の都道府県にある少年鑑別所が行う地域支援事業の一つ。児童福祉施設や教育機関などと連携し、子どもの非行および犯罪の防止に関する援助を行う。	・教育委員会の生徒指導主事の理解のもと、支援会議や事例検討会で、非行傾向の児童生徒のアセスメントに活かす。 ・保護者に指導方法を提案したり、子どもと一緒に問題行動を分析したり、心理相談を行うことを提案できる。

⑫警察署・少年サポートセンター	少年課では、非行予防や立ち直りのための支援を行う。 少年補導職員が、非行・いじめの相談支援を行う。	・非行や万引き、SNS関連の問題について、学校訪問事業を行っている。 ・少年の補導や逮捕、学校での問題行動について、連携することもある。 ・児童虐待において、連携することもある。

図表5-3のような機関やそこで働く他職種と連携するとき、相手を批判せず、相手の機関が、何ができて、何ができないかを理解することが大切です。そのためには、それぞれの機関がどのような法律・制度のもとで運営されているのかを学びます。所属する組織のなかでできることと、法的にできないことがあることを理解します。また、「協働」「コラボレーション」の土台となるのは、ふだんのコミュニケーションです。

2 関係機関の組織体制を知る

４月当初は、学校と同様、各組織も人事異動があります。子どもたちは入学や進級という大きな環境の変化に伴い、緊張が続き、心身ともに消耗しますが、組織のなかの大人も同じです。

行政機関も部署の異動や新人の入職など、４月はそれまでの支援体制に変化が起こります。まずは、各機関の組織図の変化を知るようにし、頻繁にかかわる部署の管理職やケースの担当者へのあいさつをします。多忙な状況であれば再度訪問したり、名刺にメッセージを書いたりするなど配慮します。その間にも、子どもと家庭の状況は変化していくので、ケースにかかわっている機関との連絡は継続できるようにします。年度替わりの関係機関のアセスメントは非常に重要であり、連携先・関係機関の動きをいち早く知るためにも、日頃からの関係性の構築が必要です。

第3節 社会資源ネットワークづくりに役立てる

地域や関係機関をアセスメントすることで、今まで見えてこなかった関係機関同士のつながりや地域のなかで不足している社会資源が明らかになることがあります。そういったことを社会資源ネットワークづくりに役立てることで、子どもと家庭を「孤立させない」支援体制を構築することができます。

1 子どもを中心に地域をアセスメントする

子どもの生活圏を歩くことが地域アセスメントの第一歩であるといえるのではないでしょうか。毎日、横断歩道に立って旗振りをしているボランティア、下校時に家の外に出て「おかえりなさい」と声をかけてくれる近隣住民が日頃の子どもの姿を知っている、子どもを支えるインフォーマルな資源になるかもしれません。

● 地域アセスメントを活かした地域住民と学校との社会資源ネットワーク構築の例

経緯

地域をアセスメントし、地域課題を検討するなかで、「子どもたちのために何かやってみたい」と考える地域住民（高齢者等）が一定数いることがわかりました。そこで、支援者（ボランティアコーディネーター）が、小学校の美化活動等に興味がある地域住民を集め、グループをつくり活動することになりました。

支援者は、学校の美化活動担当教師や教頭、校長等に地域住民の意向を伝え、子どもたちの安心・安全な学校生活を支える活動ができるよう調整しました。学校側と信頼関係を築きながら、リスクやデメリット等をともに検討したうえで、結果、以下の活動を地域住民が担うこととなりました。

・花壇の整備（季節ごとの花の植え替え）
・校庭の草刈り
・遊具の整備
・畑での野菜づくり
・登下校時の見守り

活動の結果

活動は地域住民独自の組織とし、子どもたちの学校生活とは境界をつくって行うこととしました。直接的に子どもとかかわることはありませんが、間接的に子どもを見守る大人の姿が身近にあるという環境をつくることができました。また、以下のような結果もみられました。

- 地域住民の「子どもたちのために何かやりたい」という気持ちを活動で表現できた。
- 地域住民が子どもに声をかけやすくなった。
- 学校の隅々が整備され、子どもたちが気持ちよく生活できるようになった。
- 死角が少なくなり、安全面が充実した。

地域住民と学校を結びつけることで、新たな社会資源ネットワークができました。こういったネットワークは「いざ」というときに力を発揮します。アセスメントのなかで見つけた小さな気づきをそのままにせず、行動に移していくことが重要です。

2 多様な社会資源ネットワークをつなぐ

1 子どもを支える社会資源を知る

公的なサービスや制度に位置づけられた機関だけでなく、地域には子どもにかかわる資源として、**図表5-4**のようにさまざまなものがあります。NPO法人やボランティア、民間企業が主体となっている資源も増えているため、ふだんは直接的にかかわっていない団体・ネットワークであったとしても、子どもや家族の暮らす地域にどのようなものがあるか、把握しておくことが重要です。

2 家庭を支える社会資源を知る

子どもは、子どもだけで生きてはいけません。子どもの周りには、さまざまな大人が存在し、子どもはその大人たちとの相互の関係のもとに育ちます。そのため、周囲の大人（保護者）の抱える背景（ひとり親・精神疾患・発達障害・貧困等）を理解し、そういった背景を支えるために活用できる社会資源を知っておくことが重要です（**図表5-5**）。

図表5-4　子どもを支える社会資源の例

- 地域の子どもの貧困ネットワーク
- 子ども食堂
- ひとり親家庭へのサポートネットワーク
- 不動産会社とのつながり(賃貸住宅物件探し)
- フードパントリー
- 地域の学習支援や生活支援団体
- NPO法人による子どもの居場所活動
- 社会福祉法人の地域貢献活動とのコラボレーション
- お寺主催の子どもの居場所活動
- ダブルケアのサポートネットワーク
- きょうだい会主催の研修
- ヤングケアラー当事者のミーティング
- 依存症当事者グループの研修
- 里親の会

図表5-5　ひとり親家庭を支える社会資源の例

- ひとり親当事者によるサポートネットワーク
- フードパントリー
- 卒業時・入学時の洋服のレンタル
- 入学用品・制服の譲り合い
- 職業訓練・職業紹介
- 面会交流支援

子ども、家族にかかわる地域の社会資源を知ることができたら、その地域にどのような支援が充実していて、どのような支援が不足しているのか分析します。また、社会資源同士のつながりがあるか、それぞれの社会資源の関係者はどのようなことに困っているかということまで、アセスメントしていきます。そうすることで、社会資源ネットワークの課題発見につながり、支援者として社会資源同士が協働しやすいように仲介するなど新たな地域ネットワークを構築することができます。結果として、子どもや家族が暮らしやすい地域になります。

第4節 他職種・他機関との連携に役立てる

1 目標を設定する

さまざまな機関との連携を図るとき、支援の目標を立て、支援方針、支援の手立てを考えます。その際、それぞれの機関ごとに、目標のずれが起こることがあります。目標にずれが生じれば、支援方法にも意見の対立が生まれます。

例えば、経済困窮の事例の場合、「保護者の就労」を求めるのか、「家庭の困窮状態の改善」を目指すのかで、支援方法は異なります。そこに、ネグレクトや暴力など複合的な課題があれば、さらに目標設定は異なってきます。

関係機関をアセスメントするなかで、その機関としての方向性・目標設定のあり方が見えてきます。それを理解したうえで、チームとして目標を設定し、共有することで、より効果的に連携できます。

もちろん目標設定は、あくまでクライエントの自己決定をサポートするものであることを前提とします。また、クライエントが話したいと思える人や機関を見極め、クライエントの意思を尊重した支援体制となるよう目標を組み立てます。

2 責任を共有する

「その機関だから、ここまでやるべき」という「べき論」は敵対関係を招いてしまいます。アセスメントを踏まえて、互いに「知らない情報」を共有し、それぞれの機関が、それぞれの役割を遂行できるようにします。

責任を共有するとは、単に自分の役割を果たすだけではなく、共通する目的を達成するために、それぞれの役割を果たし合うという意味です。責任を共有できる関係をつくるには、対等に意見を言い合えることが必要です。そのためには、アセスメントによって関係機関の特徴や関係機関で働く人を理解したうえで、相手の立場で考える想像力と忍耐力をもつことが求められます。

責任を共有する関係性を築くための具体的なポイントは以下のとおりです。

- 日頃から、関係機関に立ち寄り、適宜、情報共有を行う。
- 支援会議を開催するための準備を行う。
- 会議の前には関係者にあいさつをする。
- 会議後は、ねぎらいの言葉をかける（参加者同士をつなぐ役割を担う）。
- 要保護児童対策地域協議会など、多くの関係機関の集まる場で発言することによって、自分の役割を理解してもらう。
- 他職種・他機関のできることを理解し、無理な要求を控える。
- わからないことは聞く（頼る）。
- ファーストコンタクトの重要さを意識する（一度閉ざされた扉を開くことは、膨大な時間を要する）。

●連携の事例：教職員が子どもの体調不良から児童虐待を疑った場合

日常的に学校と家庭児童相談室（福祉事務所の子育て支援機関）が要保護児童の情報を共有している場合、管理職は迷わず家庭児童相談室に相談することができます。

また、明らかに傷やあざがあれば、児童相談所に通告するという選択もできるでしょう。昨今では、教職員へも児童虐待対応が周知されています。ただし、児童相談所への通告は支援の入り口に過ぎないということまで知っておくことも大切です。児童虐待ケースの家庭支援には、学校や家庭児童相談室のみならず、生活支援サービス担当者、障害福祉サービス担当者、放課後学童（児童）クラブ指導員、児童館スタッフ、民生委員・児童委員など、さまざまな関係者がかかわることになります。

児童虐待を発見しやすい教育機関と支援にかかわる各機関の担当者同士が互いに頼ることのできる関係を築いておくことが、「わずかな子どもの変化を見逃さない」ということにつながります。

支援者は、支援を進めるためには誰にどのようにはたらきかけるのかを俯瞰することが大切です。多職種のネットワークのなかで、どの人が、どのような役割を担うことができるのかをつかんだり、誰が誰に影響力をもっているのかを見極めたりすることが求められます。

また、機関同士の連携が進むようなシステムをつくることも大切です。自分自身がはたらきかけることもあれば、システムづくりの得意な人とともにネットワークをつくることもできます。

コラム

子ども家庭支援の「予防の時代」の担い手になる

子ども家庭問題対策は「予防の時代」へ

自治体における子ども家庭問題への対策は、「発見・介入の時代」から、問題の発生や進展そのものを抑え込む「予防の時代」へとシフトしてきています。

日本の子ども家庭問題は、2000（平成12）年前後から、児童虐待問題が大きく注目されます。その対策として、まず児童相談所や市町村を中心とした発見・介入のシステムが形づくられてきました。しかし、年々増加する虐待通告件数を見れば、この問題が解決に向かっているようには見えません。発見・介入の仕組みだけでは、問題の解消に十分ではないのです。

そのため、国は、問題が小さいうちから支援を開始し、問題の発生を防止する、早期発見、早期支援の仕組みの整備を自治体、特に市町村に求めています。できるだけ早く、子ども家庭問題の手当てを行うことは、子どもの傷を少なくし、また、保護者や家庭の傷も小さくすることにつながります。まさしく「予防こそ最良の社会政策」というわけです。

予防のカギは地域の支援者に

では、子ども家庭問題に対する予防とは、どのようなものでしょうか？

予防とは、早期発見、早期支援のことですが、近年始まった市町村の取組み例として一つ挙げれば「特定妊婦」への支援があります。特定妊婦とは、「出産後の子どもの養育について出産前において支援を行うことが特に必要と認められる妊婦」のことです。妊娠中から家庭環境におけるハイリスク要因を特定できる妊婦であり、具体的には、不安定な就労等収入基盤が安定しないことや家族構成が複雑、妊婦の知的・精神障害などで育児困難が予測されるなどのケースです。

このような妊婦に対し、市町村は早期発見と早期支援を行うことが求められています。まだ、子育て問題が発生していないうちから、社会的支援を行おうというわけです。

支援は、市町村の保健師や、子ども家庭福祉担当者が中心となりますが、福祉事務所のケースワーカーや民生委員・児童委員などが支援を行う場合もあります。また、妊婦が学校に所属していれば学校関係者も支援に参加します。

このように、問題が小さいうちに支援体制を構築するということは、当事者のそばにいる地域の支援者の役割が重要になるということです。身近な支援者の気づきやふだんの寄り添い支援が問題の発展を防ぐ重要なカギになります。

予防体制の構築は発展途上

子ども家庭問題対策は、「予防の時代」にシフトしていると述べましたが、現状では、その体制の構築はまだ十分とはいえません。ここでは、市町村とスクールソーシャルワーカー（以下、SSWr）との連携上、よくみられる課題例を二つ挙げてみます。

【事例１　なぜ知らせてくれないの？】

市役所の子ども家庭福祉担当のAさんに小学校から「以前、ケース会議があったK男と、６か月、会えていません」との報告がありました。ケース会議では、SSWrが定期的に家庭訪問し、登校支援などを行うことになっていました。詳しく聞くと、SSWrは定期的に家庭訪問をしていましたが、半年前くらいから、K男は顔も見せなくなったそうです。母親も「元気にしている」と言うばかりで、K男を呼ぼうともしなくなったとのこと。

Aさんは「なぜ学校は、もっと早く知らせてくれなかったのか？」と感じるとともに、「家庭に何らかの異変があったのではないか？　子どもの安否は？」と不安になりました。

事例１は子どもの様子が長期間、確認されていないケースです。

この事例では、SSWrは、登校支援を目的にK男宅へ訪問していたため、K男やその母親とよい関係を維持することを何より大事にしていたのでしょう。また、SSWrは母親とのふだんのやり取りからは、特段の問題が生じているような印象を受けなかったのかもしれません。

市役所の担当者は、この事例で子どもの安否を最優先に考えました。立場が違えばケースへ向ける視点は異なります。そのため、支援目標やそれぞれの役割のすり合わせを十分行う必要がありました。

【事例２　なぜ動いてくれないの？】

A男は中学１年生で母親と小学４年生の妹との三人暮らしです。A男は、学校を休みがちのためSSWrが時々、家庭訪問し登校を促します。以前から気になっていたのですが、この家の中ではごみや物が足の踏み場もないほど散らかっていました。ここ１か月で、その状況がさらに悪化し、いわゆる「ごみ屋敷」状態になっているようです。そのため、SSWrは、その状況を校長に報告しました。校長は市役所の子ども家庭担当者に「家庭環境に問題がある」との通告を行いました。

しかし、市役所の子ども家庭担当者は「現状では（市役所は）動けません。学校で様子を見ていってください」と述べたそうです。その後、数週間経っても一向に動く気配がありません。SSWrは、夏休みが間近に迫ってきているため家庭内の環境がさらに悪化しそうで心配です。

ごみ屋敷問題は、子どもにとって適正な生育環境が保障されているか否かの問題です。あまりに不衛生、乱雑となって家庭の機能が麻痺している状況なら、早急の介入支援が必要です。

この事例では、SSWrは家庭の異変に気づき、市役所への通告につなげました。ところが、市役所の子ども家庭担当者は思うように動いてくれませんでした。行政、特に福祉部門は、「ごみ屋敷」ケースはめずらしくないため、深刻な問題ととらえなかったのかもしれません。しかし、子ども家庭担当者であるならば、子どもが住む環境が悪化しているとの情報には敏感でなければなりません。すぐに、家庭訪問し、実際に状況を目で見て確認したうえで評価すべきでした。

どちらの事例も、個々の職員の問題というより、子ども家庭支援の「システム」自体に問題があると考えるべきです。子どもを支援する仕組みとして、市町村と学校その他関係機関の目指すべき目的、役割、連携体制が十分に意識されていなかった結果、これらの事例では、誰が何をすべきかが曖昧であり、問題の拡大を許しています。

社会子育てシステムを構築するために

❶ 連携を密にし、協働する

それでは、効果的な予防システムを構築するために支援者は何をすればよいのでしょうか？

これは難しい話ではなくて、支援者同士が、まめに相談、意見交換し、顔を合わせる場を増やすことが大切です。市町村の担当者が学校に訪問して調査活動を行う場合は、子どもや教師とともに必ずSSWrも同席してもらう、市町村が要保護児童対策地域協議会のケース会議を行う際も同様にする、また、家庭訪問が必要なら一緒に動くということもよいでしょう。

❷ ケースへの理解を深める

効果的な支援を行うために、さらに大切なのは「ケースそのものの正しい理解」です。

問題として挙がった子どもや家族に何が起きているのか、それに関係する事実をできる限り収集する、これが最も大事です。情報がないとケースに対し、正しい評価ができません。逆にいえば十分な事実の収集、調査を行えば、どのような支援を行えばよいかおのずとわかるものです。

そういう意味で、アセスメントシート（帳票）の活用は必須です。子どもや家族の状況について、目に見える形で整理し、そしてその情報（事実）に基づき、リスクを評価し支援策を考えることは、説得力をもちます。

市町村のもつ福祉サービスは、どちらかというと、子どもではなく、保護者をターゲットとしていますので、保護者支援が中心となります。一方、SSWrは子どものそばにいて、子どもの状況把握、直接支援ができる立場です。この両者の情報をアセスメントシート（帳票）を使って、すり合わせればより的確な支援につながるでしょう。

支援者は、子ども家庭支援の「予防の時代」の担い手になることを意識しつつ、日々の支援活動を着実に行っていかなければなりません。

第6章

アセスメントが活きる支援会議をどう進めるか

支援会議の成否を分ける準備から実施、会議後の振り返りの一連の流れを押さえながら、帳票を活用した支援計画の作成、多職種によるチーム支援を具体的に描いていくための会議の運営方法を探ります。

第1節 支援会議の事前準備を行う

支援会議は、支援にかかわる者が共通理解のもとに今後の支援の方針や方法を検討し、支援計画をつくり、実施し、見直し再検討するPDCAサイクルを図るために行われます。インテークの段階で不確定要素の多い場合は現状を把握したら、とりあえず行動に移すことを迅速に進め、アセスメントを行います。

1 支援会議の目的

実践の過程で支援会議をしたほうがよいと思うのはどのようなときでしょうか？

職務のなかで月ごとや週単位で情報共有等を目的に定期的に行う場合と、支援の行き詰まりや環境の変化などで臨時的に行う場合、事件や事故、災害などの予期せぬ事態で緊急的に行う場合などがあります。支援会議は、定期的でも臨時・緊急的でも、単なる情報交換だけでなく、具体的な支援目標（支援方針）の共有と役割分担の決定や見直しをする場です。個別ケースのみならず、組織や職種間での連携システムを検討する、地域全体をコーディネートするなど、支援会議の規模や扱う課題はさまざまです。

会議をすることが目的ではありません。支援者の合意形成をするため、支援関係者それぞれが見立てたアセスメントを活かして、支援のアクションプランをつくることが支援会議の目的です。

図表6-1 チーム支援の要となる「支援会議」

①目標・やることが明確になる
・問題解決に向けた道筋を立てることができる。 ・個人や組織のやることを明文化して、目標を明確にできる。
②支援に集中・焦点化しやすくなる
・自分が何をしなければならないか。 ・組織やチームに何が求められているのか。
③課題や修正点を抽出できる
・課題に対する成果や失敗・目標（アクションプラン）に対する達成度や未完成度を確認できる。 →目標と結果の差を明確にし、どのように修正し行動すれば目標を達成できるのかを再検討する。

2 事前準備

❶ 支援会議の留意点

ここで留意しなければならないのは、支援会議は「みんなで考える場、合意づくりの場」であり、職種の違いや実務経験の差、子どもや家庭へのかかわりの濃淡にかかわらず、対等に意見を交わし合える場であることを認識しておくことです。

事前に結論が用意されている会議ではありませんが、物理的に時間の制約もあるなかで、協議をまとめていく時間設定も重要です。

会議運営にあたって、実践経験がないと自分の力量不足が露呈するのではないかと迷うことも多いと思います。そんな場合は、自分が頼りになりそうだと思うメンバーに相談しながら、一緒に会議をコーディネートする協力を得ることで、気持ちも見通しも整理できると思います。支援者自身が孤立しないためにも支援会議は有効です。

❷ 事前準備に求められること

「アセスメントが活きる支援会議」のためには準備段階の力の注ぎ方が成否を分けることにもなります。

個別のアセスメントについては、前述の帳票の項目を網羅しながら「問題の背景を読み解く」ことが重要で、自分が読み解いた背景や課題を、会議のなかでの発言内容や説明事項に反映できるよう、事前にシミュレーションすることも必要です。

地域の社会資源とつながり、各社会資源の支援担当者と知り合うだけでも支援の幅が広がり、心強く感じることがよくあります。また、今までの支援過程でかかわっていた人からのバトンを受け継ぐ形で新たな環境での支援を展開する場合なども支援会議で積極的につながりをもつことを心がけましょう。

❸ 支援課題の中核を見出し、役割分担をする

複数の課題や困り事が混在している場合は、いきなり対応方法だけを議論しても、結果的にはすぐ行き詰まる事態に陥りがちです。例えば、コロナ禍で経済的に困窮している家庭への支援会議の場合、経済的な手当や制度活用のみを協議するだけでなく、生活習慣を理解したり、家族それぞれが抱えていると思われる身体的、心理的、社会的な困り事を理解したりします。そのうえで、支援者の誰が、家族の誰に対して、何を、いつまでに、アクションを起こしたり、経過の把握をしたりしていくかの役割分担が必須です。また、過去の支援経過などから時系列的に見通して期限を設定したり、まず何から取り組むか優先順位をつけたりすることで、中長期的にもリスクマネジメントを意識するようになり、長い目で見ても支援の負担軽減につながります。

支援者間のコンディション調整のためにも、対面での会議が望ましいですが、昨今はZoomなどでのリモート会議も多用されるようになりました。ここでは自分から開催をもちかけ、対面で支援会議を運営する場合の「事前準備」のポイントを挙げます。

図表6-2　支援会議の事前調整

- 日程、場所、参加者の検討→関係機関や当事者(保護者)の参加を検討。
- 日程が決まったら、参加予定者へ連絡し、出欠を確認する。
- 事前に参加者から課題抽出のために意見を聞き、各担当・機関としてできることやできないこと、資源や制度上の条件を確認しておく。
- 資料作成について検討し、会議の議事次第を管理職等と確認する。
- 情報収集した資料(フェイスシート・アセスメントシート等の諸帳票など)を準備する。
- 配付資料は事前に印刷し、回収の可否を確認しておく。
- 時間配分について大まかな原案をつくる。

図表6-3　支援会議当日の調整

- 所属以外の外部からの参加者がいる場合、初回は、参加者の座席指定をするか、参加者の簡単な名札を用意するなど互いが知り合う場の工夫をする。
- 記録用のホワイトボード等の位置も配慮する(進行の流れについては後述の「支援会議を進めるための基本的な流れの例」を参照)。
- 適切な広さ、換気、守秘が保てる会場で行うことが望ましい。

第2節 支援会議をファシリテートする

1 ファシリテートとは

ファシリテートとは、一言でいうと「会議を円滑に進める」スキルです。具体的には、個々のメンバーの発言を促しながら、多様な意見を受容し、迅速に整理して、重要なポイントを焦点化しつつ、議論を広げ、最後には議論を収束させ合意形成を促す一連の行動を指します。大まかにまとめると、以下の三点です。

①参加者の発言を肯定する

②話題から逸れた際にきちんと本題に戻す

③会議の最後に結論をまとめる

2 会議開始時のファシリテーション

会議を始める際、同じ組織で働いていて、名前は知っていても互いの人となりを知らない場合もあるので、一言加えた自己紹介や簡単なアイスブレイクを取り入れてみるのがおすすめです。互いを知ることで緊張感がほぐれます。

よく使う題材として、自分の名前の由来、次の休みにしたいこと、最近あったいいこと、見かけと違って意外と私は○○です、などがあります。あまり知らない部署の人が集まる場合、「自己紹介を30秒以内で」と言って順番にマイクを向けます。少しの工夫で場が和み、「意見を言っても大丈夫そうだ」という雰囲気づくりができます。

3 会議が煮詰まったときのファシリテーション

会議の途中で意見が出ないときには、意見を出してもらいやすくする質問、例えば、現段階の課題への支援の達成度はどのくらいかスケーリングを用いた質問などを意識すれば、批判し合うだけで議論が進まないなどの問題が解消しやすくなります。

また、司会や進行役のみならず、参加している人々のなかでも、相互に進行をしやすくしていくことを意識して取り組みます。うなずきや表情の変化などで非言語的な反応をするなど、顔を上げて協議することも大切です。

そのためには、記録係にお願いして記録内容をホワイトボードやパソコン画面に投射するなど意見や方針を視覚化し共有することも有効です。

支援議題の提案者と会議の進行役は別の人が担うことが望ましいです。また、事前に設定時間や流れについて参加者全体で打ち合わせをしておくことは必須です。そのほかに記録係を決めておくことや、時間の計測が必要な場合は残り時間と合図などを決めておくことも考えられます。役割を分散することで、メンバーの参加意識もアップします。

4 発言のルールを決める

「代替案のない批判はＮＧ」「参加者は必ず自分の言葉で意見を伝える」など発言のルールを決めておくと、批判し合うだけで議論が進まないなどの問題が解消しやすくなります。互いの役割を押しつけるのではなく、互いの経験値やコンディションを知ることで、補い合ったり、選択肢を複数用意したりするなどの代替案も柔軟に検討できると効果的です。

図表6-4 支援会議を円滑に進行するルールの例

- 支援会議の参加者が話しやすい環境づくりをする。
- 集団守秘について再確認する。
- 支援会議の目標と終了時間を決めて、時間配分を提案する。
- 参加者の意見や検討状況を視覚的に整理する（記録係）。
- 進行役も参加者も進んでポジティブな声かけをする。
- タイムキープをする。
- 意見を簡潔にまとめる努力をする。
- 合意形成をする。

図表6-5　支援会議を進めるための基本的な流れの例

a. 司会・進行役の決定
b. 記録係を決め、ホワイトボードなどでの可視化に努め、ジェノグラムやエコマップなどをあらかじめ掲載
c. 事例報告者（提案者）による概要の説明
d. ほかの関係者からの補足情報
e. 参加者からの質問
f. ストレングス視点を活かした討論（事例報告者や関係者の気づきを促す）
g. 組織的な支援計画
h. 次回支援会議の日程設定
i. 記録の共有
j. 報告者（提案者）へのねぎらい

支援会議を単なる意見交換の場にせず、具体的な実践に結びつける「アクションプラン」を意識しましょう。支援計画やモニタリングの正確性を高めるために、ほかの専門職同士が共通言語で語れるように説明します。予想されるリスクやメリットを意見交換し、チームで支援を進める「合意形成」の場にすることが鍵となります。

第3節 支援会議を行う

1 入所施設や通所事業所での実践例

同じ事業所や法人内の業務で連携するなかで、朝会や夕会の引き継ぎなどで互いのことをよく知っている場合でも、別途支援会議を企画・運営する際に大切なのは前述した事前準備と当日のファシリテートです。

また、会議中に外部から電話が入り中断したり、途中退席したりで、集中力が途切れることもあります。会議が効率的にできるよう執務室ではなく会議室など別室で行うことや電話対応当番を決めることなどの環境設定もポイントです。

① 会議参加のモチベーションを引き出す準備

多職種会議をする場合、必要に応じて参加者へ専門的なアセスメントの依頼をしておくことが重要です。効率的な会議にするためには、すぐに議論が始められるような環境を整えておきましょう。

同じ職場内であれば、会議の開始日時などを連絡する際に、会議の目的・会議参加前にしておいてほしいことを列挙し、それぞれに準備してもらうよう説明しておくと時間が短縮できます。日時だけでなく会議の目的を伝えるのは、この会議に出席する意味、自分の役割を考えてもらうためです。会議参加者の当事者意識が低い状態では、協議が盛り上がらないまま結論も出ずに終わってしまう可能性もあるので、組織として課題解決に向けて「ゴールを目指す」意思疎通を図ることを強調しておくことも大切です。忙しい時間を割いて会議をするにあたり、事前資料を読み込んだうえで、自分なら、自分の職種なら何ができるかを一つ以上考えてきてもらうなどの宿題を提起しておくなどの工夫もしましょう。

また、単純なことですが、個別支援会議の呼称を「○○プロジェクト」、当事者が参加する「作戦会議」などにネーミングを変えることで意識を変えるきっかけになるかもしれません。

図表6-6 会議前に意見を集約する方法の例

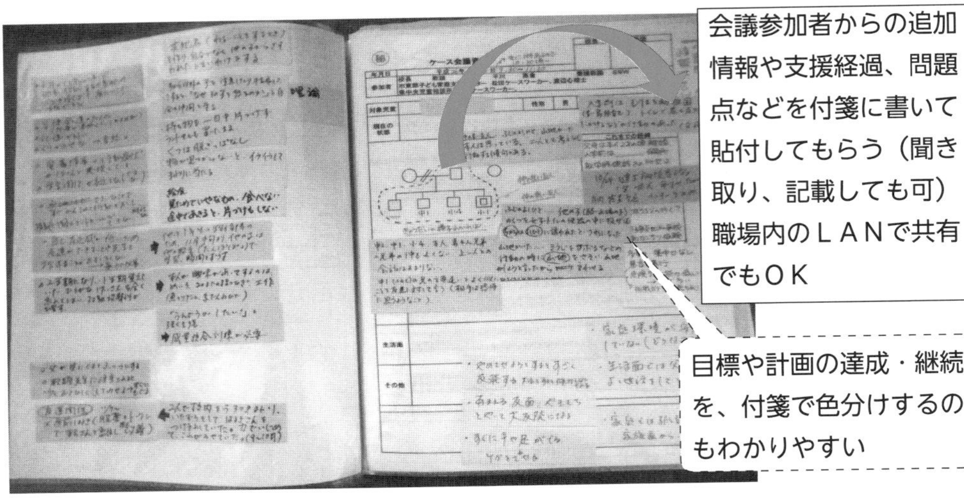

会議参加者からの追加情報や支援経過、問題点などを付箋に書いて貼付してもらう（聞き取り、記載しても可）職場内のＬＡＮで共有でもＯＫ
目標や計画の達成・継続を、付箋で色分けするのもわかりやすい

② 記録の共有

会議後は、会議の内容を事業所内で共有するために回覧します。ファイルをつくり、記録を蓄積させることで、今後の支援会議に活かすことができます。

2 教育委員会や関係機関での実践例

① 学校・校内委員会での支援会議

個別支援会議や生徒指導、教育相談の定例化した会議、学校全体の運営や行事について協議する職員会議など学校にはさまざまな名称の会議があります。

ここでは、要支援対象の個別支援会議を開催する場合を想定し、準備から当日の流れを説明します。

①個別支援会議の開催について、管理職を交えて検討する

目的は何か（情報共有、支援計画作成、支援体制の確認、モニタリング等）を明確にします。目的に合わせて、校内支援会議（校内関係者による会議）にするか、もしくは、拡大支援会議（関係機関を集めて行う会議）にするかなど、会議の規模や形式を検討します。

②日時・場所を決める

圧倒的に「放課後」が多いと思いますが、拡大支援会議の場合は外部の機関の都合に合わせて、時間設定等校内の調整も必要になります。特に授業や課外活動に支障が出ないように、担任教師の授業をほかの教師が担当したり、昼休みや給食時間を利用したり、学校関係者が外部機関へ出かけて行ったりするなどの工夫で、対応が早くできる場合もあります。

③支援会議参加者を決める

管理職と相談して、支援会議参加者を決めます。

参加者に開催連絡（通知）をして出欠の確認をします。開催通知は管理職に相談し、郵送かメール、電話で行います。当日欠席の場合、意見や助言をもらえるように依頼します。事例提供者（担任教師等）とは打ち合わせをしておきます。

④資料作成

アセスメントシートを活用します。

（例）家族構成、生育歴、学校生活、家庭生活、成績、調査等の記録

完璧に整っていなくてもよいですが、会議の時間内で読んで処理できる分量にします。すでにある資料の流用で構いません（負担を考慮し、誰がつくっても構いません）。

また、会議の流れと時間配分を大まかに決め、会議の議事次第を作成します。議事次第には日時、場所、参加者、協議項目などを入れます。資料内容は事前に確認しておきます。

⑤支援会議の役割分担

司会・記録・時間管理等について分担して確認します。会議の記録は、PDCAサイクルの定着のため、確実に蓄積していきます。

重複する箇所もありますが、**図表6-9**はSSWrの研修用に作成した「１時間で完結する支援会議の進行例」です。

図表6-7　支援会議運営の留意事項

- □守秘義務を確認したうえで、資料の配付等を行う。
- □苦労してかかわった事例提供者へのねぎらいの言葉をかける。
- □「どの機関がどう対応すべきだ！」ではなく、それぞれできることを分担する。
  ＊戦略を練る会議→各機関や人材のできること・できないことを理解する。
- □効率的に進めるために、終了予定時間（おおむね60分以内）を伝え、必要があれば適宜休憩を入れる。
- □ケース会議のまとめを告げ、参加者の確認をとる。
- □情報の集約先、連絡をとりやすい時間帯などを確認し、次回の開催時期を決める。
- □配付資料等の持ち帰りについては十分留意する。回収資料は確実に回収する。
- □実行可能な目標であるか点検する。
- □可能な限り保護者への報告・連絡・説明をし、連携する。

図表6-8　支援会議運営の流れ

事前準備
↓
問題の明確化
↓
本人の強みの確認
↓
目標の設定
↓
問題の背景要因の検討
↓
支援方法の検討
↓
支援方法の評価と決定
↓
支援計画の実施
↓
モニタリング

- ・過去の出来事や一部の情報、原因にとらわれ過ぎず、その時点で起こっている問題（課題）について、あらゆる視点から明確化します。
- ・児童、生徒個人のストレングスを活かした目標設定を行います。
- ・問題の背景や要因を検討したうえで、具体的な支援方法（誰が、何を、いつまでに、どこまで）を決め、関係者間で共有し、実行します。
- ・支援計画は実施した後に再評価し、修正するとともに、誰がマネジメントしていくのかについても確認します。
- ・支援会議の内容や支援方針は、できるだけ子どもや保護者に伝え、当事者の意向を踏まえて支援を実施します。

図表6-9 1時間で完結する支援会議の進行例

（５分）
1．進行役（ファシリテーター）を決める　・参加者自己紹介
→SSWrが担当または学校関係者でも可
↓
2．記録係を決める　ホワイトボードなど参加者に見える形で
ジェノグラムとエコマップをあらかじめ記入

Face up！
顔の見える関係強化

（５分）
3．ケース提供者による要約した概要説明

（10分）
4．支援者による補足情報

（20分）
5．支援者からの質問
6．ケース提供者の気づき
↓
7．支援者の気づき

共通ルールとして
否定的、批判的な言葉は使わない

（15分）
8．解決したい課題についてのアクションプラン
ケース提供者のアクションプラン
↓
9．支援者のアクションプラン

（５分）
10．経過報告の情報管理者
11．次回支援会議の日時設定
12．図（エコマップ等）の記録と参加者へのねぎらい

スマートフォンの活用
記録の簡略化

❷ 拡大支援会議の模擬事例

　模擬事例として、初回の拡大支援会議の進行台本を示します。

事例概要：小学５年生から不登校気味だった圭君（仮名）は、小学６年生の５月に両親が離婚した後、完全に不登校となってしまいました。中学校へ進学する前には改善したいと考える担任教師より相談があり、拡大支援会議が開催されました。

図表6-10 模擬事例のジェノグラムとエコマップ

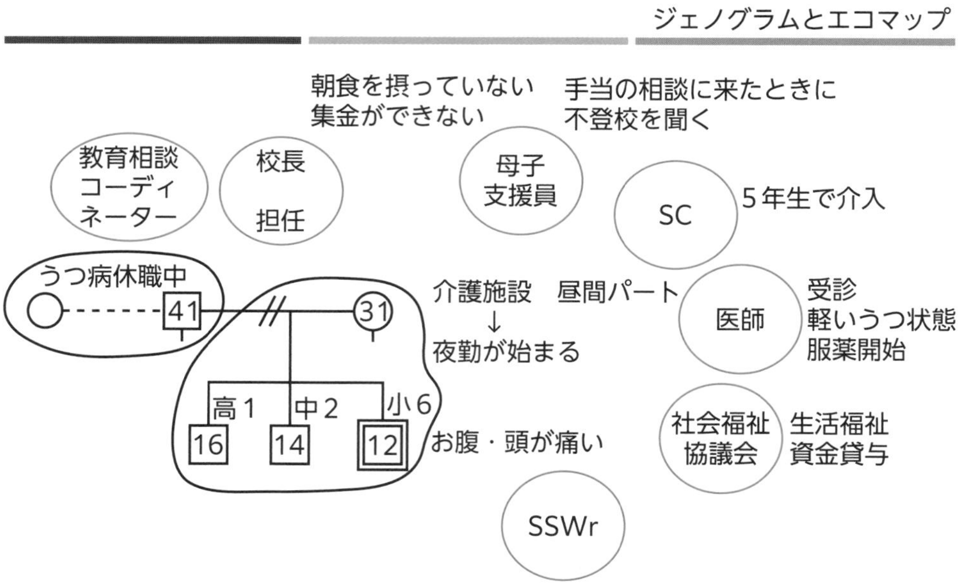

<進行台本の例>

1. 「圭君（仮名）の支援会議を行います。よろしくお願いします！」
   「司会を担当します。○○です。記録係は○○さんです。
   皆さん簡単に自己紹介をお願いします」
   参加者順次自己紹介
2. 記録係はジェノグラムとエコマップをホワイトボードに書き込む
3. 「圭君の困り事について○○先生（担任教師）の心配や解決したいことは何ですか」（5分）
   課題を焦点化してホワイトボードの左上に書き込む（ここが終点である）
   「○○先生、圭君の困り事について5分で説明をお願いします」（5分）
   説明中、記録係は情報をホワイトボードにどんどん書き込んでいく
4. 「各機関支援者による補足情報をお願いします」（10分）
   父親や母親、きょうだい、家庭環境についての補足情報

5．　「アセスメントを深め、展開するための質問をお願いします」（5、6、7で20分）
「ここは情報がないと思われたところについて質問して、情報共有を深めましょう。アドバイスや批評ではありません。否定的な言葉は使わないようにしてください」
6．　「情報がたくさん集まりました。○○先生、お気づきになったことは何でしょう？」
○○先生の気づきを待つ
7．　「支援者の皆さんの気づきは何ですか？」
各機関の支援者の気づきを待つ
8．　「解決したい課題について"私たちがどう動いたらいいのか"というアクションプランに移ります」（8、9、10で15分）
「緊急にしておくことはありますか」※緊急度の確認
「まず、○○先生もしくは学校は誰に、いつ、何をしますか？」
記録者はホワイトボードの右上にアクションプランを書き込む
9．　支援者の支援について
「誰が、誰に、いつ、何をしますか」
記録者はエコマップに書き込む
「○○先生、よろしいですか」※支援担当者に確認
「学校からお願いしたいことはありますか」
「学校にお願いしたいことはありますか」
「では、当面の支援方針は『……』ということで、よろしいでしょうか？」
「このチームで支援に取り組みながら、順次見直しをしていきましょう」
10.　「情報を集めるところを決めましょう」（10、11、12で5分）
各機関の支援者が連絡をとりやすい時間帯なども共有しておく
11.　「次の支援会議の日程（1か月後）を決めましょう」
「緊急なことが起きた場合は、すぐ招集してください」
12.　図を記録して保存する。最近はスマートフォンで撮影してプリントアウト
「では、これで第1回目の支援会議を終わります。お疲れ様でした」

図表6-11 記録イメージ

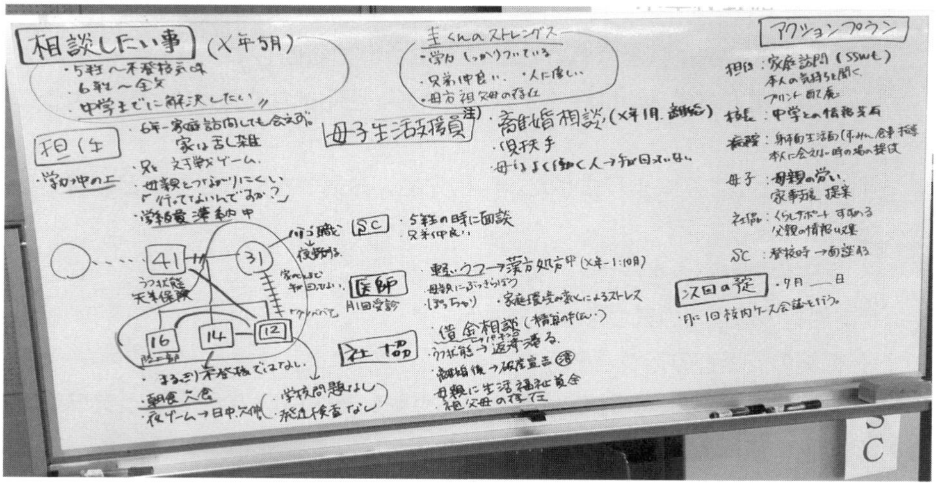

※児童氏名は模擬事例における仮名
注）母子生活支援員とは、福祉事務所におかれている「母子・父子自立支援員」のこと。

初回は1時間かかっても、2回、3回と回数を重ねれば、記録やまとめはほかの参加者のほうが上手なこともあります。分担することでチーム力アップの効果もあります。顔を上げて（見て）、互いに意見を交わすことが、活性化の鍵となります。

3 教育委員会などでの支援会議

情報の整理、問題の焦点化、緊急度・危険度の判断、仮説・予測されるゴールについて、アセスメントから効率的に判断します。

校内の支援だけでは行き詰まったり、悪化したりした事案で、関係者は疲弊していることもあるでしょう。前述のファシリテートやアイスブレイクなども取り入れ、会議の場を温和にできるよう試みましょう。教育委員会の判断を優先するのではなく、今まで支援にかかわってきた人々の判断を活かし「みんなで一緒に考える」合意づくりが大切です。併せて、実効性のある支援と負担軽減にも留意する必要があります。

教育委員会や教育事務所に配置されている派遣型のSSWrなどの場合、支援会議が、学校関係者への助言や外部機関連携の橋渡しをする場となる傾向があります。事前に内容を把握して必要な社会資源や援助に必要な知識を整理しておきましょう。

その際、支援者（SSWr）にできること、できないことの説明や、社会資源の情報、社会福祉制度やサービスの活用方法などを、ほかの教職員が具体的にイメージできるようはたらきかけることが大切です。事例検討の会議や生徒指導・教育相談などの職員会議に携わる際は、できるだけ専門用語を使わずに説明できるよう心がけましょう。

図表6-12　個別支援会議・事例検討会の進行例

依頼事案の情報収集
↓
課題の事前評価
↓
支援目標と支援計画案の設定
↓
支援計画の実施
↓
モニタリング

❹ 要保護児童対策地域協議会などの専門機関での支援会議

図表6-13　要保護児童対策地域協議会における会議の種類

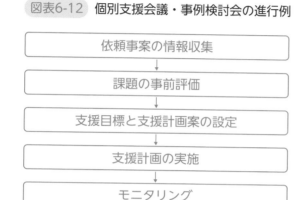

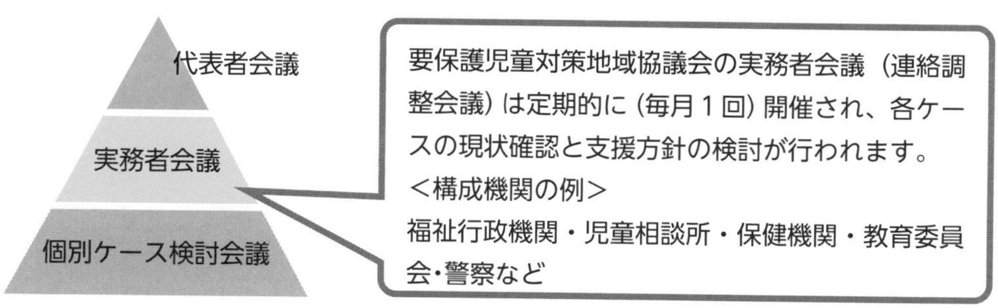

代表者会議
実務者会議
個別ケース検討会議
要保護児童対策地域協議会の実務者会議（連絡調整会議）は定期的に（毎月１回）開催され、各ケースの現状確認と支援方針の検討が行われます。
＜構成機関の例＞
福祉行政機関・児童相談所・保健機関・教育委員会・警察など

図表6-14　要保護児童対策地域協議会の会議の流れ

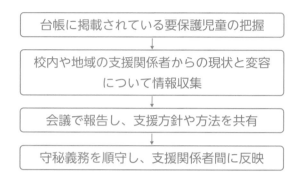

台帳に掲載されている要保護児童の把握
↓
校内や地域の支援関係者からの現状と変容について情報収集
↓
会議で報告し、支援方針や方法を共有
↓
守秘義務を順守し、支援関係者間に反映

実務者会議や台帳で管理されている個別事例については「個別ケース検討会議」として担当者間で適時開催します。初回や緊急度が高い場合、転居等でケース移管された場合などは、アセスメントをしながら支援方針や支援方法を具体化していくこともあります。

実務者会議へ参加の際、直接実務に携わっていない場合は、台帳に掲載されている要保護児童本人や家庭に関する情報等を確認のうえ、支援にかかわる関係者からの情報、そして本人の思いなどを会議前に集約し、簡潔にまとめて会議で報告できるようにします。

個々の事例について、アセスメント抜きに支援方法は決められません。関係者からの情報整理、問題の焦点化、緊急度・危険度の判断をし、対応の主たる支援機関、キーパーソンの決定を行い、役割分担を行います。

また、予想されるリスクと支援方針を検討し、会議のなかで検討された必要事項を学校関係者に共有します。

3　民間機関での実践例

❶ 民間機関の特徴

NPO法人や民間企業では、地域の課題に向き合い、独自の運営理念や運営方針をもとに、支援を展開しています。その特徴は下記のとおりです。

- 公的な福祉サービスだけでは対応できない生活課題への対応
- 制度だけでは拾いきれないニーズへの対応
- 制度の谷間にいる人への対応
- 公的な福祉サービスに関する情報の理解や活用が難しい人への対応
- 身近に家族や友人がいない人への対応

近年、子どもの貧困が社会の問題として関心が高まり、地域のなかで食の支援や居場所づくりをする「子ども食堂」が増えています。フードバンクや企業からの支援で食材の提供なども行われ物理的なつながりが芽生えるなかで、人的な交流をきっかけに前述のような対応の必要性に気づき、個別支援へとつながる例も多いと思います。

特に、コロナ禍では生活の急変や、家族関係の変化も多様化して、支援が急務な場合もあります。災害時やその後の支援も同様で、個人だけでなく組織的な対応のために、支援会議をもつこともあります。

2 民間機関と他機関・地域との連携

自ら解決することのできない問題については適切な専門家等につなぐことも必要です。問題解決のために関係するさまざまな専門家や事業者、ボランティア等との連携を図り、総合的かつ包括的に支援していけるよう合意形成や調整も必要になります。

3 民間機関における個別支援会議

ここでは、民間機関での個別支援会議を中心に留意点を挙げてみます。支援者が一人で思いを語るのではなく、協議して合意形成をする第一歩は、まず支援会議の目的を明確にすることです。

現状の気づきと情報交換、アセスメントのための聞き取り作業、支援計画の作成、支援の進行状況のマネジメントと計画の見直し、引き継ぎなどがあると思います。

何気ない会話から支援について話し合うこともあると思いますが、抽象的なうわさ話ではなく、方針を立てる意識をすることが大切です。以下の例を参照してください。

<NG例>

Aさん「あまり話そうとしない子だけど、家庭ではかかわりが少ないのかなと思いました」

Bさん「両親は仕事以外の時間も家にはいないことが多いとか？」

Cさん「子どもを置いたまま？　夜とか心配よね……」

Dさん（SSWr）「通告したほうがいいですかね……」

このような話では、推測ばかりで確認しない限り、答えも支援の見通しもわかりません。

<改善例>

Aさん「あまり話そうとしない子だけど、家庭ではかかわりが少ないのかなと思いました」

Bさん「Aさんが感じた彼の困り事を確認するには、どうしたらいいと思いますか？」

Cさん「私は母親と顔見知りだから、『最近仕事は大変じゃない？』くらいの声かけをしてみます」

Dさん（SSWr）「学校で本人と話をしてみます。あとは、弟の学童保育の担当者にお迎えの時の様子などを聞いてみましょうか？」

Bさん「では、まずはそのような方法で把握してみましょう」

民間支援や地域活動のなかで「私たちは専門家ではないから、対応がわからない」という話を耳にします。しかし、人間関係が希薄になりがちな状況では、子どもや家族と身近でふれ合っている人の存在は、支援の組み立てに心強い、まさにストレングスとなります。

専門家の対応が必要か否かも含めて、日常を知る人々の「何か気になる」という気づきを共有しながら、役割分担をしていくことは、ネットワークをつくる基本です。「気になる」ことを具体的に確認し、アセスメントしていくためには、前述の帳票の項目を参考に、子どもや家庭の困り事を立体的にとらえていくことも意識しましょう。関係者で意見交換するなかで、自分ができそうなことを見出し、公的支援も民間支援もどちらも補い合っていくことが大切です。

4 緊急派遣の実践例（自死・事故など）

❶ 緊急派遣への対応

事故や重大事態、災害など急激な環境の変化から「子どもを守ること」を最優先課題とする危機対応の活動において、支援者が生活支援や環境改善にかかわることが多くあります。これは日頃からの専門職同士の十分な関係性があって初めて可能になります。近年頻発する災害時の救援や支援の情報を的確に把握し、支援や配慮の必要な家庭に提供するなど、その使命は高まっています。

具体的には、緊急事態の初期対応に特化した「こころの緊急支援活動チーム（CRT）」という専門家チームから、その後の支援を引き継ぐ形や、教育委員会や各組織が主体的に対応するチームの一員としてかかわることが想定されます。

こころの緊急支援活動チーム（CRT：Crisis Response Team）

学校内外で生命にかかわる重大な事件・事故が発生した場合、発生当日から当該学校に派遣される。精神科医師、臨床心理士、保健師、精神保健福祉士等の専門職からなる官民一体となったチームであり、心のケアを中心とした学校危機対応の支援をする。

❷ CRTの派遣対象

CRTは事件規模や衝撃度によって、派遣基準に該当しない場合には派遣されません。派遣対象となる緊急事態には、死亡、重症を負う事件・事故を間近で目撃するなど、強い恐怖感や無力感または戦慄を感じるような事件・事故が挙げられます。CRTはそういった事態に遭遇することで起こる精神的被害の広がりをくい止め、二次被害の拡大防止と心の応急処置に特化しています。派遣期間は数日間（3日程度）です。

CRTの対象外の事態例としては、いじめ、暴行、自殺未遂、学級崩壊、軽度の傷害等学校問題に類するものや教職員の不祥事があり、これらは教育委員会での対応となります。

なお、CRTの派遣がない場合の対応にも参照できる情報が全国精神保健福祉センター長会のホームページに掲載されています（https://www.zmhwc.jp/news_

kokoronocare.html)。

❸ CRTチームが派遣された場合の支援と会議

CRTチームの緊急時の支援を例に、会議での検討事項とおおよその流れを説明します。

図表6-15 CRTチームが学校へ派遣された場合（学校CRTの活動例）

① 事態の評価と支援計画策定の支援（校長、教育委員会への助言）
② 教職員への助言とサポート（一般教職員へのサポートと集団対応）
③ 保護者への心理教育（遺族、保護者への対応サポート）
④ 児童、生徒と保護者への個別ケア（個別面接による応急ケア）
⑤ 報道対応サポート等

CRTの支援と助言により、学校関係者として一端を担う場合、全体的な方針や見立てを意識し、日々招集される会議や打ち合わせのなかで密な情報交換をし、正しい知識と現状への認識をアップデートします。短時間でも迅速に対面して会議をするのは支援者自身のケアをするためにも重要です。忙しく動き回る人たちへ連絡が抜け落ちることがないよう、会議の時間や場所を情報共有のために指定された掲示板やホワイトボードに掲示しておくこと、互いに声をかけ合うことなどがチームの連携には大切です。特に学校現場では、児童、生徒や教職員は授業や学習活動を行いながら並行して個別面接（応急ケア）を行うため、面接予定時間や担当者の名前などがわかるように図示しておきます。

保護者や関係者向けに、ケアの正しい知識と方法の情報提供で動揺を広げない工夫や内容も吟味して、学校経由でプリント配付や参考情報のホームページアドレスなどを知らせるなどの方法も検討して、周知を図ります。マスコミ対応なども含め個人情報をどう取り扱うかなども会議で決めます（事件や事故により異なります）。

まずは「子どもを守ること」が優先されますが、数日経過すると、かかわる人たちの困惑や疲労感も増してきます。CRTから支援を引き継いでいく教職員やSC、SSWrなど関係者にとって、専門家チームが去ることで対応の不安が増すことも多々あります。

事後の組織的サポートについても学校・教育委員会・CRTが緊密に連携して取り組めるよう、連絡体制などを確認しておき、組織的対応がとれるよう支援会議や日々の打ち合わせは当面継続させる必要があります。

学校関係者間で今後取り組むことを箇条書きでわかりやすく整理するなど、会議記録の共有も継続します。

④ CRTチームが派遣されなかった場合の支援と会議

個別の自死や事故などでは、学校や教育委員会など子どもが所属している機関が中心になります。前述のCRTの支援を参考にしながら、子どもへの対応を優先に検討します。

図表6-16 CRTチームが派遣されなかった場合の関係者の活動例

① 事態の評価と支援計画策定（管理職・責任者）
② 集団対応について周知すべき事項の確認
③ 教職員へのサポート体制、報連相体制の構築と確認
④ 遺族、保護者への対応、サポート（管理職・責任者）
⑤ 児童、生徒と保護者への具体的ケア
⑥ 地域や報道対応等

また、緊急事態から数日経過すると、支援者間の疲労がたまり、意思疎通がおろそかになることも危惧されるので、経過を共有するための会議は、定例化して、参加できない場合も記録を共有できるよう記録者を複数で担当するなどの工夫ができるとよいでしょう。いずれの場合も「チーム支援」で負担の軽減を図りましょう。

◆参考文献

- Crisis Response Team 標準化委員会ホームページ（http://www.crt.p4q8.net/ 最終アクセス日2022年12月1日）
- 大分県ホームページ「こころの緊急支援活動」（https://www.pref.oita.jp/soshiki/12502/ooitakencrt.html 最終アクセス日2022年12月1日）
- 全国精神保健福祉センター長会のホームページ（https://www.zmhwc.jp/news_kokoronocare.html 最終アクセス日2022年12月1日）

コラム 児童相談所におけるアセスメントと地域とのつながり

児童虐待相談対応件数は年々増加しており、令和３年度に全国の児童相談所で対応した件数は20万7659件（2022年９月９日発表速報値）と過去最高を更新しています。また、ここ数年は、新型コロナウイルス感染症対策による活動制限などで家庭内ストレスが増加し、児童虐待の増加・潜在化が懸念されるなど、今まで以上に厳しい環境下で子どもたちの生活が営まれています。

児童相談所は児童福祉法により都道府県、政令市に設置が義務づけられている行政機関であり、特別区や中核市にも設置されるようになりました。児童虐待対応をはじめとして、非行、不登校、障害など、原則として18歳未満の子どもや家庭に関するあらゆる相談に対応しています。子ども家庭に関する第一義的な相談窓口は市町村ですが、より専門的な相談・支援、一時保護、措置（里親委託や施設入所、児童福祉司指導など）に加え、市町村への援助が児童相談所の基本的な機能となっています。

児童相談所におけるアセスメント

❶ 組織的な判断

児童相談所には、児童福祉司、児童心理司といった専門職員が配置され、日々相談援助活動を行っていますが、相談の受理からアセスメント、援助方針の決定の一連のプロセスは組織として検討し決定されるという特徴があります。

①受理会議（緊急受理会議）

児童相談所で受け付けた事案について、定例会議において、調査等の方針や一時保護の要否や援助の方向性について検討します。虐待事案については随時緊急受理会議を開催して対応を協議します。

②調査・判定会議

児童福祉司や相談調査員等が、子どもや家庭環境等の調査、問題と環境との関連性や社会資源の活用などの可能性などについて評価する「社会診断」、児童心理司が面接や行動観察、心理検査等により心理学的観点から評価する「心理診断」、小児科医や精神科医などが問診、診察、検査等により医学的な見地から評価する「医学診断」、一時保護所の児童指導員や保育士等が一時保護中の子どもの基本的な生活習慣や日常生活の状況等を評価する「行動診断」を行い、各種診断による総合的な理解により、全体としてBio-Psycho-Socialの視点でアセスメントが行われます。

③援助方針会議

調査、診断、判定結果を踏まえ、具体的な援助内容を検討します。援助方針の決定にあたっては、子ども本人や保護者の意見を尊重し子どもの最善の利益が考慮される必要があります。また、要保護児童対策地域協議会（以下、要対協）の個別ケース検討会議における協議結果を踏まえた地域連携支援の方針についても盛り込まれます。

※児童相談所によっては、各種会議を統合して同一の会議で実施する場合があります。

図表6-17　児童相談所における相談援助活動の体系・展開

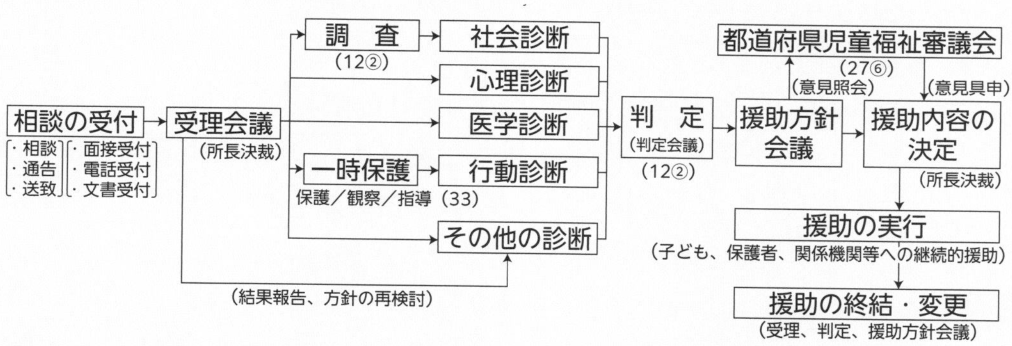

著者注：（　）内の数字は、児童福祉法の条・項を示している。
参照：「児童相談所運営指針」（平成２年３月５日付児発第133号厚生省児童家庭局長通知）

❷ リスクアセスメント

児童相談所においては、子どもの安全・安心を守るため、あらゆる場面でリスクを意識したアセスメントが求められます。

（1）イニシャルアセスメント・緊急度の判断

児童相談所におけるアセスメントについては、前述のとおり、各専門職がそれぞれの視点で診断を行い、組織として総合的に判断するプロセスがあります。児童虐待対応においては、48時間以内に子どもの安全確認を行い、その安全確認の状況、子どもの所属機関や市町村等から子どもや家庭の情報収集をしたうえでアセスメントを実施し援助方針を検討していくことになります。しかし実際には、通告の瞬間から緊急対応の必要性についてのアセスメントは始まっており、すでに子どもに重篤な被害が生じている（その疑いがある）場合には、まずは子どもの安全確保を最優先とし、その後に調査・アセスメントを実施するということがあります。

（2）アセスメントツール

児童虐待通告やその後の相談支援対応にあたり、児童相談所で実施するアセスメントとして、子ども虐待対応の手引き等において以下のツールが示されています（都道府県や各児童相談所においては独自の様式を使用しているところもあります）。

①虐待相談・通告受付票

子どもや家族、所属機関等の基本属性、被害の状況等について聞き取りを行い、速やかに緊急受理会議を開催し、対応について検討を行います。

②子ども虐待評価チェックリスト

調査（安全確認）において把握・確認すべき事項として参考とするリスト。虐待あるいは不適切な養育の状況、子どもの被害状況や生活環境の評価を行います。

③一時保護決定に向けてのアセスメントシート・一時保護に向けてのフローチャート

通告受付と調査（安全確認）を踏まえ、家庭からの分離の必要性について客観的に評価するために使用します。緊急度を計るアセスメントツールとして、初期のトリアージ（保護の優先度の選別）において用いられることもあります。

④児童相談所と市町村の共通リスクアセスメントツール

2016（平成28）年の児童福祉法改正により、市町村と児童相談所間で相互に事案送致がなされることとなりました。関係機関の共通理解や情報共有により、適切な連携や役割分担を図るために作成されました。関係機関の共同アセスメントツールとして使用されたり、事案の転居にあたっての引継ぎ資料としても使用されたりしています。

⑤在宅支援共通アセスメント・プランニングシート

児童虐待通告対応の8～9割は在宅で支援が行われます。そのため、児童虐待再発防止や未然防止の観点からは、リスクだけでなく、子ども、保護者、関係機関のストレングスや支援ニーズ（困り感）のアセスメントにより、地域における具体的な支援策を検討する必要があります。在宅アセスメント研究会による「在宅支援アセスメント指標」をベースに作成され、市町村要対協の個別ケース検討会議等で活用されています。

⑥家庭復帰の適否を判断するためのチェックリスト

一時保護、里親委託や施設入所など、安全確保のために子どもを家庭から分離することと並行して、保護者に対しては再発防止のための指導・支援を行い、家族再統合に向けた家族交流等の支援を行います。また、家庭引き取り後は一定期間在宅指導が行われますが、残念ながらその後に虐待が再発して亡くなるなど重篤な被害を受ける事例があることから、家庭復帰を客観的かつ総合的に判断するツールとして作成されました。

⑦子ども家庭総合評価票［子ども・若者ケアプラン（自立支援計画）ガイドライン］

子どもや家庭についての的確なアセスメントと適切なケアプランを作成するためのツールとして「子ども自立支援計画ガイドライン」をベースに作成されたものです。乳児期から青年後期（18歳到達以降）まで六つの年齢区分が設けられ、それぞれが子ども自身の心身の発達と健康に関する諸側面、子どもが生活する家庭の諸側面、子どもが生活する地域社会の諸側面について項目が設定されています。

児童相談所につなぐ

❶ 情報提供

（1）休みの前になると連絡がくる

毎週金曜日の夕方や終業式近くになると、学校から「休み中に何かあると心配なので情報提供しておきます」という電話がよくかかってきます。学校としては児童相談所に連絡したということでバトンを渡したという認識でいる一方、その情報を受けた児童相談所としては必ずしもそうではありません。すでに児童相談所で対応しているあるいは相談歴がある場合であれば、家庭訪問をしたり、関係機関同士で情報共有したりしておくなど不測の事態に備えることはできますが、これまでかかわりのない家庭であれば単に情報としてストックされるだけで終わってしまうことがあります。

休暇中に心配だということは、もともと何らかの家庭的な問題が把握されているはずです。子どもの異変や違和感に気づいたもっと早い段階から計画的に支援につなげておかなければなりません。

（2）通告と情報提供の違い

児童福祉法においては、虐待を受けた（と思われる）子どもは要保護児童となり、発見者は市町村や児童相談所等への「通告」が義務づけられていますが（児童福祉法第25条）、要支援児童と思われる子どもや家庭については、発見者は市町村に対して「情報提供」に努めること（同法第21条の10の５）とされています。そのため、児童虐待案件に関する情報は、児童相談所においては基本的には「通告」となり、仮に「情報提供」として連絡が入ったとしても、「虐待を受けた（と思われる）」と判断される場合には学校等の意向とは異なり、緊急で子どもの安全確認等の対応を行うことになります。

❷ 虐待通告

（1）慎重に対応するあまり…

図表6-17にもあるとおり、児童相談所による支援は通告や相談をきっかけとして始められるため、重篤な被害を予防するためには、いかに早く情報提供されるかということが重要となります。しかし実際には、登校した段階で傷やあざなどが把握されていたにもかかわらず、けがが軽微だとして通告がなされない場合や、夕方の下校直前になってから児童相談所に通告されるということが少なくありません。学校等の機関において、保護者との関係性を考慮したり、事実確認のために複数の教職員により繰り返し子どもの面接を実施したり、校内会議や教育委員会との協議に時間がかかったりする結果、子どもの保護対応が遅くなり、子どもに負担を強いることになってしまいます。

（2） 通告にあたって気をつけてほしいこと

学校等において虐待事実の認定や一時保護の要否を判断したうえで通告されることがありますが、これらは市町村や児童相談所が調査のうえで判断するものです。そのため、虐待を受けたと思われることが確認された段階で、それ以上詳細な聴き取りは行わず、通告することが重要です。被害の状況によっては、児童相談所、警察、検察が協働し、トレーニングを受けた面接者による被害確認面接（司法面接・フォレンジックインタビュー）を実施します。面接は録音・録画され、繰り返し被害状況を思い出して話をすることによる二次受傷を防止するとともに、子どもの記憶の混濁を防止し、貴重な証言としてその信ぴょう性を確保します。

（３）児童相談所がかかわった後の地域支援

児童相談所がかかわり始めると、特に一時保護や里親委託・施設入所となった場合に地域の支援が「終結」とされる場合があります。しかし、児童相談所の支援は、これまでの地域における支援に上乗せされるものです。確かに、支援対象となる子どもが地域から離れることにはなりますが、子どもの保護と同時に、家庭復帰のための支援も始まります。地域では引き続き保護者への支援や家庭環境の調整を進める必要があります。

◆参考文献

- 「児童相談所運営指針について」（平成２年３月５日児発第133号厚生省児童家庭局長通知）
- 厚生労働省雇用均等・児童家庭局総務課「子ども虐待対応の手引き（平成25年８月 改正版）」
- 「『虐待通告のあった児童の安全確認の手引き』について」（平成22年９月30日雇児総発0930第２号厚生労働省雇用均等・児童家庭局総務課長通知）
- 「児童虐待に係る児童相談所と市町村の共通リスクアセスメントツールについて」（平成29年３月31日雇児総発0331第10号厚生労働省雇用均等・児童家庭局総務課長通知）
- 「児童虐待を行った保護者に対する指導・支援の充実について」（平成20年３月14日雇児総発第0314001号厚生労働省雇用均等・児童家庭局総務課長通知）
- みずほ情報総研「子ども・若者ケアプラン（自立支援計画）ガイドライン」2018年
- 「『要支援児童等（特定妊婦を含む）の情報提供に係る保健・医療・福祉・教育等の連携の一層の推進について』の一部改正について」（平成30年７月20日子家発0720第４号・子母発0720第４号厚生労働省子ども家庭局家庭福祉課長・厚生労働省子ども家庭局母子保健課長通知）
- 被害確認面接につなげるための、子どもの所属機関等における被害状況の聴取り手法として「RIFCRプロトコル」があり、認定非営利活動法人チャイルドファースト・ジャパンなどで研修が開催されています。チャイルドファーストジャパン（CFJ）ホームページ（https://cfj.childfirst.or.jp/rifcr/ 最終アクセス日2022年12月１日）
- 流通科学大学（研究代表 加藤曜子）「児童相談所と市町村の共通アセスメントツールの作成に関する調査研究」平成29年度子ども・子育て支援推進調査研究事業（厚生労働省）2018年

第7章

多職種が協働する帳票の活用の実際

第1節 精神疾患のある母親に対する地域の子育てネットワークのなかでの支援

1 事例概要

対象児童：安藤　隆　君（仮名）
学年（年齢）：小学３年生（８歳）
家族構成：母親（36歳）、弟（３歳）の三人暮らし
現状：隆君は、発達障害があり、小学校の特別支援学級に在籍しています。しかし、２か月前から登校しておらず、放課後等デイサービスに通っています。精神疾患（不安障害・うつ病）のある母親は、隆君の不登校の原因が小学校側にあると考え、小学校側の対応に不満を抱いています。
事例のポイント：精神疾患のある母親の子育てへの困難さに寄り添いながら、地域の関係機関等と連携し、隆君が教育の機会を得られるよう調整します。

2 帳票を使った事例の展開

❶ 事例との出会い

母親が放課後等デイサービスに相談

隆君が通う放課後等デイサービスの管理者（以下、放デイ管理者）に、母親から隆君の不登校について相談がありました。毎日放課後等デイサービスに通所している隆君ですが、小学校にはこの２か月間登校できていません。母親は、小学校に対する強い不満と不信感を訴えました。

相談を受けた放デイ管理者は、母親が精神疾患を抱えていることやひとり親世帯であることを踏まえて、母親にスクールソーシャルワーカー（以下、SSWr）に相談することを提案しました。

小学校からSSWrへ対応を依頼

放デイ管理者から連絡を受けた小学校は、SSWrの派遣を要請。校長は、SSWrに、以前から隆君の母親が学校に対し批判的な言動を繰り返していることや、SNSで多方面に情報発信していることを話しました。「学校としても、母親の感情的な言動や、無理難題の要求に疲れ切っていたところだ。助けてほしい」とのことでした。

SSWrは、まずは母親と面談を行い、関係者から情報収集をすることにしました。

❷ アセスメント

【母親との面談】

母親はSSWrに、小学校や市役所の心ない言動によって深く傷ついてきたことや自身の精神疾患の症状のつらさ、育児・家事ができない罪悪感、母親として子どもの発達や成長を願う気持ち等を語りました。母親は時に感情的になり、担任教師の話題では声を荒げる場面もありましたが、SSWrが丁寧に傾聴し、母親の小学校への不満を一つひとつ丁寧に整理したところ、その主な内容は「教室内の特定の音や声に困っているといった物理的環境」「担任教師の声のかけ方」の改善を求めるというシンプルなものであることがわかりました。

SSWrが、「地域に味方を増やし、みんなに協力してもらって隆君やほかの児童の学ぶ環境を改善する方法を一緒に考えませんか」と提案すると、母親は「そうできたらいい」と頷きました。SSWrは、母親が信頼している放デイ管理者と連携して、隆君の学校生活を支援したい旨を伝え、母親の同意を得ることができました。

【市役所職員からの情報収集】

SSWrは、市役所の児童福祉課と障害福祉課に出向き、世帯の経済状況や利用している制度サービス、市の支援状況等を確認しました。

児童福祉課職員によると、隆君の家庭は４年前にこの地域に転入してきた世帯であり、それ以前の情報が少ないとのことでした。児童福祉課職員は、転入当初から度々母親に接触を試みていますが、連絡しても返信がなかったり、面談や訪問のキャンセルや居留守が多かったりで、これまでうまく支援につながってこなかった経緯を説明しました。母親は、突発的に来庁して不満を訴えることが多く、最近ではどの窓口の担当者からも敬遠されがちであることがわかりました。

SSWrは、児童福祉課職員から「弟は毎日認定こども園に登園している」「弟の出産後に保健センターの保健師が家庭訪問をしていた」等の情報を聞き取りました。

【認定こども園からの情報収集】

SSWrは、隆君の弟が通う認定こども園に電話で事情を聞きました。弟の担当保育士は、バス通園のため、母親とは連絡ノートのやりとりだけになっていることなどを話しました。また、弟が肥満気味であること、連絡ノートの未記入、忘れ物が多いなど、気になることは多々あるが目をつぶっているとのことでした。担当保育士と母親が直接顔を合わせる機会はほとんどなく、関係性が希薄であることがわかりました。

また、隆君の在園時に担当した保育士（以下、前担当保育士）からは、「母親は真面目で頑張り屋。悩みやすく、隆君の在園時は、よく母親の相談にのっていた」との話が聞かれました。保育士同士が、この家庭について話をする機会はあまりない様子でした。

【放デイ管理者からの情報収集】

放デイ管理者は、これまでの支援の経過や、隆君から表出された学校での困り感、母親とのかかわり方の留意点などを、SSWrに詳しく説明しました。

放デイ管理者は、隆君は適切な工夫をすることで安定して活動に取り組めること、母親は付き合い方さえわかれば信頼関係が築ける人物であることを話し、「隆君も弟も、送迎バスのあるデイサービスや認定こども園には毎日通えている。送迎のサポートがあれば登校できるのではないか」と自身の見解を述べました。

放デイ管理者とSSWrは、関係者に隆君や母親の長所を理解してもらい、関係性を再構築するために、互いが仲介役として連携して動いていくことを確認しました。

● 基本情報シート

（記載日：　○年　7月　15日）

フリガナ 氏名	アンドウ　タカシ 安藤　隆（仮名）		性別	■男 □女 □その他	生年月日	Ⓗ・R　○年　○月　○日 （年齢　8　歳）	
学校	○○市立○○小学校			学年	3年	担任	福岡　徹　先生
教育歴等	年月	学校名・利用施設等		備考（クラブ・塾・放課後児童クラブ等）			
	○年○月～ ○年○月	○○認定こども園		○○児童発達支援事業所			
	○年○月～	○○市立○○小学校　普通学級入学		○○放課後等デイサービス			

<table>
<tr><td>登校
状況</td><td colspan="6">3か月ほど前から欠席が増え、この２か月間は全く登校していない。
欠席　約　50日　・　遅刻　5　日　・　早退　0　日</td></tr>
<tr><td>住所地</td><td colspan="4">○○市○○　(4年前に転入)</td><td>前住所地</td><td>△△市</td></tr>
<tr><td rowspan="4">家
族
構
成</td><td>氏名</td><td>続柄</td><td>年齢</td><td>職業</td><td>健康状態</td><td>備考（学歴・手帳・介護度等）</td></tr>
<tr><td>安藤　由美子</td><td>母</td><td>36</td><td>無職</td><td>不安障害・うつ病</td><td>精神障害者保健福祉手帳2級
受診中</td></tr>
<tr><td>安藤　隆</td><td>本人</td><td>8</td><td>小学生</td><td>ASD診断
(4才)</td><td></td></tr>
<tr><td>安藤　彰</td><td>弟</td><td>3</td><td>認定こども園園児</td><td></td><td></td></tr>
<tr><td colspan="7">【要請を受けた相談種別】■不登校　□ひきこもり　□いじめ　□非行　□被虐待　■発達障害　□貧困　□健康　■養育環境　□LGBT・SOGI　□学力不振　□その他（　　　　　　　　）　□不明
【確認すべき主訴】（ 隆君の学校や学級に対する思い　　　　　　　　　　　）</td></tr>
<tr><td colspan="7">【相談の経緯・概要】
母親が、放課後等デイサービスに、子どもの不登校と小学校への不満について相談。放デイ管理者の提案で、SSWrがかかわることとなった。隆君は、２か月前から全く登校しておらず、母親も小学校や担任教師に不信感があることから登校に消極的である。精神障害のある母親は人とのかかわりに困難さがあり、家庭は地域から孤立しがちである。</td></tr>
<tr><td colspan="7">【生育歴】
２歳…両親が離婚。４歳…言葉や行動面の発達が気になり受診。
５歳…○○市に転入。○○認定こども園入園。○○こども病院を受診し、「ASD」と診断を受ける。○○児童発達支援事業所利用開始。弟が生まれる。
６歳…○○市立○○小学校に入学、特別支援学級に入る。○○放課後等デイサービス事業所利用開始。</td></tr>
<tr><td colspan="3">【ジェノグラム】</td><td colspan="4">【エコマップ】</td></tr>
<tr><td colspan="3">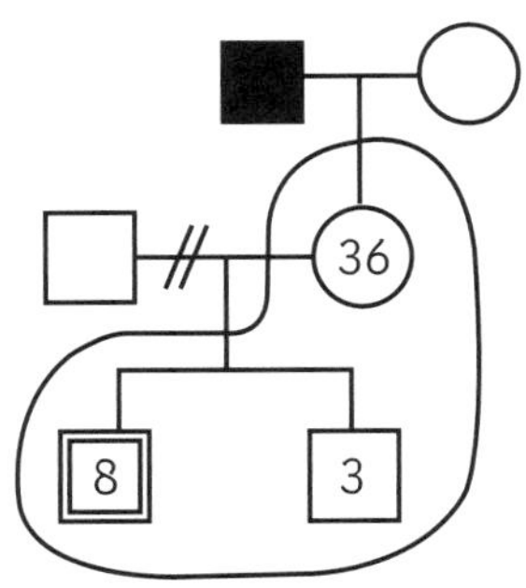
</td><td colspan="4">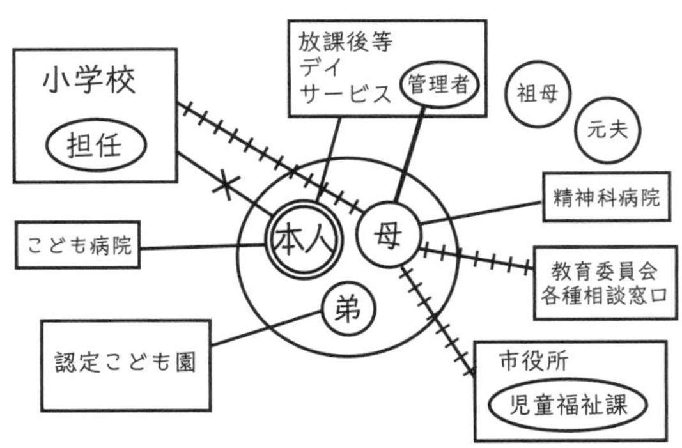
</td></tr>
</table>

アセスメントシート

作成日：　○年　8月　28日（　1回目）　作成者：（伊藤　久美）

学年・性別	3年　2組　　　　男・女・その他　　　　　年齢：　8　歳
フリガナ 氏　名	アンドウ　タカシ 安藤　隆
相談種別	「基本情報シート」より転記（　不登校　、　発達障害　、　養育環境　）

1.【ジェノグラム・エコマップ】

ジェノグラム

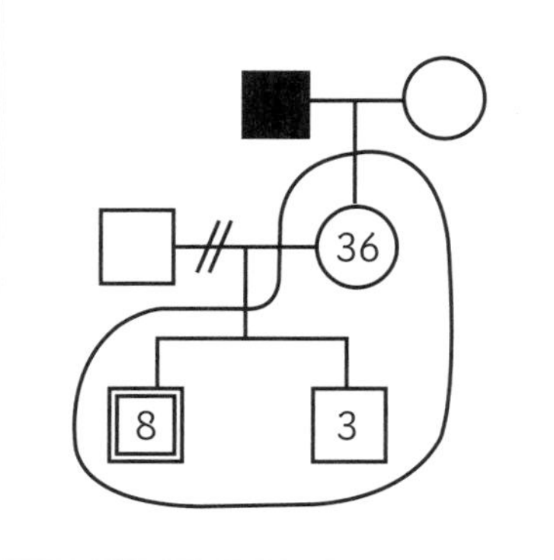

エコマップ（追加情報を含む）

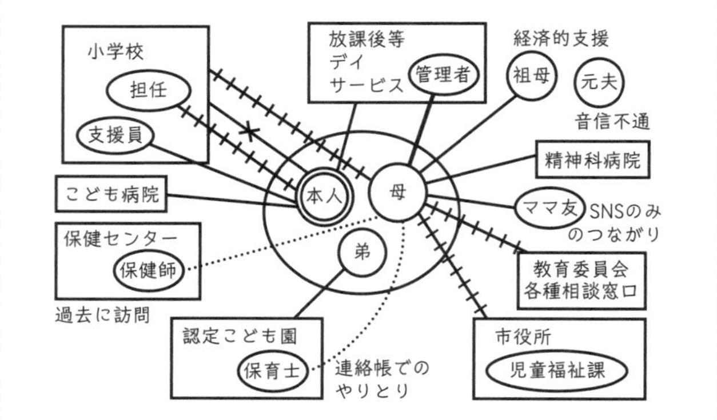

2.【本人】

項目	現状	課題
権利擁護	対象理解（　不登校　）（　発達障害　）（　養育環境　） ・教育を受ける権利・育つ権利が保障されていない。 ・健全な成長・発達に必要な養育環境が阻害されている恐れ。	■
健康	身体（発育状況や虫歯など）…肥満傾向。虫歯は治療されている。	□
	既往歴…食物アレルギー（牛乳）。	
	通院歴…なし。 （4歳）言葉や行動面の発達が気になり他県で受診。 （5歳）保健センターで発達検査。○○こども病院で、「ASD」の診断。以後定期的に通院している。服薬はなし。	
学校生活	出席状況…入学当初から、週1回くらいの欠席。この2か月は全く登校していない。	□
	学力・成績…簡単な漢字の読み書きができる。足し算引き算ができる。	
	学習態度…集中して取り組むことができるが、気になることがあると指示どおり取り組むことができなくなることがある。タブレット学習に感心があり、積極的に取り組む。	

学校生活	社会性…おおむね日課に沿って集団行動ができ、係の仕事を行うことができる。時々声をかけても座ったままで動けなくなり、集団行動が難しいことがある。	
	対人関係…誰とでも交流できる。大きい声や怒鳴り声を出す人は苦手。	
	クラブ・部活…なし。音楽が好きで、スポーツは苦手。	
	集金や提出物…遅れることはあるが提出している。	
	進路希望…中学に行って、高校に行きたい。	
日常生活	基本的生活習慣…トイレ未自立（紙パンツ併用）。箸がうまく使えない。夜泣きあり。手洗いが苦手。	□
	生活リズム…朝7時頃起床、夜11時頃就寝。食事時間は不規則。	
	余暇…アニメキャラクターの絵を描く。空き箱で工作をするのが好き。母親のタブレットで動画視聴やゲームアプリ、学習アプリの利用。	
	家族との交流…兄弟の仲はいい。母親との距離が近い。	
	友人・近隣との交流…同級生に話しかける。近所付合いはない。	
発達特性	ASD。感覚過敏。特定の音や声に強い不穏状態を示す。奇声や、自傷がある。	■
本人の思い	・担任教師の声が怖い。友達の大きな声が嫌だから学校に行きたくない。 ・偶然外で特別支援学級の支援員に出会った際、嬉しそうに「学校、行く？」と言ったことから、登校したい気持ちもある様子。	■

3.【保護者・養育者状況】

	現状	課題
経済状況	・母親の障害年金（２級）、特別児童扶養手当（２級）、児童扶養手当、就学援助。 ・祖母（母方）から生活費の仕送り。離婚した父親からの養育費はない。	□
養育状況	・母親の精神疾患の症状（頭痛、吐き気、意欲低下等）が強いときには、１日中横になっている。カップ麺を常備。家の中は散らかっていてゴミ屋敷状態。 ・買い物以外は外に出られない。子どもを学校に送り出せない。 ・身近に育児や家事を頼る人がいない。	■
意思	（母親） ・隆が安心して登校できるようにしてほしい。隆やほかの児童のために、特別支援学級の学習環境や担任教師の指導の仕方を改善してほしい。 ・体調により家事ができないことがあり、子どもに申し訳ない。	■

4.【きょうだい・親戚等】

	現状	課題
きょうだい・親戚	・兄弟は仲がよく、けんかなどはない。ペットを２匹飼っている。 ・弟は、○○認定こども園に送迎バスで毎日登園している。肥満気味。 ・遠方に住む高齢の母方祖母から仕送りがある。祖母は精神疾患がある。 ・離婚後、父親とは音信不通になっている。親戚とのかかわりはない。	□
意思		□

5.【学校】

	項目	現状	課題
学校	教育指導体制	・校長先生、副校長先生、主幹教諭、生徒指導担当教諭。学年主任、担任教師で対応が難しいケースは校長、副校長が直接対応。	□
	学年・学級状況	・特別支援学級は、全２クラス。各クラスとも、児童は５～６名で、担任教師と支援員の２人体制。隆君のクラスは、行動面が活発で多動な子どもが多く、落ち着かない雰囲気がある。隆君は苦手な生徒が２名いる。 ・担任教師（男性）は、声が大きく生徒指導に熱心な先生である。支援員（女性）と隆君は関係良好。	■
方針	隆君の母親の対応に疲弊している。大きなトラブルに発展しないよう、かかわりを必要最低限にし、母親と距離をおくようにしている。		■

6.【関係機関・地域】

	現状	課題
機関名	・隆君は○○放課後等デイサービスを毎日利用。数か月に１度○○こども病院に通院。 ・母親の訴えを受け、○○市教育委員会が対応した。 ・児童福祉課は、母親との関係構築できず、家庭の支援に至っていない。母親から度重なる小学校への苦情の訴えがあったため、市役所窓口の対応は消極的。 ・弟の認定こども園担当保育士とは毎日連絡ノートのやりとりのみで、関係性は希薄。隆君在園時の前担当保育士は母親の相談相手だったが、現在つながりはない。 ・保健センターの保健師は、弟の母子保健で家庭訪問をしていたが、現在はなし。 ・母親はほかの専門相談窓口や弁護士など、さまざまな窓口に単発的に相談。	■
方針	はたらきかけても、返信がなかったり、キャンセルが多かったりで積極的な支援ができない。苦情電話等の対応に苦慮している。	□

7.【アセスメントの要約】

【課題の背景と支援の方向性】

母親は、精神障害の特性により対人関係の維持や意思疎通に困難さを抱え、他者との軋轢が起こりやすい。母親の言動がクローズアップされ、隆君本人の困り感が見えづらくなっている。

また、母親の障害特性や望ましい対応方法がわかりづらく、誤解や対立の悪循環から、隆君の家庭は地域で孤立状態になっている。隆君の家庭と地域の関係者とのつながりをつくり、子育て上の困難を一緒に解決していくことで、隆君が健やかに成長・発達できるよう支援する。

【ストレングス】

隆君は、毎日放課後等デイサービスに通っている。安心できる環境では、集中することができ、のびのびと活動することができる。

母親は、発達障害の子どもの育てづらさと、自身の精神疾患による生きづらさを抱えながらも、母親としての役目を果たそうと頑張っている。弟を毎朝登園させている。他機関に自ら発信して力を借りながら課題を解決しようとするエネルギーをもっている。

【支援課題】

・隆君の成長・発達の保障のために母親と関係者が協働できるような関係性を構築すること。
・地域に隆君と家庭を見守るネットワークをつくること。

8.【支援目標】

短期	・隆君が登校し、授業を受ける機会が増えること。
中期	・隆君が安心して登校でき、教育・発達の機会が保障されること。
長期	・隆君が人や地域とつながりをもち、相互作用や関係性のなかで成長できること。 ・隆君が健やかに成長できる生活環境が整えられること。

9.【予想される危機的状況】

本人	・教育・発達の機会や、社会との接点が失われ、隆君の発達・成長が阻害される。 ・生活環境（食生活、衛生面）の悪化により、隆君の心身の健康や発育が阻害される。
家族	・地域で孤立が深まり、SOSや課題の深刻化が見えにくくなる。 ・課題の発見や支援が遅れると、二次的課題が生まれる可能性（母親の病状悪化、生活環境の劣悪化、貧困、兄弟での不登校やひきこもり、ネット依存など）がある。 ・祖母からの仕送りが難しくなった場合、経済的困難に陥る可能性がある。
学校	・不登校が続き、隆君の教育を保障できない。 ・家庭との関係が断絶し、はたらきかけを拒否される。安否確認ができなくなる。
その他	・各関係者との良好な関係が維持できず、支援やつながりを拒否される。

❸ 支援計画の作成

【ケース会議・事前打ち合わせ】

ケース会議前にSSWrは小学校に出向き、隆君の成長のために頑張ろうとしている母親自身のストレングスを肯定的にとらえて、母親との協力関係を構築することの重要性を強調しました。SSWrが、母親の障害特性による生きづらさ、かかわり方の留意点、具体的な関係修復の方法について助言すると、教職員は「母親の病気について全くわかっていなかった」と納得した様子でした。

ケース会議には、「隆君の教育・発達の保障」という全員共通の目的のために、学校側から歩み寄る姿勢で臨むことを提案しました。また、関係性を再構築するために、当面は、SSWrが母親と学校および地域の関係機関の仲介役・調整役を担いたい旨を申し出ました。

【ケース会議当日】

学校が主催したケース会議には、担任教師や支援員、学年主任などのほかに、母親と放デイ管理者、SSWrが参加しました。

関係者全員が共通の目標に向かって、連携して取り組むことが確認され、今後の取組みの具体的な計画、各人の役割などが整理されました。支援の進捗状況は、２か月後にケース会議にて確認、検討することとなりました。

会議後、母親はほっとした表情で、「放デイ管理者とSSWrが一緒だったので、緊張や不安症状が出なかった。先生方にこちらの訴えが伝わってよかった。皆さんの力を借りて頑張っていけそうな気がする」と話しました。

SSWrは、会議の協議内容を踏まえ支援計画シートを作成し、参加者全員に送付しました。

● 支援計画シート

記載日：　○年　9月　15日（　1 回目）担当者：（ 伊藤　久美 ）

学年・性別	3年　2組　　　男 ・ 女 ・ その他　　　年齢：　8　歳
フリガナ 氏　名	アンドウ　タカシ 安藤　隆
相談種別	「基本情報シート」の種別を転記（　不登校　、　発達障害　、　養育環境　）

1.【支援目標】（アセスメントシートをもとに）

優先順位	対象者	内　　容
1	隆君	安心して学習できる環境が整えられること。
2	隆君	安定的に登校できること。
3	家庭・関係機関	隆君を支援するために地域に協力者が増えること。
4	隆君・家庭	生活面のサポートを利用して、隆君が健やかに成長できること。

2.【支援計画】

優先順位	支援課題	支援内容（誰が、何を、いつまでに、どこまで）	
1	安心できる学習環境を整備すること。	母親	学級における隆君の具体的な困りごとについて、放デイ管理者と協議（1週間）／学校の改善状況の確認（4週間）（隆君、放デイ管理者を通して）。
		学校担任教師	放デイ管理者とともに学習環境の点検。隆君の特性に配慮したかかわり方について専門的助言を受ける（2週間）／必要な物品の準備、教室の調整（4週間）。
		放デイ管理者	学習環境の点検、隆君の特性に合わせた指導方法を助言（2週間）／改善状況の確認と母親への報告（4週間）。
2	安定的に登校できること。	母親	登校の準備を整え、玄関から隆君を送り出す（毎日）。
		民生委員・児童委員	自宅の玄関先から通学路までの登校に付き添う（2週間）。
		学校スクールガード	スクールガードが通学路から校門まで付き添う（2週間）、見守り（2週間～）／担任教師が校門から学級まで付き添う（2週間）、見守り（2週間～）。
3	隆君を応援する協力者と連携すること。	母親	関係者との連絡、訪問時の応対。隆君に関する心配事や相談は、遠慮せずに口答や連絡ノートで話しやすい人に伝え、共有するようにする。
		SSWr	認定こども園、障害児親の会、こども食堂などの他機関に協力要請（2週間）、母親の会参加時に同行する（4週間）。
		認定こども園	子育ての負担やストレスを軽減するために、担当保育士、前担当保育士が、定期的に直接母親の相談を受ける機会を設ける（1回／月）。
		児童福祉課職員	保健師に協力要請（2週間）、保健師とともに自宅に挨拶に行き、自治体で提供している各種サービスについて情報提供を行う。
4	隆君と家族の生活を支援すること。	母親	関係者との連絡、訪問時の応対。生活に関する心配事や相談は、遠慮せずに話しやすい人に伝え、共有するようにする。
		SSWr	社会福祉協議会に食糧支援の協力依頼（2週間）。
		児童福祉課職員	障害福祉課に協力依頼（1週間）、障害者居宅介護事業を利用できるようにする。

3．【期間・モニタリング】

計画期間	○年9月18日　～　○年3月20日 （６か月間）	次回モニタリング予定	○年　11月　20日 （２か月後）

④ 支援の実施

【支援計画にもとづいた関係者による支援】

支援員や近所に住む民生委員・児童委員が自宅に隆君を迎えに行くことで、隆君は徐々に登校児童の流れにのって登校できるようになりました。放デイ管理者と担任教師は、教室環境や隆君への対応方法（指示や提示の仕方、クールダウン方法等）を検討しました。SSWrは、地域の各機関や団体に協力を依頼し、ネットワークの調整役を担いました。

日常的に母親とやりとりをする学校や認定こども園が、母親の症状を理解し、共感的な寄り添いの姿勢で対応したことで、母親の関係者に対する態度が軟化し、協力関係が築かれ始めました。特に、母親と弟の担当保育士との関係性が深まり、ちょっとした生活の困りごとを連絡ノートに書いたり、「相談したい」と申し出たりするようになりました。

【モニタリング】

２か月後、新たに児童福祉課職員を参加者に加え、２回目の支援会議が行われました。

学校からは、登校日数や、安定して授業に参加する時間が増えていることが報告されました。放デイ管理者からは、隆君の学習環境の整備を担任教師と進めていること、SSWrからは、地域に隆君と家庭を応援する協力者が増えたことが報告されました。

母親からは、隆君が登校でき表情が明るくなったこと、障害児親の会に行って勉強になったこと、社会福祉協議会が食糧を配達してくれて助かっていること、子どもたちと過ごす時間が増えたこと等が話されました。

児童福祉課職員からは、母親に対して、保健師と一緒に家庭訪問に伺ったお礼とともに、「ひとり親家庭の子どもを応援する立場として、ぜひ支援チームの仲間に入れていただきたい」との挨拶がされました。

支援経過シート

日時	内容	対象者・家族・学校・関係機関の状況	SSWrのはたらきかけ
9月18日	登校支援	支援員と民生委員・児童委員が隆君を迎えに行き、一緒に学校まで付き添った。母親は登校の準備を整えており、玄関先で、隆君を見送った。学校は、SSWrと児童福祉課に電話で報告。	学校から登校状況について報告を受けた。対応への感謝とともに今後も時々登校状況を聞かせてほしい旨を伝えた。母親に労いと励ましのメールを送った。
9月20日	登校支援	3回目以降は民生委員・児童委員のみで迎えに行き、通学路からはスクールガードが登校をサポートする形で登校。 下校時に学校に送迎バスが来た際に副校長先生が隆君の登校の様子を放デイ職員に報告した。	学校に対し、できるだけ放デイ職員と顔を合わせる下校時に情報交換をすることを勧めた。 また、隆君の学校での様子をできるだけ連絡ノートに書き母親に伝えることを助言した。
9月23日	関係機関に協力依頼	認定こども園の担当保育士が、母親と面談。共感の姿勢で家事と育児の大変さに寄り添った。担当保育士が今後も時々話を聞かせてほしい旨を母親に伝え、母親の快諾を得た。	担当保育士と前担当保育士に、できるだけ母親の話や困りごとを直接聞く機会をもってほしい旨を依頼。変化に気づいた際は、児童福祉課職員に連絡を入れることを確認。
9月25日	子育てサポート	児童福祉課職員が、隆君の家庭を訪問していた保健センターの保健師に連絡、保健師が久しぶりに母親を訪問して顔を合わせた。保健師は弟の成長をともに喜び、母親から家事の困りごとについて聞くことができた。	児童福祉課職員から、家庭訪問の報告を受けた。感謝を伝え、次回の保健師の訪問の際に、児童福祉課職員も同行し、保健師の仲介のもと関係を再構築していく方向性を確認した。
10月3日	関係機関に協力依頼	社会福祉協議会のひとり親家庭への食糧支援（定期配達）を利用することが決定。申請書を届けるために、SSWrと社会福祉協議会職員が母親を訪問し、顔合わせを行うことができた。	社会福祉協議会を訪問、世帯の状況と支援計画を説明し、物資の配達をしながら、世帯の見守りとサポートについて協力を依頼した。母親と社会福祉協議会を引き合わせた。

4．【モニタリング結果】

	支援結果	今後の課題
1	学習環境や指導方法が工夫され、隆君が安定して授業に取り組めるようになった。	現状を維持すること。新たなニーズに対しては、放デイの協力を得て対応策を考える。
2	母親、民生委員・児童委員、スクールガードの協力により、隆君が安定的に登校できる回数が増えた。	隆君が付き添いなしで通学路まで歩いて行けるための支援を検討する。
3	担当保育士との日常的なやりとりや、保健師、児童福祉課職員の家庭訪問、障害児親の会への参加により、家庭と関係者のコミュニケーションがとりやすくなり、隆君を応援する協力者が増えた。	関係者のネットワークが保たれ、困ったことや変化があったときには、互いにすぐに連絡を取り合える関係を維持すること。こども食堂等を利用し、隆君と地域のつながりが増えること。
4	ホームヘルパーの家事援助を申請済。利用開始予定。社会福祉協議会の食糧支援（配達）が開始され、家計の負担が軽減した。	ヘルパーの訪問が定着し、生活にかかる家庭の負担がさらに軽減されるために、各種サービスを試してみること。

5 事例のまとめ

支援チームの取り組みにより、隆君は安定した学校生活を送っています。母親は小学校に直接不満をぶつける前に身近な関係者に相談をしてワンクッション置くようになりました。怒りや憤りが強いときには、SSWrや放デイ管理者が仲介に入ることで、学校と母親の関係性は保たれています。

関係者の連携では、毎日隆君や弟、母親と直接やりとりをする小学校、放課後等デイサービス、認定こども園の三者が連携のパイプを太くしてネットワークの中核となり、定期的に児童福祉課職員と情報交換を行っています。

また、家庭の様子については、週１回訪問するヘルパー、月に２回食糧配達を行う社会福祉協議会の職員、近所に住む民生委員・児童委員が見守り、気になる変化がみられたときには、直接児童福祉課職員に連絡することにしました。さらに、こども食堂や障害児親の会への参加が加わり、母親がSOSを出せるタイミングや頻度、相談できる相手が増え、ニーズを見逃さない体制ができてきました。

SSWrは、ネットワーク全体に目を配り、各関係者に継続的に協力依頼をしながら状況確認に努め、ネットワークの整理や修繕役を担っています。こうして、隆君の家庭を取り巻く地域の支援ネットワークが形になってきました。

3 事例における帳票活用のポイント

❶ 多くの情報源からの情報を適切に整理・分析できる

複数の関係機関から情報を収集した段階では、各機関のもっている情報が非常に断片的かつ偏りや思い込みが多いものであることがわかりました。帳票を完成させるには、複数の情報の真偽や偏りを確かめ精査する作業が必要となります。

本事例では、母親・小学校・市役所・認定こども園・放課後等デイサービスそれぞれの立場からの感じ方や見え方がありました。それらをアセスメントシートに記入していくなかで、どこにすれ違いが生じているのか、問題の中核は何か、といったことを分析することができました。

❷「当事者主体」「ストレングス」の視点で、支援を考える

アセスメントシートで明らかになったのは、関係者の視点が母親のネガティブな側面に偏っていたこと、関係者にストレングスや当事者主体の視点が不十分であったことなどです。

アセスメントシートでは、冒頭にまず「子ども本人」に関する記載欄が大きく登場し、「本人の思い」を記載するようになっています。どのような事例においても主人公は子どもであり、何よりも子どもの最善の利益に着目して支援を考えなければならないということが、誰にとっても認識しやすいようになっています。

このことにより、一見すると「学校や自治体の困り感」や「母親の養育能力の問題」に目が向きがちですが、支援目標を、「隆君の教育・発達の保障」という一点に定め、母親を支援チームの一員として協働でネットワークをつくっていくという、当事者主体の支援の方向性を整理することができました。

❸ 関係者（社会資源）をアセスメントし、共通理解のもとで支援を進める

アセスメントシートを作成する過程は、連携先の各機関をアセスメントする過程で

もあります。そのなかで、各機関の「本来やるべきこと」と「実際にできていること」を明確にし、支援の滞りや抜けの現状をあぶり出しました。各機関や関係者のアセスメントは、それぞれの「できない」ではなく、「これならできる」を具体的に引き出し、隙間のない支援計画をつくり上げていくために必要な作業です。

また、チーム支援を実施する段階では、関係者が本ケースの支援の方向性を見失わずに、確実に実行していくうえで支援計画シートが共通の指標となります。子育て支援のネットワークでは、単なる役割分担や、報・連・相だけでは不十分であり、ネットワークの構成員が、子どもと家庭を理解し、向かうべき方向性や、予測される将来的リスクについてしっかりとした共通認識をもつことがとても重要です。

第2節

いじめをめぐる校内委員会の取り組みのなかでの支援

1 事例概要

対象児童：今井　風太　君（仮名）
学年（年齢）：中学１年生（12歳）
家族構成：母親（39歳）、兄（14歳）の三人暮らし
現　　状：風太君はクラスでの問題行動がきっかけで周囲からいじめを受け、不登校になっています。中学校は、不登校の根本原因を風太君の発達特性による学校生活への不適応と考えています。一方、母親は、不登校の原因はいじめによるものと考えており、中学校と認識が異なっています。
事例のポイント：いじめを受けたと感じている風太君とその家庭に寄り添いつつ、いじめへの学校の対応を支援し、互いがそれぞれの課題に向き合い取り組んでいけるようにはたらきかけます。

2 帳票を使った事例の展開

❶ 事例との出会い

● 不登校に至る経緯――小学校時代

風太君は、小学校高学年ごろから、苦手な授業ではじっとしていられず、教室内でクラスメイトに話しかけたり校内を歩き回ったりしていました。中学校は、これらの行動面での課題や家庭環境について報告を受け、入学前より風太君や家庭への心配をしていました。

また、人間関係の面でも、クラスメイトの大輔君との間にトラブルがありました。風太君は大人しい大輔君を頻繁に遊びに誘い、大輔君はその誘いを断り切れず、帰宅が遅くなることもありました。心配した大輔君の両親が学校に相談に来るなど関係性

が心配され、中学校では風太君と大輔君は別々のクラスになるよう配慮されました。

不登校に至る経緯――中学校入学後

中学校入学から1か月経った頃から、風太君は授業中に歩き回るようになりました。同級生の間で風太君の小学校時代の噂も広まり、風太君をあおり、からかう者もいました。次第に、風太君はクラスメイトから避けられ、孤立するようになりました。

そんな折、風太君は校内で見つけた大輔君に、遊ぼうと声をかけましたが、大輔君は黙ったままでした。風太君は大輔君を強く突き飛ばし、倒れた大輔君は腕をけがしてしまいました。大輔君の両親は憤慨し、学校で風太君から大輔君への謝罪の場を設けました。しかし、2人の関係性には大きく亀裂が入ってしまいました。

風太君は、「大輔と仲良くしたいだけだった」とショックを受け、だんだんと早退しがちになり、結果的に不登校となってしまいました。

学校長からスクールソーシャルワーカーへ対応を依頼

学校長は、このまま夏休みに入り、風太君がひきこもりになるのではないかと心配し、風太君と家庭への支援について、スクールソーシャルワーカー（以下、SSWr）に協力を求めました。SSWrは情報収集を行い、支援の方向性を検討することにしました。

2 アセスメント

【母親からの情報収集】

母親の仕事が休みの日、学校で話すことができました。母親は、「仕事が忙しくて大変だけど、子どもたちのためには自分が働かないといけない」と語り、一人で子どもたちを育てていかなければならないという強い思いが伝わってきました。特に兄が高校進学を控えており、経済面への不安が大きく、日々の生活に余裕がないとのことでした。そして、風太君の落ち着きのなさや、さまざまなトラブルは、クラスメイト等が風太君をいじめていることが原因だと考えていました。不登校になってしまった風太君を心配し、自分が解決しなければならないと思いつつも、仕事の忙しさから後回しになっていることもわかりました。

母親は、風太君が小学校に入学する前に離婚。原因は元夫が生活費をギャンブルにつぎ込むためであったこと、子ども達も父親とは会っておらず、養育費ももらっていないことを話してくれました。

母親の実家は隣県にあり、離婚後は祖母が手助けに来てくれていたが、2年前に祖父が肺がん治療のために入退院を繰り返すようになってからは、めったに来られなくなったとのことでした。

【風太君からの情報収集】

母親とともに風太君と話をするため、自宅を訪問しました。風太君は「友達と仲よくなって楽しく過ごしたい、登校したい気持ちはある」と話してくれました。しかし、「同級生に会いたくない。またクラスメイトに無視されてひとりぼっちになるのが怖い」「じっとしていられないし、授業もよくわからない」と、つらい気持ちを打ち明けてくれました。

【兄からの情報収集】

風太君との仲は悪くはありませんが、風太君が学校で問題行動を起こすことに嫌気がさしており、「自分や母親に迷惑をかけるな」と風太君に話しているとのことでした。

風太君の家での様子として、主にゲームをして過ごしており、家族を困らすようなことはしないようでした。母親は休みの日は疲れ切って寝ていることが多く、家族で出かけることは少ないと話しました。

【中学校の担任教師からの情報収集】

授業が本格的に始まってから、風太君は、国語や数学などの苦手な科目時に歩き回ったり、教室から出てしまうことがあるようでした。落ち着かない様子をみせる風太君に対し、一部のクラスメイトはちょっかいを出したり、からかったりする様子もあり、担任教師より注意していたそうです。しかし、風太君自身にも課題があったため、対応しきれない部分もあったという状況が伝えられました。

テストの点数も、座学科目については全体的に低く、授業内容についてこれていない様子とのことでした。担任教師や学年主任の間では、学習上の課題を整理・分析して、個別的な対応をすることが不登校解決につながるのではないかと推察しているとのことでした。風太君の兄は、真面目で学校生活も問題なく過ごしていると伝えられました。

【小学校からの情報収集】

小学校によると、母親は運送関係の仕事をしており、いつも忙しい様子で帰りが遅い日もあるとのことでした。母親に電話をしてもゆっくり話すことはできず、風太君の虫歯治療の通院も途絶えていたそうです。学校への支払いや提出物が遅れることもありましたが、母親に連絡をすれば兄が届けてくれているようでした。

基本情報シート

（記載日：　○年　6月　27日）

<table>
<tr><td>フリガナ
氏名</td><td>イマイ　フウタ
今井　風太（仮名）</td><td>性別</td><td>■男
□女
□その他</td><td>生年月日</td><td colspan="3">Ⓗ・R　○年　10月　7日
（年齢　12　歳）</td></tr>
<tr><td>学校</td><td colspan="4">○○市立○○中学校</td><td>学年</td><td>1年</td><td>担任　佐山　蒼　先生（30代、男性）</td></tr>
<tr><td rowspan="3">教育歴等</td><td>年月</td><td colspan="3">学校名・利用施設等</td><td colspan="3">備考（クラブ・塾・放課後児童クラブ等）</td></tr>
<tr><td>○年○月～
○年○月</td><td colspan="3">○○市立○○小学校</td><td colspan="3"></td></tr>
<tr><td>○年○月～</td><td colspan="3">○○市立○○中学校</td><td colspan="3">サッカー部に入りたかったが断念
（兄が風太君の入部を拒否）</td></tr>
<tr><td>登校状況</td><td colspan="7">中学1年時（6／27現在）：欠席　33日・遅刻　0日・早退　5日
小学6年時：欠席　3日・遅刻　0日・早退　3日</td></tr>
<tr><td>住所地</td><td colspan="4">○○市</td><td>前住所地</td><td colspan="2"></td></tr>
<tr><td rowspan="6">家族構成</td><td>氏名</td><td>続柄</td><td>年齢</td><td>職業</td><td>健康状態</td><td colspan="2">備考（学歴・手帳・介護度等）</td></tr>
<tr><td>今井　敦子</td><td>母</td><td>39</td><td>パート</td><td>不明</td><td colspan="2">短大卒、就学援助家庭</td></tr>
<tr><td>今井　陽翔</td><td>兄</td><td>14</td><td>中3</td><td>良好</td><td colspan="2">高校進学予定</td></tr>
<tr><td>今井　風太</td><td>本人</td><td>12</td><td>中1</td><td>虫歯
（治療中）</td><td colspan="2"></td></tr>
<tr><td>今井　匡</td><td>祖父</td><td>69</td><td></td><td>肺がん</td><td colspan="2">隣県在住</td></tr>
<tr><td>今井　節子</td><td>祖母</td><td>66</td><td></td><td>良好</td><td colspan="2">隣県在住</td></tr>
</table>

【要請を受けた相談種別】■不登校　□ひきこもり　■いじめ　□非行　□被虐待　□発達障害　□貧困　□健康　□養育環境　□LGBT・SOGI　□学力不振　□その他　（　　　　　　）　□不明

【確認すべき主訴】（　不登校、いじめ　）

【相談の経緯・概要】

学校長から、クラスでのいじめや友達とのトラブルから不登校になってしまっている風太君と、その家庭への支援について相談が入った。風太君は小学校時代から、落ち着きのない言動等によりクラスで孤立しがちだったが、中学校に入学後、同様の状態となり、結果的に不登校となった。母親は夜遅くまで仕事のこともあり、学校と連絡はとれるが、風太君への具体的な対応に動く様子はない。学校のみの対応で解決は難しく、SSWrによる支援が必要とのことだった。

【生育歴】

・風太君が小学校入学前に両親は離婚。原因は父親のギャンブルによる浪費。
・両親の離婚後、祖母は風太君や兄の面倒をみるため頻繁に来ていた。しかし、2年前から祖父が入退院を繰り返すようになり、祖母の手助けは得られなくなった。
・小学校低学年では、落ち着かない様子はあるもののどうにか学校生活を送れていた。高学年になってから授業中に友達に話しかけたり、歩き回ったりし始め、友達とのトラブルも増加。

【ジェノグラム】	【エコマップ】
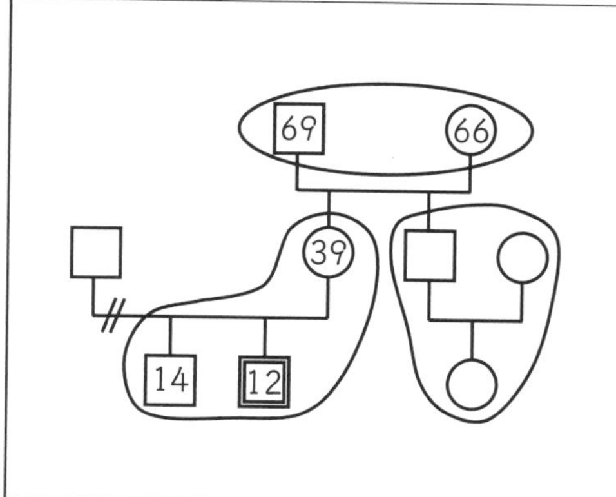	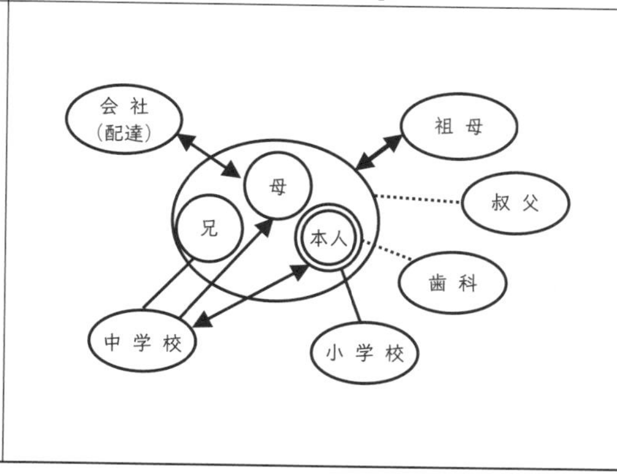

アセスメントシート

作成日： ○年 7月 5日（ 1回目） 作成者：(山里 幸子)

学年・性別	1年 3組	男（選択）・女・その他	年齢： 12 歳
フリガナ 氏 名	イマイ フウタ 今井 風太		
相談種別	「基本情報シート」より転記（ 不登校 、いじめ ）		

1.【ジェノグラム・エコマップ】

ジェノグラム	エコマップ（追加情報を含む）
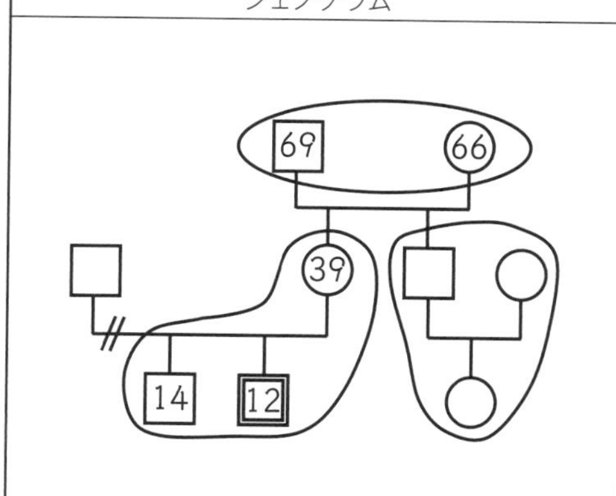	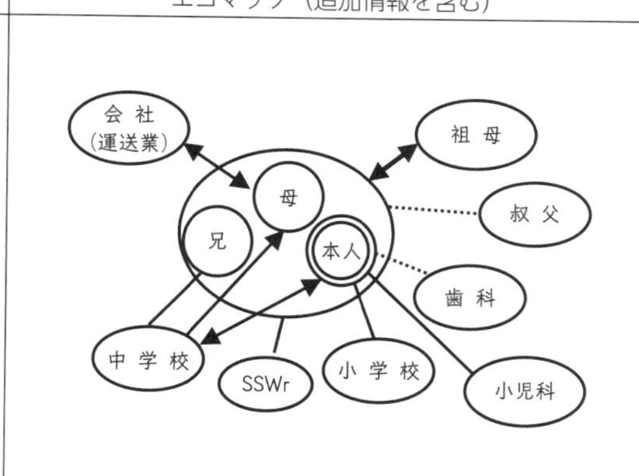

2.【本人】

項目	現状	課題
権利擁護	対象理解（　不登校　）（　いじめ　） ・他人から誇りを傷つけられない権利が阻害されている。 ・教育を受ける権利・遊ぶ権利が阻害されている。	■
健康	身体（発育状況や虫歯など）…虫歯あり（継続通院できていない）。	■
	既往歴…不明。	
	通院歴…〇〇小児科、〇〇歯科（虫歯治療）。	
学校生活	出席状況…現在、不登校（欠席　33日・遅刻　0日・早退　5日（6／27までの状況）。	■
	学力・成績…小テストの点数は全科目平均点以下（苦手科目：国語・数学、得意科目：体育）。	
	学習態度…苦手な科目のときは教室内外を歩き回る。身体を動かすことや作業的なことは集中できる（実験、工作）など。	
	社会性…席について授業を受けることが難しい。学校以外の交流の場はない。	
	対人関係…友達をつくりたい気持ちはあるが、うまく関係が築けない。クラスで孤立している。	
	クラブ・部活…サッカー部に入りたかったが断念（サッカー部の兄が風太君の入部を拒否）。	
	集金や提出物…学校への支払いや提出物が遅れることもあるが、母親に連絡すると兄が持参する。	
	進路希望…不明。	
日常生活	基本的生活習慣…着替え、整髪等自立しているが、歯磨きが十分できていない。	■
	生活リズム…登校していたときは、朝7時頃起床、夜11時頃就寝。現在はゲームを夜遅くまでしており、就寝時間が夜中2時頃になることもある。	
	余暇…家でゲームをする。	
	家族との交流…母親はいつも疲れていて会話は少ない。兄との仲は悪くないが、兄から学校で問題を起こすなと言われている。家では落ち着いている。	
	友人・近隣との交流…なし。	
発達特性	・集中力が続かず学習に取り組みにくい。テストの点数は低い。 ・苦手なことに対して我慢できず落ち着かない。発達障害の可能性も考えられるが、診断を受けたことはない。	■
本人の思い	・友達と仲良くしたい。登校したい気持ちはある。 ・同級生に会うのが怖い。クラスで受け入れられず孤立することが怖い。 ・教室にじっとしていられないし、授業もわからない。	■

3.【保護者・養育者状況】

	現状	課題
経済状況	・母親は、離婚前から生活費のために働いている。仕事（運送関係）は、夜間や深夜のシフトもある。体力は必要だが、人間関係のストレスが少ないため長続きしている。 ・父親からの養育費はない。祖父母も年金生活で余裕がないため、金銭面では頼れない。兄の高校進学に向けて貯金はしているが、入学後の生活が不安。	■
養育状況	・離婚後は、隣県に住む祖母が子育てを手助けしてくれていたが、祖父の入院により来られなくなった。 ・母親は子どもたちの養育に対する責任感が強く、人に相談することはなかった。 ・風太君は必要な物や不足している物になかなか気づくことができない。 ・母親は、小学校のときから風太君の学校での行動を気にしているが、まわりが風太君をいじめることが原因だと思っている。 ・母親は仕事が休みの日は疲れから頭痛を起こしやすく、家族で出かけることは少ない。	■
意思	（母親） ・風太君がいじめられることなく、みんなと仲良くできるようになってほしい。登校できるようになってほしい。 ・兄の高校入学のため、生活のため、少しでも多く貯金したい。	■

4.【きょうだい・親戚等】

	現状	課題
きょうだい・親戚等	・兄は両親の離婚前から母親の苦労を感じており、自分のことは自分でするよう努めている。その分、学校できちんとできない風太君に家で厳しく注意している。風太君と仲が悪いわけではない。 ・兄は平日も週末もサッカー部の友達と一緒に過ごすことが多い。 ・祖父母は隣県に在住。祖母はよく手助けに来てくれていたが、２年前から祖父が入退院を繰り返しており、来られなくなっている。 ・叔父家族は遠方に住んでおり、年に１～２回会う程度。	■
意思	（兄） ・高校入学に向けて勉強をがんばりたい。入学費などで母親に負担をかけたくない。	□

5.【学校】

	項目	現状	課題
学校	教育指導体制	・学年主任がリーダーとなり、担任教師の風太君へのかかわりや学級への指導方法について話し合っている。 ・担任教師が風太君に寄り添っている。	□
	学年・学級状況	32名の普通学級。風太君の言動をからかう者もいるが、多くのクラスメイトは、風太君とのかかわりを避けている様子。	■
方針	ふれあいひろば（不登校の生徒たちが通う教室）に登校し、短時間でも学校で過ごせるよう提案する。		□

6．【関係機関・地域】

	現状	課題
機関名	市役所福祉課	□
方針	毎年の児童扶養手当の更新の際、母親から相談があればかかわる。	■

7．【アセスメントの要約】

【課題の背景と支援の方向性】

○発達課題について

小学校高学年頃から授業中に友達に話しかけたり、歩き回ったりする様子が目立つようになった。中学校でも、落ち着きのない言動が影響し、クラスメイトから、からかわれたりし、孤立している。対人トラブルが原因で不登校になってからは、外出することが不安になっている。

母親は、風太君の問題行動は、まわりからのいじめが原因という思いが強く、風太君の発達特性への対応は考えていない。

風太君の現状を理解するために、風太君も母親も受診に前向きになれるようにはたらきかけ、早めに医療機関につながれるようにする必要がある。

○いじめについて

風太君は、クラスでのいじめに孤立感を抱いている。校内に風太君の理解者を増やし、安心して過ごせる居場所の調整が必要。また、風太君が友達と仲良くできるようなコミュニケーションスキルを学べる場を紹介し、風太君自身が自己肯定感を上げられるようにはたらきかける必要もある。

風太君への対応と同時に、中学校はクラスでのいじめの実態を把握し、その解消と再発を防ぐための対応を検討する必要がある。

○家庭について

家庭の経済状況を考慮し、生活保護申請等の相談を役所にしておくことも必要である。母親の負担軽減のため、子ども食堂と家庭をつなぐ支援も有効だと考えられる。母親の気持ちや時間に余裕ができることで、母親の体調改善や風太君の歯科受診の再開も望まれる。兄に関しては、高校進学に向けての気持ちを支えるべく、学習支援の場を紹介する。

【ストレングス】

母親は風太君や兄を自分が責任をもって育てなければならないという思いをもっている。風太君をこのままにしておいてはいけないと認識している。

風太君はみんなと仲良くしたい、登校したいという思いをもっている。担任教師のように自分を理解してくれる人の話は素直に聞くことができる。

兄は自分のことは自分でやり、母親に迷惑をかけたくないという思いがある。また、高校進学に向けて努力したい気持ちがある。

【支援課題】
・風太君の発達特性を理解し、その特性に応じた対応をすること。
・中学校がいじめの実態を把握し、いじめの解消・再発防止を図ること。
・家庭を公的資源やインフォーマルサポートと結びつけ、支援体制を構築すること。

8.【支援目標】

短期	・風太君へのいじめに対して、学校が状況を確認し、再発防止の環境を整える。 ・風太君を医療機関の受診につなぎ、学校は風太君の理解と対応を進め、風太君は風太君自身の課題解決に取り組む。 ・家庭の経済的負担の軽減や母親の家事負担の軽減の調整に向けて、母親にはたらきかける。 ・兄の高校進学に向けて学習支援の場を紹介する。
中期	・風太君の課題解決の取り組みが定着する。 ・校内のいじめ解消への対応が進み、風太君が学校に通えるようになる。 ・関係機関同士のネットワークを構築する。
長期	・いじめの再発なく、風太君が学校に通うことができ、友達との良好な関係を築ける。 ・家庭が経済的にも精神的にも安定した生活基盤を確保できる。

9.【予想される危機的状況】

本人	・外出不安が悪化し、不登校・ひきこもり状態が長期化する。 ・自己肯定感の低下が悪化し希死念慮が出る。
家族	・母親が体調を崩し、経済状況が悪化する。 ・兄の高校入学に伴う経済的不安から、兄が安心して高校生活が送れなくなる。
学校	・風太君の思いや言動に対し、クラスメイトの理解が得られず、風太君がクラスに受け入れられる状況にならない。 ・風太君と大輔君との間に再度トラブルが起こる。

❸ 支援計画の作成

【ケース会議前】

アセスメントから、家庭で風太君への対応が進まなかった背景には、母親が風太君の落ち着きのない言動の原因をいじめであると考えていること、母親が子どもの問題は自分で解決しなければならないと考えていること、また、生活することに精一杯で余裕のない家庭環境であったことがわかりました。

SSWrは母親に、子育てへの責任感の強さを労いつつ、困りごとがあるときは相談してほしいことを伝えました。一方、中学校には、校内で情報共有し、母親が支援を求めやすい関係構築への協力を求めました。

【ケース会議当日】

中学校の校長、学年主任、担任教師、相談員、小学校の生徒指導主事に参加してもらい、校内ケース会議を開催しました。SSWrは、風太君が「同級生に会いたくない。クラスで孤立するのが怖い」と思っていること、母親のいじめへの思い、いじめが起きない環境づくりを中学校に求めることなどを代弁し、思いを共有しました。

一方、中学校が感じる風太君の発達特性に応じた支援の必要性を、母親が理解できるように伝え、母親と中学校の互いの認識のずれを埋めていきました。結果として、「風太君が友達と良好な関係を築きながら、学校に通えること」を実現するために、①風太君の発達特性への対応（医療機関への受診）、②いじめの解消・再発防止、③家庭環境の調整を具体的な計画に落とし込み、それぞれの役割を整理しました。

● 支援計画シート

記載日：　○年　7月　5日（　1回目）担当者：（山里　幸子）

学年・性別	1年　3組　　男　・　女　・　その他	年齢：　12　歳
フリガナ 氏　名	イマイ　フウタ 今井　風太	
相談種別	「基本情報シート」の種別を転記（不登校、いじめ、ひきこもり）	

1．【支援目標】（アセスメントシートをもとに）

優先順位	対象者	内　容
1	風太君	風太君を医療機関の受診につなぐ。
2	学校	風太君へのいじめに対して、学校が状況を確認し、再発防止の環境を整える（いじめ防止委員会）。
3	風太君 学校	風太君の学校での理解者を増やし、居場所を確保する。
4	風太君	風太君に課題解決の場を提供し、外出不安を軽減する。
5	家族	家庭の経済的負担の軽減のために申請できる制度につなぐ。
6	家族	母親の家事負担軽減のため、利用できる社会資源につなぐ。
7	兄	兄の高校進学に向けて、学習支援の場を紹介する。
8	家族	家庭支援のネットワークを構築する。

2．【支援計画】

優先順位	支 援 課 題	支援内容（誰が、何を、いつまでに、どこまで）
1	風太君を医療機関の受診につなぐ。	SSWrは母親、風太君と面談し、意思を確認のうえ、医療機関の受診に同行する。また、医療機関と学校が連携できるよう調整する（２週間以内）。
2	風太君へのいじめに対して、学校が状況を確認し、再発防止の環境を整える（いじめ防止委員会）。	担任教師は医療機関と連携し、学年主任や生徒指導主事と風太君やクラスメイトへの対応を検討する（２週間以内）。校内いじめ防止委員会を開催し、実態を把握しつつ防止策を検討する。（２週間以内）。
3	風太君の登校時の体制を整え、理解者を増やす。	学校は、ふれあいひろばなどにつなげられるよう風太君が同級生に会わずに短時間でも登校できるよう柔軟に対応する（１週間以内）。 スクールカウンセラーや特別支援教育コーディネーターが風太君に積極的に声をかけ関係をつくる（２週間以内）。
4	風太君に課題解決の場を提供し、外出不安を軽減する。	SSWrは放課後等デイサービスの見学を調整する。障害福祉サービス利用の手続きに同行する（１か月以内）。
5	家庭の経済的負担の軽減のため、申請できる制度につなぐ。	SSWrが市役所の担当者と連携し、生活保護、母子福祉資金貸付金の相談日を調整し同行する（１か月以内）。
6	母親の家事負担軽減のため、利用できる社会資源につなぐ。	SSWrが、子ども食堂の見学日程を調整し、同行する（１週間以内）。
7	兄の高校進学に向けて学習支援の場を紹介する。	SSWrが、子ども食堂併設の学習支援会の見学日程を調整し、同行する（１週間以内）。
8	家庭支援のネットワークを構築する。	SSWrが関係機関と学校、関係機関同士が連携できるよう、母親、風太君本人を交えてサポート会議を開催する（２か月以内）。

3．【期間・モニタリング】

計画期間	○年７月７日～○年８月下旬	次回モニタリング予定	○年８月末日 （夏休みの終わり頃）

④ 支援の実施

【支援計画にもとづいた関係者による支援】

SSWrは、風太君と家庭を必要な社会資源につなぎ、まずは学校に安心して通うための土台づくりをしました。○○小児科、放課後等デイサービス、子ども食堂など各機関の役割を効果的に活用し、支援体制を構築していきました。

また、中学校は、いじめ対応としてアンケート調査を実施し、いじめを解消・再発防止する取り組みを学校全体で行いました。風太君は、同級生への恐怖心はあるものの、登校時間をずらして校門前まで登校できるようになるなど、変化がみられています。

● 支援経過シート

日時	内容	対象者・家族・学校・関係機関の状況	支援者のはたらきかけ
7月1日（金） 10：00 ～ 11：00	母親との面談	SSWrが母親と関係機関をつなげるにあたり、家庭状況や思いを確認。 かかりつけの○○小児科は発達障害の診察をしているとのこと。母親は風太君の受診に同意。 また、兄の高校進学や生活上の経済的な不安が大きく、生活保護等各種支援の相談や手続きを一緒に進めていく了承を得た。	・母親との信頼関係の構築。 ・風太君のために必要な情報は学校と共有することの了承を得る。 ・風太君の思いを聞き、今後のことを話すため、母親に家庭訪問させてほしいと伝える。
7月4日（月） 11：00 ～ 12：00	風太君との面談（家庭訪問）	母親の在宅時に家庭訪問。風太君は「同級生に会うのが怖い、授業がわからずじっとしていられなくてしんどい」といった困り感と、「友達と仲良くしたい。登校したい」という思いを話してくれた。母親の仕事の都合がつく日にSSWrも同行し、○○小児科に受診する了承を得た。	・風太君の困り感について一緒に取り組みたい思いを伝え、○○小児科受診の理解を得る。 ・風太君の理解につながる情報は学校と共有する了承を得る。
7月6日（水） 16：00 ～ 17：00	校内ケース会議	風太君と母親との面談の内容を報告。 風太君の登校時間や居場所（ふれあいひろば）での対応について話し合った。 風太君への対応には医療面での助言も必要となるため、SSWrは学校と○○小児科が連携できるようはたらきかけることに。 学校は、いじめに関するアンケート実施を決定しつつも、クラスメイトへの伝え方を検討中だった。	・風太君が同級生に会わず登下校する方法を学校に検討してもらう。 ・担任教師以外の教職員も風太君とかかわれないか相談する（理解者を増やす）。 ・校内いじめ防止委員会へのSSWrの出席をお願いする。

7月8日（金）11：00〜12：00	風太君の受診同行	SSWrが○○小児科受診に同行。医師に学校での風太君の状況と受診するまでの経緯を説明。風太君からはつらい思いが伝えられた。 医師は以前から風太君に発達特性があることを母親に話していたとのこと。医師より障害福祉サービス利用や訪問看護利用が提案された。母子ともに学校と医療機関の連携にも同意。	・風太君の理解（教職員、クラスメイト等）・対応のため学校と医療機関が連携することについて母子の同意を得る。 ・○○小児科に今後の支援協力と学校との連携を依頼する。
7月8日（金）16：30〜17：30	母親、風太君と面談（担任教師と家庭訪問）	SSWrと担任教師が一緒に家庭訪問。担任教師は、学校の受け入れ体制といじめに関するアンケート調査の実施を伝えた。母親は、クラスメイトの風太君への思いを聞きたい、必要があれば、風太君の取り組みをクラスで伝えてほしいとのことだった。 風太君はひとまず正門まで登校し対応可能な教職員に挨拶して帰ることに。 また、風太君は少人数で友達をつくる練習を希望。母親とともに放課後等デイサービスの見学に行く了承を得た。	・学校がいじめへの対応を進めていることを伝える。 ・担任教師以外のほかの教職員も風太君の支援者であるメッセージを送る。 ・風太君の登校に向けて学校の対応と風太君の思いについて確認する。 ・放課後等デイサービスの説明をし、見学の提案をする。
7月13日（水）16：00〜17：00	校内いじめ防止委員会	いじめの実態把握と防止策を検討。夏休み前のアンケートについて保護者にも周知し、家庭の協力も得て再発防止に努めることに。また、クラスメイトからの意見を引き出しやすくするために、風太君の取り組み状況を伝えることとなった。	・風太君自身の取り組み状況をクラスメイトに伝えるべきか検討。 ・家庭でもいじめについて話し合ってもらえるような学校の取り組みを支援する。
7月20日（水）16：00〜17：00	校内いじめ防止委員会	いじめに関するアンケートの結果、風太君に関する記述が複数あった。夏休み前に、担任教師よりクラスでいじめへの指導と個性を認め合う大切さを話し合うことに。風太君と母親にも家庭訪問し、その様子を伝えることとした。 校内全体でも同様の取り組みを行い、保護者にも学校だよりで知らせることとなった。 また、学校長は、夏休み中に教職員に向けたいじめ防止の校内研修を行う予定を組み、地域との連携協議会でもいじめ再発防止を議題に取り入れることとなった。	・いじめへの指導・再発防止に向けたはたらきかけを学校に検討してもらう。

5 事例のまとめ

SSWrが連携の中心となり、関係機関と風太君、母親、学校を結びつけ、それぞれが課題を解決するために行動することで、いじめや不登校が解消されつつあります。

ケースにかかわり始めた当初、中学校が、校内でのいじめに対する取り組みよりも、風太君の発達特性への支援が最優先だと考えている一方で、母親は学校がいじめへの取り組みを十分にしていないことに不信感を抱いていました。

アセスメントやケース会議、いじめ防止委員会を通して、SSWrは両者の溝を埋めていきました。中学校はいじめへのアンケート調査やいじめへの指導を行い、風太君と母親は医療機関を受診し、発達特性に応じた課題に取り組み始めました。

特に、さまざまな教職員が参加するいじめ防止委員会に、教職員とは違う視点をもつSSWrが加わり風太君や母親の思いを代弁することで、風太君の発達特性への対応だけでなく、学校全体としていじめ解消・防止に努めるという方向性を共有することができました。個性を認め合う指導や教職員への研修を実施することで、本事例への対応だけではない波及効果があったと考えられます。

図表7-1　学校いじめ対策組織の例

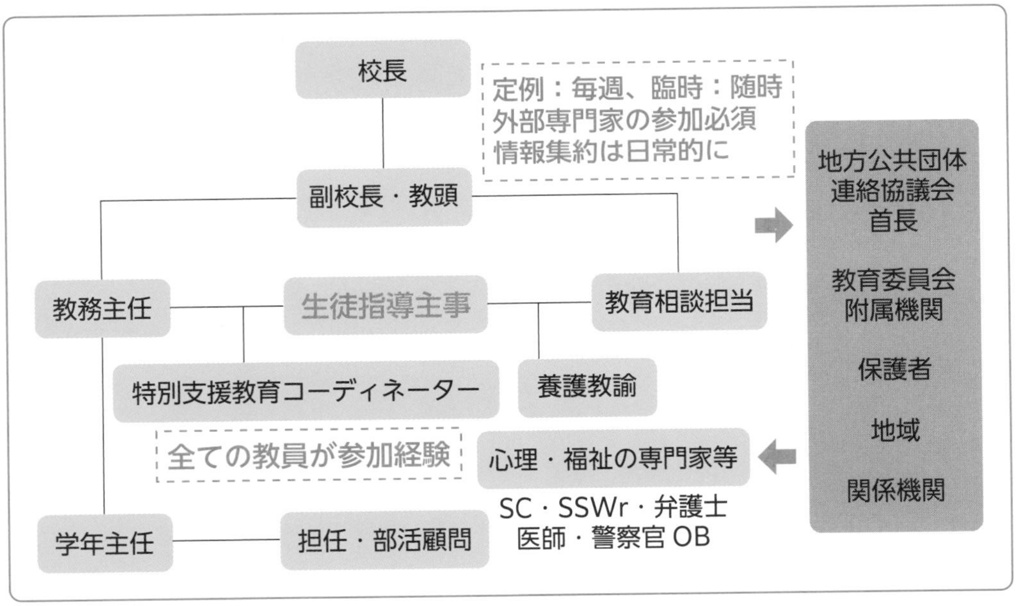

出典：文部科学省「生徒指導提要（改訂版）」

3 事例における帳票活用のポイント

❶ 支援対象者を俯瞰的にみる

いじめや不登校という問題に取り組むうえで、学校と当事者だけではなく、それらを取り巻くすべての人々を支援の対象と考える必要があります。時系列に沿って関係やそれぞれの思いや事実を帳票に書き込むことで、その対象全体を冷静に一歩引いて見ることができ、偏った支援になっていないか確認することができました。

いじめ等の課題は被害者・加害者どちらかだけを支援すればよいのではなく、双方を支えていく必要があります。そのために、支援者が学校や他機関にはたらきかけ、両者の課題の全体像を整理し、歩み寄れるようサポートすることが求められます。

❷ 情報共有し、「できること」を確認する

いじめに対する指導等は学校が中心となり、まずは校内を対象に行います。しかし、その取り組みが本当の意味で活かされるためには、保護者や地域社会、学校外の関係機関などの協力が欠かせません。項目に沿って帳票に書き込むことで、校内で共有できている情報を確認できると同時に、大切な当事者や保護者の思いなどが十分に把握できていないことにも気づくことができます。

また、課題解決に向けては、支援者だけでなく、当事者、関係機関も含めて、それぞれがそれぞれの立場で「できること」をする必要があります。細分化された目標に対して、誰が何をできるのかを帳票に書き込むことで、それぞれが主体的に自分の役割を全うすることができます。

❸ 支援の根拠・流れを視覚化する

支援の初期段階は、SSWrが仲介役として当事者と関係機関を結びつけたり、当事者や家庭の代弁者となったりします。その後、学校と関係機関同士がつながり、地域とも連携するなど、いじめや不登校といった社会課題へのアプローチへと広がっていきます。帳票へ支援の根拠・経過等を記入しておくことで、ミクロからメゾ、マクロへという全体の支援の流れを視覚化できます。

また、支援が進むにつれて、かかわる機関や支援対象者の環境は大きく変化してい

きます。その際、支援者同士でも「なぜ、このような支援の方向性を判断したか」があいまいになることもあります。帳票を活用すれば、支援の根拠をその都度確認することができ、次の支援に向けた振り返りに役立てることができます。

第3節 要保護児童対策地域協議会、児童相談所との連携のなかでの支援

1 事例概要

対象児童：遠藤　倫子　さん（仮名）
学年（年齢）：小学６年生（11歳）
家族構成：母親（34歳）、姉（18歳）、弟（10歳）の四人暮らし
現状：倫子さんは、授業に集中できず度々保健室に行っています。その原因として、精神的に不安定な母親を支えるため、家事等を担っている現状があるようです。
事例のポイント：倫子さんの置かれている状況を理解し、学校や児童相談所、要保護児童対策地域協議会等と連携し、倫子さんが安心して生活できるように支援します。その際、倫子さんが信頼して相談できる人・場の構築も行います。

2 帳票を使った事例の展開

① 事例との出会い

養護教諭からの情報共有によって支援を開始

養護教諭とスクールソーシャルワーカー（以下、SSWr）が保健室で話している最中に、倫子さんが保健室に来て、何気ない会話を養護教諭として去っていきました。

SSWrが養護教諭に倫子さんの様子について尋ねると、両親の離婚後倫子さんの家事の負担が大きくなり、学ぶ意欲が低下し、保健室を頻繁に訪れるようになっているとのことでした。

SSWrはネグレクトの可能性等から支援の必要性を感じ、介入することとしました。

❷ アセスメント

【倫子さんとの面談】

SSWrは、保健室を訪れた倫子さんから直接話を聞きました。倫子さんは、家では掃除や洗濯を担っており、母親はほとんど家事をしていないとのことでした。姉が、食事の準備をしたり、弟の面倒をみたりしており、倫子さんも姉のように頑張らなければいけないと思う一方で、ほかの友人のように自由に遊びたいという葛藤や授業に集中したいけどできないもどかしさを語ってくれました。

【養護教諭からの情報収集】

小学６年生の５月の連休明け頃から、保健室に頻繁に来るようになり、６月以降は、教室に行かず保健室登校の日も増えているとのことでした。好きな漫画の話をすることもありますが、家事をやらなければならない状況への不満を語ったり、ベッドで寝たりしていることもあるようです。また、倫子さんの話では、母親は忙しくてほとんど家におらず、家にいたとしても疲れていて、話しかけづらいとのことでした。

【担任教師からの情報収集】

５月の連休明け頃から、授業を受けていても、ぼんやりしていることが増えてきたとのことでした。養護教諭とその都度情報共有はしていましたが、休み時間に友人と楽しそうに話す姿もよく見ていたため、あまり気にしていなかったとのことでした。

母親は、学校行事には参加しておらず、仕事で多忙であると認識しているとのことでした。保健室利用が増えていることについて、母親に相談するため、平日の夕方に電話すると、少し話すことができました。ただ、早く電話を切りたがっており、倫子さんの状況は問題ないと考えているとのことです。家庭のことを確認すると、母方祖母と母親でやりくりしており、SSWrや関係機関を紹介しても、介入してほしくない様子でした。

● 基本情報シート

（記載日：　○年　6月　30日）

フリガナ 氏名	エンドウ　トモコ 遠藤　倫子（仮名）	性別	□男 ■女 □その他	生年月日	Ⓗ・R　○年　10月　23日 （年齢　11歳）		
学校	○○市立○○小学校			学年	6年	担任	大倉　大介　先生 （30代、男性）

	年月	学校名・利用施設等	備考（クラブ・塾・放課後児童クラブ等）
教育歴等	○年○月～ ○年○月	○○こども園　利用	
	○年○月～	○○市立○○小学校	

登校状況	5月の連休明け頃から、保健室の利用が多くなってきている。保健室以外では、教室で過ごしている。友人はおり、教室で孤立している様子はみられない。 欠席　0　日・遅刻　0　日・早退　0　日（小学5年時も同様）

住所地	○○市	前住所地	

	氏名	続柄	年齢	職業	健康状態	備考（学歴・手帳・介護度等）
家族構成	遠藤　奈津子	母	34	パート		
	遠藤　美紀子	姉	18	高校生 （3年生）	良好	○○市立○○小学校・○○中学校卒業 ○○県立○○高校定時制在籍中
	遠藤　勇人	弟	10	小学生 （4年生）	虫歯 治療中	○○市立○○小学校在籍

【要請を受けた相談種別】□不登校　□ひきこもり　□いじめ　□非行　□被虐待　□発達障害　□貧困　□健康　■養育環境　□LGBT・SOGI　□学力不振　□その他　（　　　　　　　　　　）□不明
【確認すべき主訴】（　　　マルトリートメント、ネグレクト、ヤングケアラー　　　　　）

【相談の経緯・概要】
養護教諭とSSWrが情報共有をする中で、家事の負担の増加等から養育機能が十分ではない様子が伺えたため、倫子さんや家庭への支援にSSWrがかかわることとなった。

【生育歴】
小4…両親の離婚。家事を担っていた父親と離れ、母親、姉、弟との4人暮らしになる。
小6まで…学校では気になる児童として名前があがらず。父親は再婚し、義妹の誕生。

【ジェノグラム】

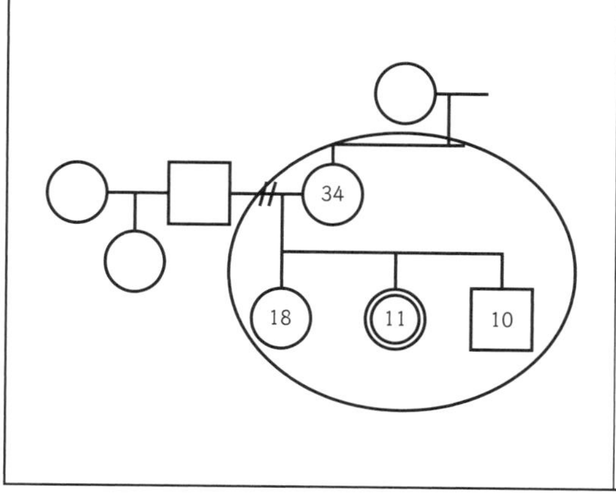

【エコマップ】

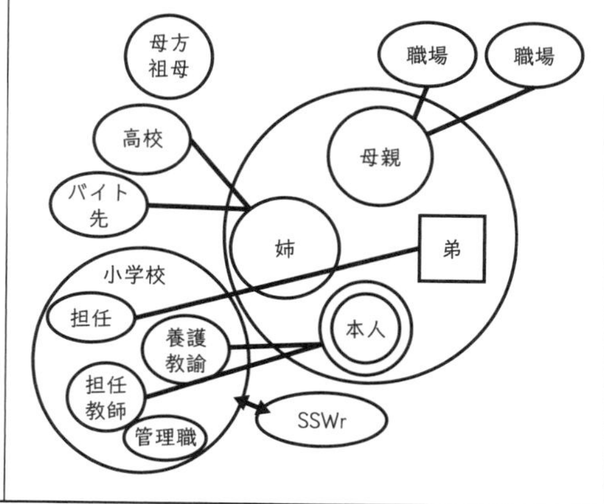

アセスメントシート

作成日：　○年　7月　10日（　1回目）　作成者（　田中　朋子　）

学年・性別	6年　3組　　　男　・　女（○）　・　その他　　　年齢：　11　歳
フリガナ 氏　名	エンドウ　トモコ 遠藤　倫子
相談種別	「基本情報シート」より転記 （　養育環境：マルトリートメント、ネグレクト、ヤングケアラー　）

1.【ジェノグラム・エコマップ】

ジェノグラム	エコマップ（追加情報を含む）
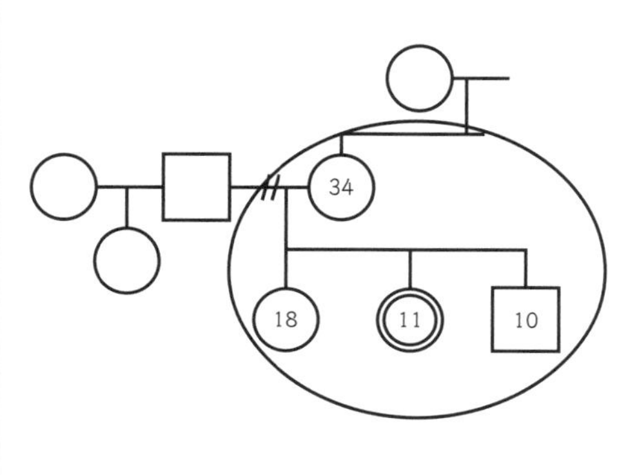	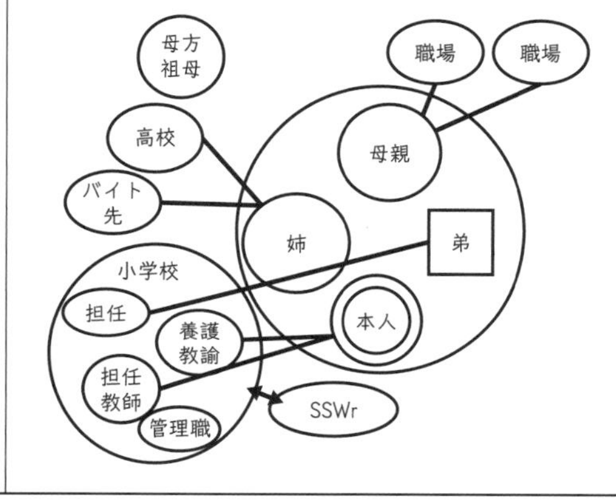

2.【本人】

項目	現状	課題
権利擁護	対象理解（マルトリートメント）（ネグレクト）（ヤングケアラー） ・育ち・生活の保障がされていない。学ぶ権利の保障が阻害されつつある。 ・安心・安全な生活環境の確保の阻害。休み、遊ぶ権利の保障の必要性。 ・本人の思いを語る場・人が不明（養護教諭がキーパーソンになりつつある）。	■
健康	身体（発育状況や虫歯など）　…検診等で治療等に該当するものはなし。	■
	既往歴…不明。	
	通院歴…不明（かかりつけ医は学校医（小児科医）。学校医からの情報提供等も今までなし）。小学6年生まで保健室の利用なし。5月連休明け頃から、不定愁訴により保健室への来室が増えている（毎日1回以上）。	

学校生活	出席状況…毎日登校。保健室を毎日利用。６月以降は、保健室のみの登校も増加。	■
	学力・成績…中程度。十分に理解できていない部分もある。	
	学習態度…担任教師からすると特に気になるところはない。提出物・宿題は忘れることもあり、サポートが必要だが、教えるとできる。学ぼうとする意欲もあった。	
	社会性…コミュニケーション力は高い。自分の思い等を言語化することができる。自分の思いより相手の思いを尊重するところがある。	
	対人関係…特にトラブル等はない。面倒見がよいので、周りの子どもから信頼されている。クラスでは友人と一緒に過ごしている。	
	クラブ・部活…今は無所属。バレーボールクラブ（小４）、家庭科クラブ（小５）。	
	集金や提出物…遅れることも多く、家庭連絡はなかなかつながらない。	
	進路希望…特になし。地域の公立中学校への入学予定。	
	教師との関係…養護教諭を信頼しており、家庭での様子や思い等を頻繁に語っている。担任教師との関係も悪くはなく、声をかけると明るく対応する。	
日常生活	基本的生活習慣…自分である程度家事をこなし、生活する力がある。(SNS等で）十分に夜休めていないのか、保健室で熟睡することもあり。	■
	生活リズム…夜遅くまで、SNS等を行っている様子。朝は自分で起床し、弟も連れて登校している。休日になると、昼夜逆転していることもある様子。そのため、休み明けは特に眠たそうである。	
	余暇…自分のスマホを持っており、家でSNS等を見て過ごしていることが多い。	
	家族との交流…母方祖母が家に来た際には一緒に家事等を行っている。弟の面倒をよくみている。姉のように家事等をうまくこなしたいと思っている。実父とは、両親の離婚後も定期的に面会していたが、義妹の誕生（今年４月）後はない。母親の注意を素直に受け入れられず、度々けんかをしている。	
	友人・近隣との交流…休日や放課後は学校の友人とは一緒に過ごさず、SNS等で誰かとつながろうとしていることを養護教諭に話す。	
発達特性	特になし。	□
本人の思い	・ゆっくりと過ごせる自分の場・時間が欲しい。ほかの友人のように自由に遊びたい。母親とも適度な距離感で過ごしたい。 ・話を聞いてもらいたい。養護教諭との時間は大切にしたい。 ・勉強はわからなくなってきているけど、学校には行きたい。家事等を行うのは当たり前になっており、利用できるサービスがあれば知りたい。	■

3.【保護者・養育者状況】

	現状	課題
経済状況	（倫子さんからの情報） ・母親は、非正規雇用で2つの飲食業で働いている。あまり家にはいない様子。 ・生活費や学校諸費等での滞納はない。父親から養育費をもらっている様子。	■
養育状況	（倫子さんからの情報） ・母親は家事をほとんどしない。離婚前は、父親が家事をしており、両親の離婚後は、姉や倫子さんが家事等を行っている。母親は、離婚前から、メンタル面での不調を抱え、不安定なところがあった。 ・近くに住む母方祖母が家庭へ定期的に来て家事等を行っている。 ・家は片づいておらず、家庭への連絡・手紙の返事は催促することが多い。 ・母親の思いを把握している人、相談相手の有無は不明。 （・父親の関与も不明。）	■
意思	（母親） ・家事等は母方祖母や家族でなんとかしていきたい。 ・特に、現状について、問題と思うことはない。SSWr等の介入へは拒否的。 （・母親の本音や困り感等は不明。それを聞ける関係性の機関・人はいない。）	■

4.【きょうだい・親戚等】

	現状	課題
きょうだい・親戚等	・姉は、定時制高校に通っており、卒業後は家を出たいと思っている。中学2年生頃から学力不振や対人関係の困難さ、家事負担等を理由に不登校だった。姉が倫子さんや弟の生活を支えている。 ・弟は、問題なく登校している。給食が楽しみで、おかわりをよくしている。 ・母方祖母が、定期的に家に来て、家事等の手伝いを行っている。母方祖母と母親はお互いに気を遣っており、姉が2人のコーディネート役になっている。	■
意思	・姉、弟、母方祖母の思いや関係性は不明（各々のキーパーソンの有無の確認や確保の必要性、各々の意思の確認の必要性がある）。	■

5.【学校】

	項目	現状	課題
学校	教育指導体制	・養護教諭が倫子さんの思いを確認し、担任教師とその都度情報共有や連携をしている。養護教諭を中心に、連携が行われている。 ・弟の担任教師や姉の元担任教師との連携は不十分。 ・スクールカウンセラーが月1回程度、SSWrが週1回程度来校。 ・管理職は、倫子さんの状況を十分に理解していない。	■
	学年・学級状況	・1学年3学級。どのクラスも、活発。 ・遅刻する児童は数人おり、不登校児童は倫子さんとは別の学級で1人いる。その生徒は放課後に登校している様子。	□

方針	・養護教諭をキーパーソン、保健室を安心して過ごせる場と位置づける。 ・担任教師とも関係強化し、倫子さんが登校を継続できる関係性をつくる。 ・担任教師は、放課後等を利用し、個別に話を聞いたり、勉強を教えたりする。 ・校内での連携体制を構築できるように、まずは校内ケース会議を設定する。 ・必要に応じて、関係機関等との連携も行えるようにする。	■

6．【関係機関・地域】

	現状	課題
機関名	・特に現在関係している機関はなし（家庭の状況等から、関係機関等が不在であることが課題）。 ・想定される関係機関等は、市子ども家庭相談窓口、児童相談所、主任児童委員、民生委員、教育委員会。	■
方針	・倫子さんや家族が安心して生活できるように、必要な社会資源とつながれるよう支援する。要保護児童対策地域協議会の対象児童として事務局と調整。 ・関係機関等と倫子さんの置かれている状況を共有し、支援の方向性を協議する必要性あり。倫子さんの家庭のニーズ把握後、そのニーズに合った支援を検討する。	■

7．【アセスメントの要約】

【課題の背景と支援の方向性】

両親の離婚後、家事を担っていた父親の代わりに、倫子さんと姉が家事をすべて担っている。倫子さんなりに精一杯頑張っていて、学ぶ意欲のなさを含めパワーレスな状態になっている。また、親に甘えたいが、母親にその余裕はなく、父親も再婚して義妹が産まれ、頼りづらくなっている。

そのため、話を聴いてくれる養護教諭がいる保健室に来訪することが多くなっている。倫子さんが、安心して本音を語れる人･場として養護教諭が、継続して話を聴いていく（倫子さんの、キーパーソンとして養護教諭がいる）。そして、学校が一つの居場所となるよう支援する。

なお、家庭の養育状況（ヤングケアラー、母親のメンタルヘルス、家事等の状況）から、要保護児童対策地域協議会の対象児童とし、関係機関等とも連携して、倫子さんの生活を支援する必要がある。しかし、現状として、家庭とつながっている機関等も不在であるため、家庭を中心となって支援する機関の設定とともに、特に母親とつながり、介入する機関・人が必要である。倫子さんや倫子さんの家族の置かれている状況や各々の思いがまだ十分に把握できていない。そのため、各々の思いも確認しながら、支援内容をともに検討する環境・体制づくりを、関係機関等とも連携して取り組むことで、倫子さんが安心して生活でき、継続して登校できるように支援する必要がある。

【ストレングス】

・保健室に来て、養護教諭と話すことができている・登校することができている・家族がいる・家事、調理等をこなすことができる・クラスに友人がいて、周りの友人から信頼されている・スマホを持っている・学習意欲がある・つながることができそうな社会資源がある・教えると理解する力がある・きょうだいの仲がよい・誰かとつながりたい思いをもっている。

【支援課題】

・倫子さんが学校を居場所として感じながら、継続的に登校できるように、担任教師、養護教諭との関係性を構築・強化をすること（養護教諭をキーパーソンとして設定。倫子さんの本音等を語る場にする）。
・倫子さんの学習を支援すること。
・家庭への支援もできるように、関係機関とつながること（要保護児童対策地域協議会を中心とした連携）。倫子さんや家族の思いやニーズを把握し、それに応じた支援体制の構築。

8.【支援目標】

短期	・倫子さんが養護教諭や担任教師、SSWrに自分の思いや悩みを話すことができること。 ・きょうだいや母親が関係機関とつながり、思い等を話すことができること。 ・学校が要保護児童対策地域協議会の事務局との連携体制をつくること。
中期	・家庭に必要な関係機関とつながり、倫子さんやきょうだいの家事負担等が減ること。 ・学校が、関係機関等と連携体制を構築しながら、倫子さんへの支援を行う体制づくりができること。
長期	・倫子さんが安心して生活できる環境をつくり、中学校へ継続して登校できること。 ・倫子さんや家族が、時には社会資源に頼りながら生活する力をもつこと。 ・学校が、倫子さんだけでなく、ほかの子どもや家庭のサポート体制につなげること。

9.【予想される危機的状況】

本人	・学校にも居場所がなくなることによるリスク（不登校、心身の不調や自傷行為の可能性）。 ・SNS等のつながりからの影響や被害。 ・家事の負担や親子の関係性によりますますパワーレスとなることからの登校意欲の減退。 ・成長発達・学びの場の阻害。
家族	・母親のメンタル面の不調、就労継続が難しい状況になった場合の生活の破綻。 ・母方祖母や姉の体調不良等により、倫子さんの家事負担の増加。 ・倫子さんと家族の関係性の悪化。
学校	・倫子さんを継続的に支援する担任教師等の時間確保や業務過多。 ・ほかの緊急事案等が生じた際の倫子さんへの対応への課題。 ・家庭連絡がつかない場合や休日の緊急対応、倫子さんの長期欠席。

その他	・関係機関等への拒否反応（長期的なかかわりがもてないことによる将来不安）。

③ 支援計画の作成

【校内ケース会議】

学校アセスメントをするなかで、校内の情報共有体制が不十分であることがわかりました。また、ケース会議も開催されていない状況だったため、アセスメント結果や権利擁護の視点、予想される危機的状況などを管理職に説明することで、校内ケース会議の必要性を理解してもらい、開催につなげていきました。

校内ケース会議では、管理職や学年主任、弟の担任教師や姉の元担任教師等と支援の必要性が共通認識されると共に、学校だけでは対応困難と判断し、校内での支援体制を検討後、次回ケース会議を連携ケース会議として設定し、児童相談所や市子ども家庭相談窓口、社会福祉協議会にも参加してもらうこととしました。

【連携ケース会議】

まずは、倫子さんが学校を居場所としてとらえ、安心して悩みや不安を話せる環境をつくるため、養護教諭を中心とした校内の支援体制が話し合われました。

また、倫子さんや姉の家事負担を軽減する必要がある一方で、母親が支援へ拒否的であるため、無理な介入は家族間の関係性を悪化させる可能性があることなどが課題として挙がりました。夏休み中も学校を中心とした見守り体制を築きつつ、関係機関も母親へのアプローチを検討するという方向性で支援計画を作成しました。

● 支援計画シート

記載日： ○年　7月　15日（　1 回目）　担当者：（　田中　朋子　）

学年・性別	6年　3組　　男 ・ [女] ・ その他　　年齢： 11 歳
フリガナ 氏　名	エンドウ　トモコ 遠藤　倫子
相談種別	「基本情報シート」の種別を転記 （養育環境：マルトリートメント、ネグレクト、ヤングケアラー）

1．【支援目標】（アセスメントシートをもとに）

優先順位	対象者	内　　容
1	倫子さん	倫子さんが養護教諭や担任教師、SSWrに自分の思いや悩みを話すことができること、倫子さんが抱え込まない環境づくり。
2	倫子さん、弟、姉	夏休みも倫子さんや弟、姉が見守られながら過ごせること。 ⇒倫子さんと弟は、週１回程度学校で定期的に会う機会をつくる。
3	倫子さん・家庭	・家庭に必要な関係機関がつながり、倫子さんの家事負担等が減り、家族が安心して生活できる環境が構築できること。 ・母親が思いを伝えられる人や場とつながり、子どもとの関係性がよりよくなること。

2．【支援計画】

優先順位	支　援　課　題	支援内容（誰が、何を、いつまでに、どこまで）
1	倫子さんが養護教諭や担任教師、SSWrに自分の思いや悩みを話すことができること	・養護教諭は、倫子さんの話を傾聴することを継続する（１週間以内、保健室来室時にその都度）。 ・担任教師は、放課後に個別に勉強を教える機会等を活用し、話しやすい関係性を築く。 ・SSWrも倫子さんが保健室にいる際等には積極的に声をかけ、信頼関係をつくる。
2	夏休み中も倫子さんや弟、姉が見守られながら過ごせること	・週１回程度学校に来て、養護教諭と話したり、担任教師と宿題をしたりできる機会をつくる。弟も一緒に来られるよう弟の担任教師も対応する。 ・姉の通う高校と情報共有し、支援体制を共通理解できるようにする。 ・要保護児童対策地域協議会の対象児童として継続的にケース会議等を設定し、連携して支援を行う環境をつくる。
3	家庭に必要な関係機関につながり、倫子さんやきょうだいの家事負担が減り、家族が安心して生活できる環境が構築できること	・担任教師、SSWrで母親と面談し、母親の気持ちを確認すること（１週間以内）。 ・管理職は、児童相談所や市子ども家庭相談窓口、社会福祉協議会とその都度情報共有する。関係機関が家庭にかかわることができるきっかけ等も必要に応じて調整する。

3．【期間・モニタリング】

計画期間	○年７月15日～○年９月14日	次回モニタリング予定	○年９月15日 （長期休暇明けの設定）

❹ 支援の実施

【支援計画にもとづいた関係者による支援】

SSWrと担任教師は、夏休み前に母親と短時間の面談で、倫子さんや弟が定期的に登校することに関して了承を得ることができました。

夏休みに入り、倫子さんと弟は学校に定期的に来て、養護教諭や担任教師と話をしたり、宿題をしたりしました。倫子さんや弟から得た情報は、SSWrや管理職、関係機関にも必要に応じて共有され、他機関にとって支援のヒントになることもありました（「支援経過シート」8月5日の内容参照）。

● 支援経過シート

日時	内容	対象者・家族・学校・関係機関の状況	支援者のはたらきかけ
8月5日（金）10：00～12：00	倫子さんが弟と共に学校・保健室に来て養護教諭、担任教師に会う際に同席	倫子さん：養護教諭に家での様子等を話す。 ＜話した内容の要約＞ ○夏休み中、大抵一人で家で過ごしている。 （弟は友達と遊びに出かける） ○姉はバイトと定時制高校でほぼ家にはいない。姉が買い物をしてきてくれるので、倫子さんが食事の準備をしている。 ○昨年の夏休みに行った父親との旅行は、楽しかったが、今年は難しくて寂しいと漏らす。 ○夜中もスマホで誰かと話している様子。 ⇒その相手に関しては聞けず。 ○母親が体調を崩して家で2・3日休んでいたときはけんかになり、家にいてほしくないと話す。 ○定期的に学校に来て話せるのはうれしいので、また来週も来る話をしていた。 学校：来週の登校も促す。2人の居場所になるよう、かかわる先生が増えてきている。ただ、母親が体調を崩して休んだときの状況に関して、親子関係への気になる状況であるため、要保護児童対策地域協議会事務局に連絡する。 市子ども家庭相談窓口：学校からの情報を児童相談所にも伝え、ネグレクト以外のリスクについても視野にいれ、主任児童委員の協力も含め、見守りを強化	倫子さんが弟と一緒であると養護教諭との会話ができない様子だったので、弟と共に校庭で遊ぶ。弟と遊ぶ中での会話の内容 ○姉2人に関して 倫子さんは家のことを何でもしてくれるし、姉は、色々と買い物してくれるし、とてもすごいんだと話す。 ○母親への思い 「お母さんも、がんばって働いている」と母親のことを労う発言がある。母親への思いをもう少し聞こうと思ったときに、弟の担任教師が来たので、3人で遊んだ。 養護教諭と情報共有を行う。 ○母親が体調を崩すなどして在宅時間が多くなると、ネグレクト以外のリスクが生じたため、それを関係機関に伝える必要性があると判断し、管理職を通じて連絡をしてもらう。 ○相談先の提示 養護教諭を通じて、倫子さんに話したいことができたら、登校日以外にも学校に連

		する。 母親：放課後、家庭訪問をした際に、弟が「母親は頑張って働いてくれている」と労う発言をしていたことを伝えた。母親は以前のような拒否的な反応ではなく、頷いてくれた。	絡したり、来てくれたりしてもいいことを伝える。 ○母親への声掛け 弟の発言を本人承諾のうえ、母親に伝える。その反応から、子どもの様子だけでなく、母親への子どもの思いと労いを伝えて、関係構築に。

【支援計画の変更・一時保護】

9月初旬に倫子さんが一時保護されているとの連絡が、児童相談所から学校にありました。児童相談所によると、倫子さんは母親とけんかになり家出していたところを警察に保護されたとのこと。その際、倫子さんの顔にはあざがあり、倫子さんが「家に帰りたくない」と漏らしたため、一時保護となったようです。

まず、校内ケース会議を緊急に行いました。その後、一時保護所へ面談に行ったり、弟のケア等を行いました。なお、養護教諭とSSWrとで面談に行った際、倫子さんからみた一時保護への経緯や家族で暮らしたいといった心境等が語られました。

その後、母親との面談等を児童相談所が中心に行い、「家族４人みんなで生活していきたい。家事等は母方祖母にもっと来てもらうなど、ほかの人の力も頼って、家族でなんとかしていきたい」という母親の思いも理解され、家庭復帰が決まりました。

一時保護解除前に、関係機関等とのケース会議を行いました。そこで、倫子さんや家族の置かれている状況が再確認されるとともに、支援計画を再度協議しました。地域の子ども食堂や居場所支援事業の活用、母方祖母と母親、倫子さんの互いに遠慮しがちな関係性に主任児童委員やSSWr等が仲介することで、助け合える関係を構築していくこと、児童相談所、社会福祉協議会、学校等の連携をより密にし、家族各々が悩みや不満を抱え込まないようにすることなどが話し合われました。

5 事例のまとめ

倫子さんや母親が葛藤等を抱えた際には、各々が学校や児童相談所に連絡をすることができ、その都度対応できる状況になりました。定期的に要保護児童対策地域協議会の個別ケース会議を設定するなど、継続的に支援しています。小学校から中学校への切れ目のない支援のために、小中学校合同でケース会議を開催したり、姉や弟の状況も確認したりしながら、倫子さんや家族が孤立せず、相談し合いながら生活ができるように、支援を行いました。

今後も、倫子さんや母親のもつストレングスを引き出し、家族が支え合いながら地域で暮らせるよう支援を継続していきます。

3 事例における帳票活用のポイント

❶ 現象の背景にある交互作用を確認できる

アセスメントシートに情報を記載することによって、倫子さんの状況がどのような交互作用によって生じているのか、倫子さんの状況を紐解くことができ、倫子さんや倫子さんを取り巻く環境・背景を改めて俯瞰してとらえることができます。加えて、倫子さんがパワーレスな状態であることや、そうならざるを得ない理由は何か、それが倫子さんの成長発達にどのような影響を及ぼしているのかという視点が見出されます。ただ、アセスメントシートに記載する際、「問題」とされる事実の記載に偏ることがあります。倫子さんのさまざまな強みやストレングスとなる情報も記載することで、強みを活かした支援につなげていくことができます。

❷ 思いを大切にした支援ができる

アセスメントシートに「意思」を記載する欄があり、各々の思いを大切にしながら、共に協議していくことができます。また、アセスメントを本人とともに協議することで、本人がどうしたいのかを考えるきっかけや自己決定にもつながっていきます。

今回の事例では、母親の思いを十分に聞き取れず、一時保護を機に児童相談所の介入で、やっと母親の思いがみえてきました。把握できていない状況の明確化やその共有化でアセスメントが変化することは多々あります。「わからない」状況に気づき、そこをどのように把握していくのか、そして、本人主体となる支援につなげるために、各々の思いを誰がキーパーソンとなって聞くのかということも重要です。それを一緒に組み立て、役割分担して取り組めるのが多職種連携の強みです。

❸ 支援に求められる価値が明確になる

アセスメントシートの2．【本人】に権利擁護の項目があることで、支援者として価値観が明確化されます。「子どもの最善の利益の保障」を掲げつつも、具体的に何を指すのかが、曖昧になってしまうことがあります。改めて、現状が子どもの成長発達にどんな影響を与えているのか、どんな権利と結びつくのかを整理することで、何を優先すべきで、何のための支援なのか、という芯がぶれない支援になります。併せて、それを本人や他職種と共有することで、チームとしての共通目標にもなります。

「帳票の活用」とは、記載して終わりではなく、そこから何を見出していくのか、それを誰と共有し、どう活用するのかによって、さまざまな視点を生み出すことです。加えて、その帳票の項目が何を表すのかを理解し、それを伝える力は支援の根拠づけにもつながるでしょう。実践の質を担保するために、研修やスーパービジョンでも帳票を活用しながら、日々の実践を振り返り、本人や本人を取り巻く環境との関係性を構築し、多岐にわたる実践力を深めることが重要です。

第4節 性別違和のケースをめぐる養護教諭と医療機関との連携のなかでの支援

1 事例概要

対象児童：村口　優香　さん（仮名）
学年（年齢）：中学３年生（15歳）
家族構成：母親（43歳）、弟（13歳）の三人暮らし
現状：優香さんは、中学３年の１学期頃から、学校を休みがちになり、ふさぎ込むことが多くなっています。「死にたい」などと発言するようになり、深刻な悩みを抱えている様子。家族や学校は、本人の変化に気づくも、どのように対応したらよいかわからない状況です。
事例のポイント：優香さん本人の悩み（性別違和）に寄り添い、安心して話せる環境を整え、本人の不安や困り感を解消できるよう継続的な支援を展開します。

2 帳票を使った事例の展開

❶ 事例との出会い

中学校より情報提供

夏休みが始まり、教育相談が終わった頃に、中学校からスクールソーシャルワーカー（以下、SSWr）へ、医療機関との連携を検討したい不登校気味の生徒がいるとの情報提供がありました。

優香さんは完全に不登校というわけではなく、定期的に休みがち。授業中にぼーっとしていることも多く、成績は２年時に比べて悪くなっているとのことでした。１学期中に授業に集中できていないことに気づいた担任教師が、母親に連絡して家庭での様子を聞くと、ふさぎ込みがちになっている様子があるものの、思春期のためか「なんでもない」と話すばかりだといいます。

中学校長からSSWrへ対応を依頼

夏休みに入り、優香さんが深夜に近所の川沿いの遊歩道を歩いているところを、巡視していた警察官が発見。警察官に声をかけられた際に、優香さんは「川に入って死のうと思った」と話しました。この件から、母親は児童相談所で相談し、児童相談所から勧められ医療機関を受診できるよう夏休み明けに予約しました。学校長からは、医療機関と学校の連携を図るため、また母親へのサポートのためにSSWrに介入してほしいとの依頼がありました。

SSWrは、優香さんが見知らぬ警察官に「死にたい」と話したのは、心配を誘うためや現実逃避ではなく、身近な人に話せない深刻な悩みがある可能性も否定できないと考えました。希死念慮があることから、早めの対応が必要と考え、夏休み中に、優香さん、母親、学校と個別に話し合う機会を設け、状況を確認することにしました。

2 アセスメント

【優香さんからの情報収集】

母親同席のもと、面談を行いました。1回目の面談は、SSWrの役割を説明し、好きなことや夏休みの過ごし方などを聞きました。週1回程度面談をする旨も了承を得ました。2回目の面談では、自室に案内してもらい、趣味のフィギュアの話を聞かせてもらいました。

3回目は、母親不在時に面談を行い、優香さんが母親の前では言いにくかった以下のことを話してくれました。

・小学生のころから性別に違和感を覚えており、中学校に入り、スカートが嫌だったが我慢していたこと。
・中学2年の終わりに、テレビで性別に違和感をもって性転換をしたタレントを知り、その人のYouTubeなどを見るうちに自分も同じだと思うようになったこと。
・誰かに相談しようと思ったが、母親に言ったら悲しませるため言えなかったこと。
・周囲の友達がアイドルや好きな人の話をしているが、全く興味がないのに話を合わせるのがつらいこと。
・思いつめて死にたいと言ったことで大ごとになってしまい困ったが、自分のことを理解しようとしてくれているのに安堵したこと。
・この先は、どうしていいかわからないが、カミングアウトしたら、学校に行きにくくなるのではないかと心配していること。

優香さんの希望により、4回目の面談で、SSWrから母親に優香さんの思いを代弁することになりました。優香さんには、これから優香さんが自分らしく中学校生活を送れるよう一緒に考えていきたい旨を伝え、同意を得ました。

【母親からの情報収集】

中学2年時までは特に問題がなく、幼い頃からも何か問題があるような子ではなかったため、大変戸惑っている気持ちを話されました。本人にどのように接したらよいのかわからず、原因があるなら知りたいという思いも語られました。

4回目の面談時に、優香さん同席のもと、優香さんの性別違和への思いを伝えました。はじめは驚き、戸惑う様子もみられましたが、「優香が自分らしいと思うことを応援する」という思いが語られ、学校とも連携しながら優香さんを見守っていく気持ちを確認しました。

【中学校からの情報収集】

中学校では、生活態度や成績について、問題がなく、夏前に引退するまでは陸上部での活動を頑張っていた様子が話されました。家庭についても、ひとり親家庭であるものの、母親は忙しい仕事の合間を縫って教育相談に来たり、PTAの役員をしたりするなど、学校活動に協力的で、問題と思われることはなかったとのことでした。

担任教師によると、6月頃から授業中にぼんやりしている様子が見られ、テストの点数も下がり始めたとのことでした。

SSWrは、優香さんや母親との面談後、本人の同意のもと、優香さんの性別違和への不安な気持ちを学校側に伝えると、スクールカウンセラー(以下、SC)によるカウンセリングなどの支援体制を整えることを検討し、学年主任や管理職、養護教諭とも連携しながら、学校として優香さんのサポートに努めたいという前向きな意向が聞き取れました。

基本情報シート

（記載日：　○年　8月　1日）

フリガナ 氏名	ムラグチ　ユカ 村口　優香（仮名）	性別	□男 ■女 □その他	生年月日	Ⓗ・R　○年　7月　14日 （年齢　15　歳）

学校	○○市立○○中学校	学年	3年	担任	加藤　健　先生 （50代、男性）

教育歴等	年月	学校名・利用施設等	備考（クラブ・塾・放課後児童クラブ等）
	○年○月～ ○年○月	○○町立○○小学校入学	
	○年○月～ ○年○月	○○市立○○小学校に転校	放課後児童クラブ利用
	○年○月～	○○市立○○中学校入学	陸上部所属

登校状況	
	小学5年　欠席3日・遅刻0日・早退2日 小学6年　欠席5日・遅刻0日・早退3日 中学1年　欠席3日・遅刻1日・早退1日 中学2年　欠席4日・遅刻2日・早退1日 中学3年　欠席10日・遅刻2日・早退5日（1学期　72日中）

住所地	○○市	前住所地	△△市

家族構成	氏名	続柄	年齢	職業	健康状態	備考（学歴・手帳・介護度等）
	村口　香織	母	43	会社員	良好	大卒　就学支援家庭
	村口　優香	本人	15	中3	自殺願望あり	
	村口　晃斗	弟	13	中1	良好	部活動のため○○中学校に区域外就学

【要請を受けた相談種別】□不登校　□ひきこもり　□いじめ　□非行　□被虐待　□発達障害　□貧困　□健康　□養育環境　■LGBT・SOGI　□学力不振　□その他（　　　　　　　　）□不明

【確認すべき主訴】（　自殺願望と精神疾患、非行　）

【相談の経緯・概要】

中学3年になってから学校を休みがちになり、勉強に身が入っていない。夏休みに入ってすぐに行われた教育相談で通信制の高校への進学を希望。夜間徘徊もみられるようになり、巡視中の警察官に「死にたい」と訴えるなど精神的な不安定さがみられる。学校では原因がわからず、母親も困惑。精神科の受診が予定されている。学校長は、学校と医療機関との連携、家庭へのサポート（主に母親）についてSSWrに相談した。

【生育歴】

両親は○○町出身。

小学2年～小学6年…父の不貞で両親が離婚。叔母が住んでいる○○市の市営住宅に転居。○○市に転居してからは弟とともに放課後児童クラブを利用。転校後の小学校で問題は挙げられていなかった。

弟とサッカークラブに所属するなど活発な印象の子どもだった。近くに住む叔母が母の代わりに休日のクラブの送り迎えなどを手伝ってくれていた。

【ジェノグラム】	【エコマップ】
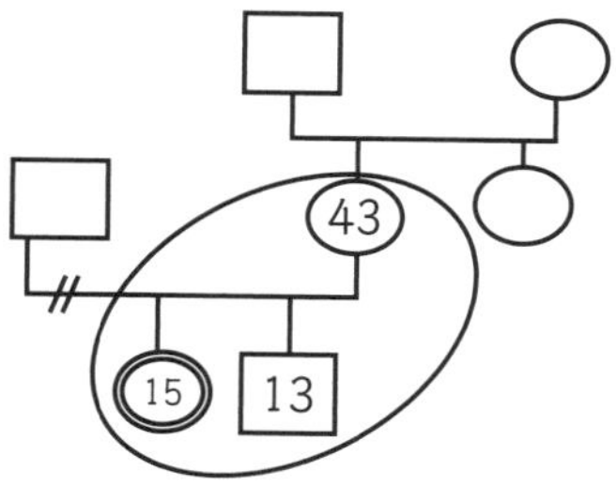	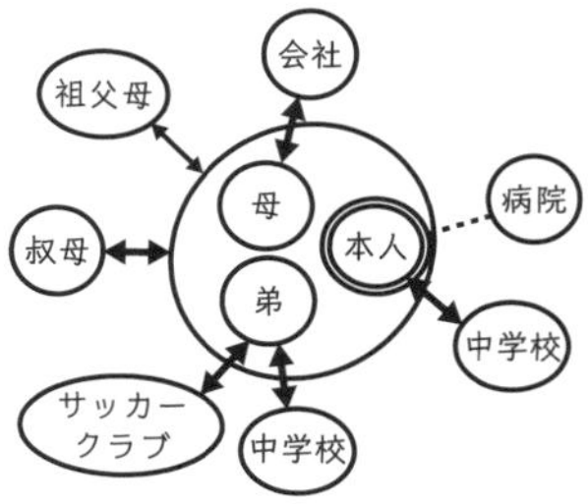

アセスメントシート

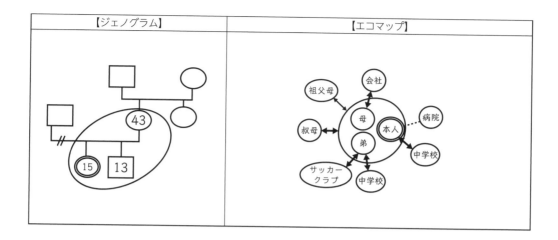

作成日：　○年　9月　3日（　2回目）作成者：（　佐藤　花子　）

学年・性別	3年　　2組　　　　　男　・　女　・　その他　　　年齢　：　　15　歳
フリガナ 氏　名	ムラグチ　ユカ 村口　優香
相談種別	「基本情報シート」より転記（　LGBT　・　SOGI　）

1.【ジェノグラム・エコマップ】

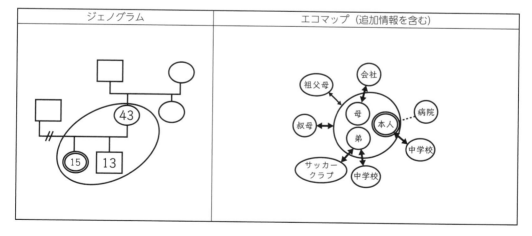

ジェノグラム	エコマップ（追加情報を含む）
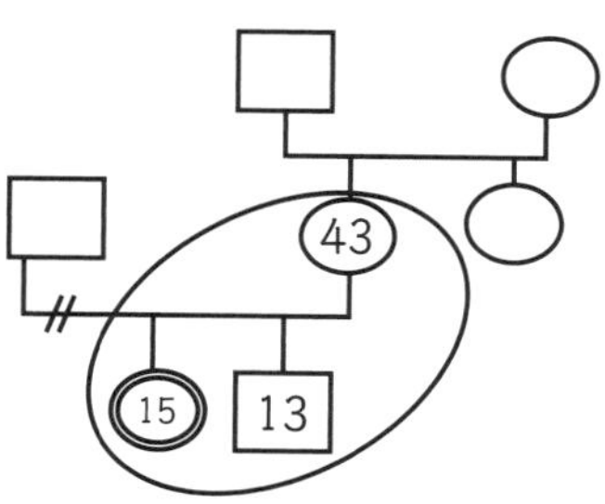	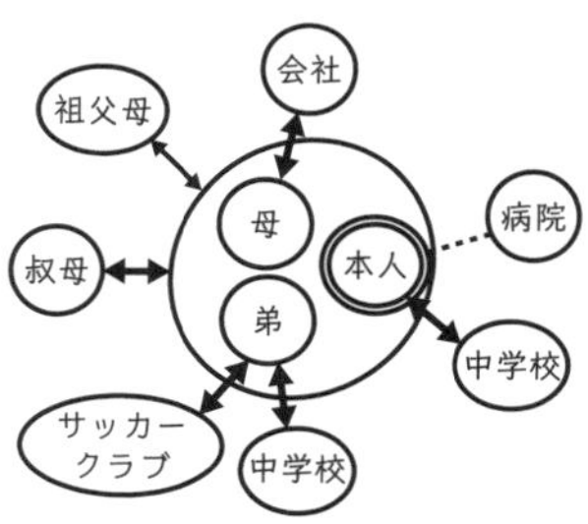

2．【本人】

項目	現状	課題
権利擁護	対象理解　（　学習の遅れ　）（　意思表明権　）（　LGBT・SOGI　） ・休みがちになったことで、学びの保障が阻害されている。	■
	何らかの原因によって意思表明が困難な状況になっている。	
健康	身体（発育状況や虫歯など）…特記事項なし。	■
	既往歴…特記事項なし。	
	通院歴…なし。本人が死にたいと訴えたため、今後精神科病院受診予定。 その他…精神的不安定さがみられる。	
学校生活	出席状況…１学期 欠席10日／72日。	□
	学力・成績…中の上。全体的に得意・不得意が激しくなく、バランスよく点数をとれる。	
	学習態度…３年生になってから集中できない様子があるも、基本的な学習態度は良好。	
	社会性…学級での役割や委員会活動など責任をもって行うことができる。	
	対人関係…クラスでは目立つ存在ではないが、部活を通じ仲のいい友人が数人おり、関係は良好。	
	クラブ・部活…陸上部に所属。中距離選手として活躍。２年次には県大会出場経験あり。	
	集金や提出物…特に遅れるということはない。	
	進路希望…２年次までは近隣の県立高校を希望していたが、直近の教育相談で通信制の高校に行きたいと話している。	
	その他…３年生になってからの欠席は主に頭痛と吐き気を訴えるときが多い。発熱はなし。	
日常生活	基本的生活習慣…基本的な生活習慣は整っている。	□
	生活リズム…最近は授業中ぼーっとしているので寝不足が疑われる。以前は問題なかった。	
	余暇…弟とゲームをするときがあるが、依存しているわけではない。	
	家族との交流…家族関係は良好。	
	友人・近隣との交流…近隣とは顔を合わせれば挨拶をする程度の付き合い。	
発達特性	知的な遅れや発達の偏りはみられない。	□
本人の思い	・性別に違和感をもっていることについて不安を感じている。 ・制服を着用することに抵抗がある。	■

3.【保護者・養育者状況】

	現状	課題
経済状況	・母親が正社員で働いており、就学援助をはじめ、各種手当を受給しているため生活には問題ない。	☐
養育状況	・母親がしっかり子どもと向き合うことができているため養育状況は良好。	☐
意思	(母親) ・本人の性別への違和感を母親なりに受け止め、本人が自分らしく生きられるように支援したいと考えている。	☐

4.【きょうだい・親戚等】

	現状	課題
きょうだい・親類等	・弟は、部活動の関係で区域外就学をしている。母親が毎日送り迎えをしている。学校で特筆する問題なし。 ・母方の祖父母は○○町在住で年2、3回帰省するなど交流がある。 ・離婚した父親は、直接的なかかわりはないが、時々母親が養育費の件などで連絡をとり、他県に住んでいることがわかっている。 ・母方の叔母が近所のアパートに住んでおり、母親の仕事が多忙なときには弟の送り迎えをしてくれるなど協力的。	☐
意思	不明。	☐

5.【学校】

	項目	現状	課題
学校	教育指導体制	・主に担任教師がかかわっている。 ・管理職、学年主任と養護教諭もかかわり、SCの介入も検討中。	☐
	学年・学級状況	・クラス内には不登校児が1人いるが、まとまりのよいクラスとの管理職の評価。 ・本人も「クラスには特に不満がない」と話している。	☐
方針	・学年主任が中心となって本人の不安や悩みなどを聞いていく。また、身体的な悩みについては養護教諭が話を聞く。		☐

6.【関係機関・地域】

	現状	課題
機関名	・○○病院への通院を検討している。	☐
方針	・診察を通じて本人が性自認についての理解を深められるようにする。	☐

7．【アセスメントの要約】

【課題の背景と支援の方向性】
　性別への違和感があり、制服を着用したくないとの気持ちから休みがちになっている。性別違和の悩みを誰にも話せず、思いつめてしまったことで、深夜徘徊や死にたいといった発言につながったと思われる。本人の性別違和に関して自認はあいまいな部分があり、病院での判断も慎重になっている。本人・母親の意思を確認しながら、学校と連携し、対応をその都度検討していく。
【ストレングス】
　家族関係が良好で、本人を支える環境がある。また、弟が別の中学校に通っているため、中学校のことを必要以上に家庭に持ち込まないことができる。
　本人の休みが多いとはいえ、進学が難しいほどではないため、進路実現の可能性がある。学校内で友人との関係性が良好である。
【支援課題】
・本人が相談できる人が不在。
・学校、家庭それぞれが対応に問題がないと感じているため、課題解決に対してSSWrの介入には消極的な姿勢がある。

8．【支援目標】

短期	・学校生活が本人の感じている違和感で困難にならないようにする。
中期	・本人が安心して相談できる人や団体にアクセスできる。
長期	・家庭・学校が協力して本人の進路実現をサポートできる体制をつくる。 ・卒業後も継続して支援ができる体制を確保する。

9．【予想される危機的状況】

本人	・休みが増え、不登校や引きこもりになる。
家族	・本人への理解ができず、家族関係に軋轢が生じる。
学校	・過度なかかわりによって本人のストレスが増大する。 ・クラスや学校での偏見や差別が生じる（クラス内で本人の居場所がなくなる）。
その他	・本人に気持ちの不安定さやゆらぎが生じる可能性がある。

❸ 支援計画の作成

【ケース会議前】

夏休み中に優香さんと面談を行うなかで、学校へ行きたくない原因が性別違和にあることを吐露してくれました。本人の意向を踏まえつつ、家族と学校に本人の気持ちを伝え、家族や学校が本人にどうかかわるか、地域でこれから本人をどう支えていくかをケース会議で改めて検討していくこととしました。

【ケース会議】

ケース会議には、学年主任、担任教師、養護教諭、SC、SSWr、母親が参加しました。ケース会議に先立ち、「制服を着たくない」という優香さんの思いを踏まえ、２学期からジャージでも通学ができるようにし、通学と学習の保障がなされるようになったことが報告されました。今後は学校行事など、そのつど優香さんや母親へ意思を確認する必要があると話し合われました。

また、母親からは、精神科への受診が始まり、医師の指示で心理職のカウンセリングを行っている状況が共有されました。一方学校側も、SCへの相談を設定していることを報告しました。病院の心理職とSCが情報共有するホットラインをつくり、支援方針がずれないように調整しました。

SCからは、面談のなかで聞かれた優香さんの「周囲の大人が自分に過度に配慮をしているような気がして気になる」との発言が報告されました。関係者が増えたことが優香さんの心理的負担になっているのではないかという懸念も話し合われましたが、相談先が多数あるほうが現段階ではよいと判断し、会議参加者それぞれの役割が改めて整理されました。

● 支援計画シート

記載日　○年　10月　2日（　2 回目）　作成者：（ 佐藤　花子 ）

学年・性別	3年　2組	男 ・ 女 ・ [その他]	年齢：　15　歳
フリガナ 氏　名	ムラグチ　ユカ 村口　優香		
相談種別	「基本情報シート」の種別を転記（　LGBT・SOGI　）		

第7章 多職種が協働する帳票の活用の実際

1．【支援目標】（アセスメントシートをもとに）

優先順位	対象者	内　容
1	優香さん	自分の気持ちを話すことができること。
2	優香さん	定期的な受診とカウンセリングによって不安が軽減されること。
3	母親	学校や医療機関と協力し、本人の気持ちの揺れを受け止めることができること。

2．【支援計画】

優先順位	支援課題	支援内容（誰が、何を、いつまでに、どこまで）
1	優香さんが自分の気持ちを話すことができること。	SCは昼休みに優香さんと話す機会をつくる。SSWrは週に１回程度面談し、必要があれば当事者団体を紹介するなど優香さんが話しやすい環境を調整する（１週間以内）。 担任教師、養護教諭、学年主任は、声かけを行うなど話しやすい雰囲気づくりに努める（１週間以内）。
2	定期的な受診とカウンセリングによって優香さんの不安が軽減されること。	○○病院に隔週で受診し、心理職からカウンセリングを受けられるようにする（母親付き添い）。病院の心理職とSCは情報共有を行い、本人の状況の変化に対応できるようにする（１か月以内）。
3	母親が学校や医療機関と協力し、本人の気持ちの揺れを受け止めることができること。	SSWrが母親と月に１～２回面談を行い、悩みや困りごとを聞き、医療機関や学校からの情報を共有する。 中学校は、担任教師、学年主任、養護教諭、SC等が参加するケース会議を月１回開催し、支援方針を検討し、母親と共有する（１か月以内）。

3．【期間・モニタリング】

計画期間	○年９月10日～○年12月中旬	次回モニタリング予定	○年11月末日

④ 支援の実施

【支援計画にもとづいた関係者による支援】

優香さんが悩みを抱え込まずに過ごせるよう支援者それぞれが優香さんの様子に目を配り、カウンセリングや面談の情報を共有しながら、支援を実施しました。母親は、優香さんのカミングアウトに対する戸惑いや混乱を支援者に漏らすこともありましたが、学校や医療機関と連携しながらサポートすること、いつでも相談できる体制であることを、SSWrや担任教師、SCから伝えることで、優香さんと余裕をもって接することができるようになっているようでした。

一方で、優香さんから「病院に行きたくない。自分は自分らしくいたいだけなのに、治療の対象とされることに違和感がある」という悩みが聞かれるようになり、支援の方向性を検討し直す必要性が出てきました。

【モニタリング】

支援開始から２か月後、優香さんの受診への拒否感の対応を考えるため、ケース会議を開催しました。SCは優香さんが「学校に丁寧に対応してもらっていることには感謝しているが、逆に大事にされることで線引きされているような気がする」という複雑な気持ちを抱いていることを報告しました。

SSWrは、優香さんにかかわる支援者を限定し、優香さんを自然な形で見守れる体制にするよう提案しました。結果、校内では担任教師、養護教諭、SCの３名が引き続き優香さんの相談にのったり、声をかけたりする役割を担うことになりました。

また、受診については、病院と相談し、デイケア中心の診察に切り替えることを検討しました。そのほか、継続的な支援を行うため、卒業後の相談先として地域で活動するLGBTの支援団体をSSWrより紹介することなどが話し合われました。

支援経過シート

日時	内容	対象者・家族・学校・関係機関の状況	支援者のはたらきかけ
11月18日	学校訪問	学校にてSSWrが本人と面接。 今後の校内での行事などについて、ジャージを着ていると逆に目立つことが心配という。また、病院への受診について「最近は楽しくはない」とのこと。	本人の意向を踏まえて、SSWrから管理職へ相談。校内行事への参加方法について検討するとの返答あり。 受診の不満については学校より情報を得ていたため病院と相談する。
12月3日	病院訪問	病院の心理職とSSWrが面接。 本人の気持ちについて、対応を検討する。主治医にも報告した結果、状態も安定していることからデイケアを中心にしていくことを次回受診の際に提案することとなる。	今後の対応について、学校とも情報共有を行う。
12月8日	家庭訪問	母親とSSWrが面接。 本人の様子について確認する。落ち着いて生活できている様子とのこと。母親から、親戚などへの説明が心配と聞かれる。	卒業後の相談窓口として地域の当事者団体を活用することを提案。

12月12日	学校訪問	学校にてSSWrが本人と面接 受診でのデイケア利用についての提案を受け、病院の対応に関して信頼を寄せている旨の発言があった。 面接の後半から管理職も入り、校内行事でのジャージ着用について、来年度から導入予定だった男女共用の制服の導入を前倒しして本人に適用する方針を提案。本人は了承する。	病院へ学校の対応と本人の様子を報告。
12月18日	関連団体訪問	本人へ確認し、LGBTの支援団体に情報提供。定例会があるため、まずは見学を提案される。	本人と相談し、SSWr同行で見学を進めていく。

4.【モニタリング結果】

	支援結果	今後の課題
1	優香さんがSCなどに自分の気持ちを話せるようになった。	「周囲の大人に丁寧に扱われることで、線引きされているように感じる」という複雑な気持ちも生じているため、今後は、現段階で信頼関係が厚く築けている担任教師、養護教諭、SCが中心となり、自然な形で悩みや不安を話しやすい支援を継続していく。
2	定期的な受診とカウンセリングによって、希死念慮等はなくなり、安定的に過ごしているが、受診への拒否感を抱くようになった。	医師による診察の頻度を減らし、医療機関ではデイケアに切り替え、心理職・PSWとの体験活動を取り入れていく。
3	母親が学校や医療機関から情報提供を受けながら、本人の気持ちの揺れを受け止めることができること。	現状を維持し、母親の負担が過大にならないよう配慮する。

5 事例のまとめ

本事例では、「LGBT」という点に注視したことで、必要以上に関係者が多くなってしまったという反省点がありました。支援方法が確立されていないケースのときほど、より本人の気持ちに寄り添い、その時々で抱える本人のニーズに対応していく柔軟さが求められるのだと思います。

また、中学３年生の事例ということで、卒業後の相談先として地域で活動するLGBTの支援団体をSSWrから紹介することにしました。学年や学校が変化するときに支援が途切れてしまわないように早期から長期的な視点で支援を考えることが重要です。

3 事例における帳票活用のポイント

❶ 関係者の視点がみえる

帳票を活用することで、関係者それぞれがどんな視点をもっているのか把握しやすくなります。アセスメントシートではそれぞれの項目に「意思」や「方針」の欄があります。支援対象者本人や家族の意思、関係機関等の方針を記載していくことで、本人の意向と関係機関の支援方針がずれていたり、家族の意思が考慮されていなかったりすることに気づくことができます。また、帳票が埋まらない項目では、記入者自身が何を重要視しているかに気づかされることもあります。

今回の事例では当初、優香さんの意思（性自認の違和感）が十分にアセスメントされていなかったことで、ほかの関係者の意思や方針も曖昧で、それぞれの視点がみえにくい状況でした。帳票の項目を参考に、漏れなくアセスメントするよう心がけることで、支援の核となる部分が浮かび上がってきます。

❷ ストレングスが見つけやすい

支援方針を検討する際、帳票をまんべんなく見渡すことで、本人や家族がすでにできていることや、可能性といったストレングスが見つけやすくなります。また、それらの強みがどこに作用し、支援にどう活かすことができるか、ということも検討できます。さらに、ほかにストレングスがないかどうか点検をしたり、新たな地域資源を開拓したりするきっかけにもなります。

❸ 中長期的な視点で考えられる

帳票を活用することで、目の前の子どもや家庭に対する問題解決だけでなく、中長期的に考えて、地域のなかの学校が担うべき役割や今後のはたらきかけについて考えていけるようになります。

今回の事例では優香さんを支えるＬＧＢＴに関する地域資源の不足がみえてきました。紹介した民間団体だけでなく、今後同じような悩みを抱える子どもが地域のなかで気軽に相談できるような居場所づくり等も検討していくことが必要だと帳票の活用を通じて気づきました。

第5節 外国ルーツの子どもと地域のNPOとの連携のなかでの支援

1 事例概要

対象児童：サントス・マイカ　さん（仮名）
学年（年齢）：中学２年生（13歳）
家族構成：母親（33歳）、妹（５歳）
現状：母親と二人暮らしのマイカさんは、フィリピン出身です。小学６年生の時に母親の仕事の都合で来日。日本の生活や友人になじめず、中学２年生になってから、欠席が増えています。
事例のポイント：マイカさんの悩みや困り感に寄り添いながら、家庭の経済状況等も確認し、マイカさんの教育の機会を保障し、進路の希望を実現できるようにサポートします。

2 帳票を使った事例の展開

① 事例との出会い

● 学年部会での相談から、スクールソーシャルワーカーへ依頼

マイカさんは中学１年生の秋頃からときどき欠席するようになり、中学２年生になってからは欠席が多くなりました。欠席の際、担任教師が自宅に連絡しても母親や本人と連絡がとれないことが増えたため、学年部会で検討しました。母親とマイカさんはフィリピン出身であり、家庭状況や日本での生活に対する総合的な支援の検討が必要と考え、学年主任からスクールソーシャルワーカー（以下、SSWr）へ相談が入りました。

● NPO法人の学習支援団体との連携

マイカさんが地域で利用していたNPO法人の学習支援団体（以下、NPO団体）もマイカさんの様子を気にかけ、学校と協力したいと考えていました。NPO団体職員

は、マイカさんと母親に許可をとったうえで、学校に情報提供し、SSWrはNPO団体とも連携して、マイカさんと家庭の状況をアセスメントすることにしました。

2 アセスメント

【学校からの情報収集】

SSWrは、校内の支援会議に参加し、マイカさんの情報を収集しました。

マイカさんは、中学2年生になり欠席が増え、家庭と連絡がつかず、様子がわからないことが多くなっているとのことでした。マイカさんの怠学傾向を指摘する教師がいる一方で、真面目に授業を受ける様子を評価する教師もいました。クラスでは、一人で絵を描いていることが多いとのことでした。担任教師は、マイカさんが一番何に困っているのかわからず、対応方法がわからないとのことでした。

また、マイカさんの母親は、仕事が忙しいようですが、懇談会に参加したこともあり、「日本語だいじょうぶ。通訳いらない」と話していたことも聞き取りました。SSWrは、学校とマイカさん、母親が気持ちをスムーズに伝え合うために通訳同席での面談を提案しました。

【NPO団体からの情報収集】

5月からマイカさんが通っているNPO団体の職員によると、母親が市役所に事務手続きで訪問した際、経済的な不安やマイカさんが学校に行かないことを相談し、市役所担当者がNPO団体を紹介したことで支援につながったとのことでした。

マイカさんは、SNSや趣味の話をする一方、新しい環境への戸惑いなどにより、学習への意欲や自信を失っている様子とのことでした。同時に、母親の期待を疎ましく思っている様子もあるとのことでした。

母親は「せっかく日本にいるのだから、高校に行って日本で働いてほしい」「フィリピンにいたときは、とても勉強が得意で表彰されたこともある、賢い子」と話していたとのことです。職員は、経済的な課題から、他機関と連携し、早めに高校進学の準備を進めたいと要望されました。

【マイカさん・母親との面談】

SSWrは、マイカさんと母親と話すため、NPO団体職員の調整で学校で会う機会を設けました。中学校でマイカさんの日本語指導を担当している指導員が通訳として入り、参加者はマイカさん、母親、担任教師、管理職、SSWr、NPO団体職員で行いました。

面談時、マイカさんの表情は硬く、緊張した様子でした。日本語指導員がマイカさんに母国語で声をかけると、少し表情がほぐれました。

母親は「マイカは活発で学習熱心。今は頑張っていない。中学校も高校も行ってほしい」と考えていることを話し、日頃からマイカさんに頑張るよう言い聞かせ、マイカさんとけんかになることがあると語りました。

一方、マイカさん本人に進路希望を聞いても涙目で、「わからない」とだけ漏らし、自分の思いは語りませんでした。また「学校からのメール連絡がわからない」「学校に行かないことは恥ずかしい」など困っていることを話しました。自分の思いは語りませんでした。SSWrは、マイカさんに「来てくれてありがとう。一緒に考えていこう」と伝え、校内・地域の他機関と連携し、支援を進めていくことに了承を得ました。

● 基本情報シート

（記載日：　○年　6月　3日）

フリガナ 氏名	サントス・マイカ （仮名）	性別	□男 ■女 □その他	生年月日	Ⓗ・R　○年 7 月 13 日 （年齢　13　歳）
学校	○○市立○○中学校	学年	2年	担任	板倉　蒼介　先生 （20代、男性）

教育歴等	年月	学校名・利用施設等	備考（クラブ・塾・放課後児童クラブ等）
	○年○月～ ○年○月	小学校6年時に○○市立○○小学校に転入	日本語初期指導
	○年○月	○○市立○○中学校入学	

登校状況	小学6年　欠席　3日 中学1年　欠席　7日・遅刻　50日・早退　0日 中学2年　欠席　10日・遅刻　10日・早退　0日

住所地	○○市	前住所地	フィリピン　マニラ

家族構成	氏名	続柄	年齢	職業	健康状態	備考（学歴・手帳・介護度等）
	サントス・ジェシカ	母	33	契約社員	特記事項なし	工場勤務（送迎あり）、アルバイト
	サントス・ニコル	妹	5			母国で暮らしている

【要請を受けた相談種別】■不登校　□ひきこもり　□いじめ　□非行　□被虐待　□発達障害　□貧困　□健康　□養育環境　□LGBT・SOGI　■学力不振　□その他（　　）□不明

【確認すべき主訴】（　不登校、友人関係、経済状況、日本語の習熟度、養育環境　）

【相談の経緯・概要】	
担任教師が学年部会で相談し、学年主任より依頼があり、SSWrもかかわることとなる。	
【生育歴】 出身地…フィリピン。母語…タガログ語、英語。 ・フィリピンで出生。父親は日本人。 ・両親は小学校のときに離婚。母国では学校が好きで、友達が多く落ち着いた生活を送っていた（母親からの情報）。 ・母親の仕事のため小学6年時に来日。その後○○中学校に入学。	
【ジェノグラム】	【エコマップ】
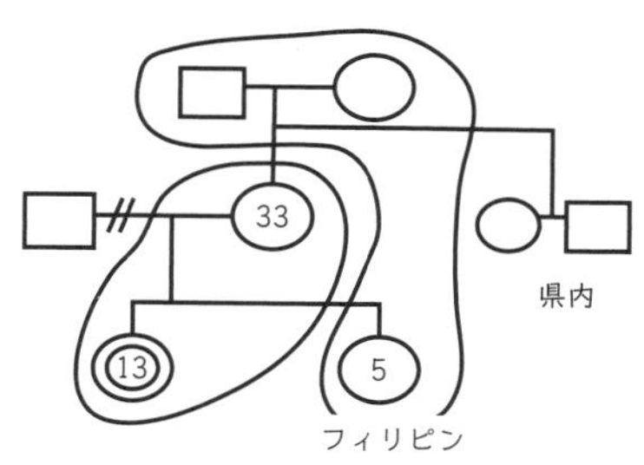 	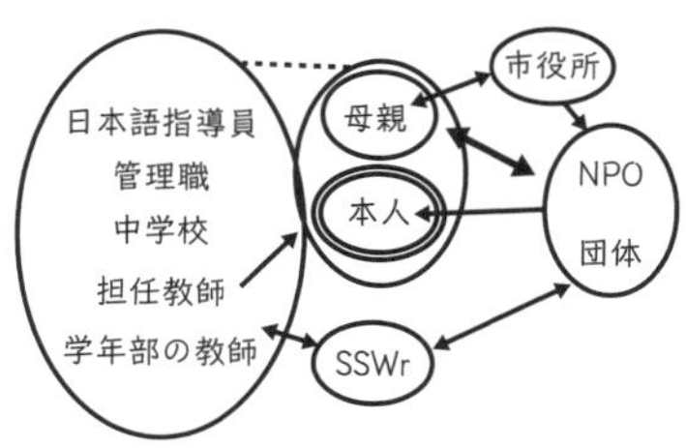

● アセスメントシート

作成日：　○年　6月　10日（　1回目）作成者：（　下林　恵子　）

学年・性別	2年　1組　　男・女・その他　　年齢：　13　歳
フリガナ 氏　名	サントス・マイカ
相談種別	「基本情報シート」より転記（　不登校、学力不振　）

1.【ジェノグラム・エコマップ】

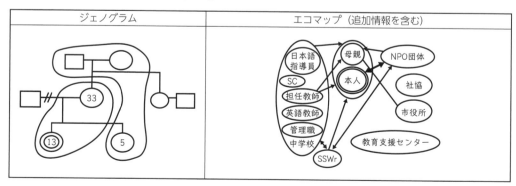

ジェノグラム	エコマップ（追加情報を含む）
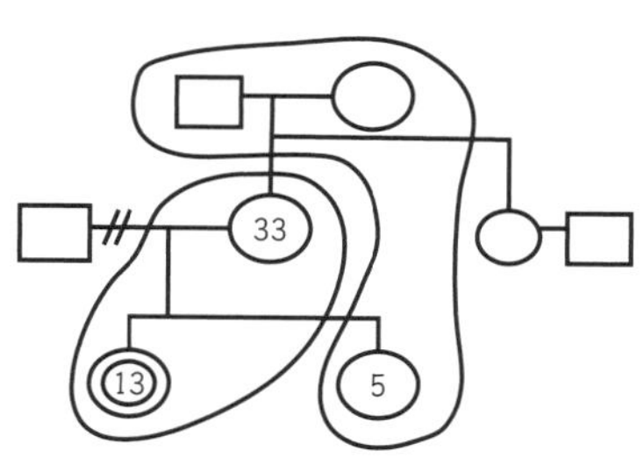 	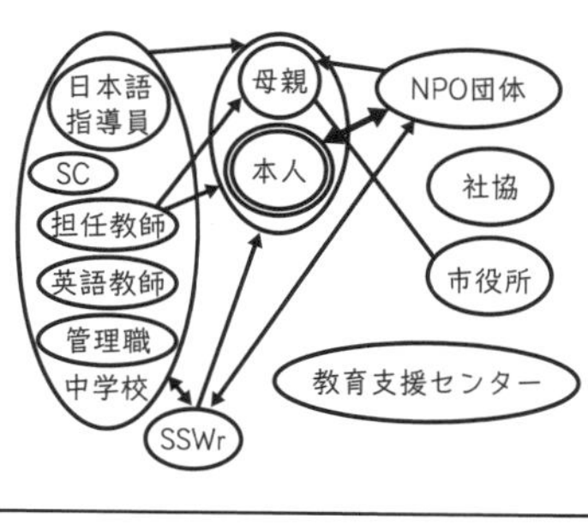

2．【本人】

項目	現状	課題
権利擁護	対象理解（　学習の保障　）（　進学するための経済的な支援　）（　意思の表明　） ・本人の日本語習熟に応じた学習の場が確保できていない。 ・将来の就職のために進学を検討したいが、経済的な課題から選択肢として考えられていない。 ・家庭の状況への心配などから自分の思いが表明できていない。	■
健康	身体（発育状況や虫歯など）…特記事項なし。	□
	既往歴…不明。	
	通院歴…不明。	
学校生活	出席状況…中学１年生の秋頃から遅刻が増え、中学２年生になってから、欠席が増えている。	■
	学力・成績…日本語の簡単な読み書きはできる。JSL対話型アセスメントDLA 未実施。日本語指導（週に１回、１時間）、英語が得意。	
	学習態度…授業中は集中して取り組める。	
	社会性…話しかけられても答えないことが多い。	
	対人関係…特定の子（外国ルーツの子）と話す場面はみられる。話しかけられることがあっても会話に入っていかず孤立する様子。一人で過ごすことが多い。	
	クラブ・部活…入っていない。	
	集金や提出物…集金、提出物の遅れあり。	
	進路希望…進路希望「あり」となっている（小学６年時の担任教師より、当時は働いて母を助けたいと言っていたとのこと）。	
	通学方法…自転車を利用。	
日常生活	基本的生活習慣…自立している。お風呂掃除や洗濯など家事を手伝うことも多い。	■
	生活リズム…生活リズムは整っている（朝７時起床、夜22時就寝）。	
	余暇…アニメが好きで日本の漫画やYouTubeを見ている。	
	家族との交流…母親の仕事が休みの日に出かける。母国にいる祖父母や妹とはSNSでやりとり。	
	友人・近隣との交流…母国の友達とSNSを使ってやりとり。近隣とのかかわりは不明。日本に来てから学校以外で遊ぶ友達はいない。	
発達特性	・知的発達の遅れはみられない。	□
本人の思い	・（母親から）本人から聞き取りできていない。フィリピンに帰りたい。	■

3.【保護者・養育者状況】

	現状	課題
経済状況	・借金がある。母国へ送金をしている。 ・契約社員で家賃は給料から天引きされている。 ・アルバイトに行く日がある。 ・母親は自動車運転免許を所持していない。 ・就学援助を受けている。集金は滞っている。	■
養育状況	・親子の関係は基本的にはよい。ただし、母親の進路や学習についての期待が大きいため、マイカさんは負担に思っている様子。 ・母親は仕事をかけ持ちしているため、忙しく本人の話を聞く時間はあまりない。 ・離婚した父親の親族とはかかわりがない。	■
意思	(母親) ・マイカさんに高校に進学し、日本で働いてほしい。そのために中学校は登校してほしい。	□

4.【きょうだい・親戚等】

	現状	課題
きょうだい・親戚等	・妹は祖父母とフィリピンで暮らしている。 ・母親は働いたお金をフィリピンの家族に送金している。 ・母親の妹が県内に在住。結婚して家庭あり。困ったときはお金の貸し借りをしている。	■
意思	不明	□

5.【学校】

	項目	現状	課題
学校	教育指導体制	・学年部中心に話し合いがもたれている。スクールカウンセラー(以下、SC)がいるが、本人とのかかわりはない。	□
	学年・学級状況	・外国にルーツのある生徒は学年で数名。 ・学年全体では落ち着いている。 ・長期欠席者は多い。	■
方針	・欠席したときは電話をする。 ・家庭訪問し、本人が登校できるよう見守る。		■

6．【関係機関・地域】

	現状	課題
機関名	市役所…母親が４月に来庁。マイカさんの不登校、経済的な困窮に関する相談。	□
方針	NPO団体による学習支援の場を紹介した。経済的な課題は利用できる制度等を紹介する予定。	□
機関名	NPO団体○○による学習支援…５月にマイカさんと母親が見学。その後、月２回利用中。	□
方針	マイカさんへの学習支援の継続。マイカさんが継続的に来所できるよう本人と母親に声かけ。	□

7．【アセスメントの要約】

【課題の背景と支援の方向性】

現在欠席している背景には、日本での生活へのなじめなさや家庭環境の変化による精神的な影響がある。また、学習への困難さから自信を失っていると考えられる。言語や文化の違いによる困難さと13歳という発達段階での心理的な揺らぎが重なり、自分がどうしたいかという気持ちや悩みを話せない状態にある。

家庭の経済状況は早急に支援が必要な状態で福祉制度の活用を勧める。高校進学に向けた継続的な経済支援・家庭支援を担える機関とつながりをつくれるよう介入する。また、マイカさんの得意なことを活かした将来へのビジョンを本人とともに考え、NPO団体等とも連携しながら本人の意思を引き出し、自信が回復するよう支えていく。

【ストレングス】

・授業中の真面目な取り組み。

・英語が得意。

・生活リズムが崩れていない。

・母親から高校に進学させたいという意思を確認している。

・集金は遅れることもあるが支払っている。

【支援課題】

・マイカさんが自分の意思を抵抗なく表出できるようになること。

・マイカさんの学習支援をし、学習への困難さを軽減し、学校に通うことができること。

・経済面で家庭を支えること。

8.【支援目標】

短期	・マイカさんが自分の思い、困っていること、希望などを表明できること。 ・家庭の経済的な安定を図ること。
中期	・学習の困難さを軽減し、学校に通うことができること。 ・安心して過ごせる居場所や、自分の気持ちを話せる存在を増やすこと。
長期	・将来への見通しをもった進路決定ができること。 ・得意なことを活かした活動ができること。

9.【予想される危機的状況】

本人	・本人の思いがわからないまま、進路選択できない。 ・中学校卒業後の行き先が決まらない。 ・自己否定の気持ちが増大する。
家族	・経済困窮から生活が一層不安定になる。 ・母娘関係が悪化する。
学校	・長期欠席になる。 ・進路選択ができない。
その他	

③ 支援計画の作成

【支援会議の事前調整】

支援会議に先立ち、市役所職員、社会福祉協議会職員、NPO団体職員、SSWrで家庭の状況と今後の支援の方向性について意見のすり合わせをする場を設けました。

> 主に話し合った内容
> ・経済面：借金と日々の生活費をどうするか、高校進学のための費用をどう工面するか。
> ・地域生活：マイカさん本人の地域での居場所づくりをどう支援するか。
> ・キャリア支援（進路選択）：本人が意思を表明できるようにどのようにサポートするか。本人の得意なことを活かせるようにするにはどうしたらよいか。

学校だけの支援では限界があり、中学卒業後も視野に入れ、地域生活にかかわる機関で協力していく必要性が確認されました。具体的には、大学や他団体における日本語学習の場や、こども食堂の利用について意見が交わされました。また、通所面で難しいと考えられていた教育支援センターについても、コミュニティバスが利用できることがわかりました。

使える制度や条件を確認し、支援会議当日に手続きができるように必要な書類や持ち物（通帳、印鑑等）は事前に母親に伝えました。

【支援会議の事前調整（マイカさんへの説明）】

支援会議前にNPO団体職員より、マイカさんに支援会議の目的などを説明しました。学校や自分たち以外にも手伝ってくれる人や制度があること、高校に行く方法などを一緒に考えたいことを伝えました。

マイカさんは「進学にはお金がかかるため母親を困らせると思っていた」「進学できるなら進学したい」と前向きな気持ちを話し、支援会議に参加することに同意が得られました。

【支援会議当日】

参加者は、母親、担任教師、日本語指導員、管理職、NPO団体職員、社会福祉協議会職員、市役所職員、SSWrとなりました。支援会議の前半で経済的支援を中心に、後半では学習支援や居場所支援について話し合うこととし、後半からマイカさんが同席しました（マイカさんの同席時は、マイカさんが大勢の大人に圧倒されることを配慮し、担任教師、日本語指導員、母親、NPO団体職員、社会福祉協議会職員、SSWrに人数を絞りました）。

マイカさんが自分の気持ちを表明できること、学習の機会を保障できること、家庭の経済的な安定を図ることを、関係者の共通方針とし、それぞれの機関が提供できるサービスや制度を確認し、役割分担を明確化しました。

学校からは、今後の進路選択の流れや費用、学習において別室対応ができること、本人の気持ちを聞く存在としてSCがいることなどが説明されました。マイカさんは、高校進学への思いを口にし、母親もマイカさんの気持ちを理解しているようでした。

支援計画シート

記載日： ○ 年　6 月　25 日（ 1 回目）　担当者：（　下林　恵子　）

学年・性別	2 年　1 組　　男　・　女（○）　・　その他	年齢：　13　歳
フリガナ 氏　名	サントス・マイカ	
相談種別	「基本情報シート」の種別を転記（　不登校、学力不振　）	

1.【支援目標】（アセスメントシートをもとに）

優先順位	対象者	内　容
1	マイカさん	自分の思い、困っていること、希望などが表明できる。
2	マイカさん、母親	家庭の経済的な安定を図ること。
3	マイカさん	学習の困難さを軽減し、学校に通うことができること。
4	マイカさん	安心して過ごせる居場所や自分の気持ちを話せる存在を増やすこと。
5	マイカさん	将来への見通しをもった進路決定ができること。

2.【支援計画】

優先順位	支　援　課　題	支援内容（誰が、何を、いつまでに、どこまで）
1	自分の思い、困っていること、希望などが表明できること。	・学校でSCと相談できる機会を設ける（1週間以内）。 ・NPO団体職員が積極的に声をかける（1週間以内）。
2	家庭の経済的な安定を図ること。	・母親が市役所で支援金受給等の手続きを行う（2週間以内）。 ・市役所職員は通訳の調整、制度説明を行う（2週間以内）。 ・社会福祉協議会（以下、社協）より家計相談の紹介をする（2週間以内）。 ・社協職員が子ども食堂の紹介、見学日の調整をする（2週間以内）。
3	学習の困難さを軽減し、学校に通うことができること。	・マイカさんが市内の教育支援センターの見学（1週間以内）。 ・学校から教育支援センターに連絡をし、見学日の調整をする（1週間以内）。 ・NPO団体職員による学習支援を継続する（1週間以内）。 ・英語教師より授業の参加を無理強いしないように声かけをする（1週間以内）。 ・希望があれば学校で別室教室の対応をする（2週間以内）。

4	安心して過ごせる居場所や自分の気持ちを話せる存在を増やすこと。	・SSWrより外国にルーツのある子どもが集まるイベントを紹介する（2週間以内）。 ・NPO団体職員より大学の日本語教室を紹介する（2週間以内）。
5	将来への見通しをもった進路決定ができること。	・全日制、定時制、通信制それぞれの進路説明資料を日本語指導員が翻訳し、進路担当と日本語指導員がマイカさん、母親に説明（夏休み前の懇談会）。

3.【期間・モニタリング】

計画期間	○年 6月25日 ～ ○年 9月30日	次回モニタリング予定	○年 9月26日

④ 支援の実施

【支援計画にもとづいた関係者による支援】

SCが週に1回マイカさんと面談をすることで、家族への思いや進路への不安などが聞けるようになりました。担任教師や英語教師も積極的に声をかけるようにし、マイカさんの表情がほぐれる日が増えました。

学校、それぞれの機関が状況を共有しながら、進めていきました。

【モニタリング】

支援会議から3か月後に支援会議参加者が再度集まり、モニタリングを行いました。NPO団体職員から、NPO団体の学習支援を受けるなかで、小学生の子の遊び相手となるなど、自分なりの居場所を見つけてきた様子があったとのことでした。

社会福祉協議会職員からは、借金の返済手続きや利用できる制度の申請が行われたことが報告されました。家計相談を開始しましたが、母国への送金や、たびたび親戚からの金銭援助を求められるため貯金が難しい状態があり、高校進学のために家計をどうするか、就労先を変えるか、今後世帯分離を検討していくのか、などまだ支援の継続が必要な状態とのことでした。

担任教師からは、週2日程度の登校で、まだ毎日の登校は難しいことが報告されました。また、進路について考える機会を増やすことで、マイカさん自身の意識が高まってきている報告がありました。担任教師は「マイカさんの将来への思いが聞けるように信頼関係をつくっていきたい」と話しました。

市役所担当者からは外国にルーツのある生徒へのキャリア相談会があることや、外国にルーツのある子が自分のキャリアを考えるための方法や冊子が紹介されました。

支援経過シート

日時	内容	対象者・家族・学校・関係機関の状況	支援者の働きかけ
6月25日	NPO団体職員面談	NPO団体職員とマイカさんが話す。マイカさんより支援会議で話ができてよかったとの感想がある。	支援会議後のフォローをする。
6月28日	SC面談	SCがマイカさんと面談し、マイカさんは面談の継続を希望。	
6月28日	担任教師と面談	担任教師がマイカさんに別室教室を案内。また、教育支援センターの見学日を相談。翻訳した教育支援センターと高校見学の案内を渡した。	SSWrがNPO団体に連絡。教育支援センターの見学と高校見学の案内をしたため、マイカさんが来たときに相談にのれるよう依頼した。
7月3日	NPO団体による学習支援	NPO団体職員が学習支援をする。大学の日本語教室を紹介する。	NPO団体職員がSSWrに日本語教室の情報を共有。
7月5日	支援金手続き	母親が市役所に来庁し、支援金の手続き。通訳同席。社会福祉協議会（以下、社協）の家計相談日を共有。	市役所担当者からSSWrに報告。SSWrが学校側と共有。
7月12日	教育支援センター見学	母親が休みをとっていたため、見学。本人、母親ともに興味をもった様子。	SSWrが支援センターに同行。コミュニティバスの説明。
7月16日	校内ケース会議	管理職、学年の教師、進路担当、SSWr、日本語指導員、SCで対応を検討。	SSWrがケース会議の進行役をした。
7月27日	懇談会	担任教師との懇談会後、進路担当から母親、マイカさんに進路の説明をする。日本語指導員同席。	SSWrとの面談の時間をもった。マイカさんと母親に夏休みの外国ルーツの交流イベントを紹介。
8月20日	高校見学	自宅から近い高校を見学。	
9月1日	教育支援センター利用	教育支援センターを週に1回利用開始。初日は、施設の使い方等のレクリエーションをする。	学校と教育支援センターが本人の様子を共有できるよう、学校に声かけ。
9月1日	家計相談	母親が社協に来所。家計相談を開始。次回は1か月後。地域のこども食堂を紹介。	社協とSSWr共有。

4．【モニタリング結果】

	支援結果	今後の課題
1	日本語指導者がいる日とSCの勤務が重なる日に面談を継続できている。進路選択への焦り・不安や母親への思いなどを少しずつ話せるようになっている。	母親が時々本人に感情的になることがわかった。母親の生活の苦労や子育ての悩みなどを話せる場があるとよいか。
2	借金の返済手続き、支援金受給の手続きを行い、社会福祉協議会による家計相談を開始している。	母国への送金を減らすことが難しく、貯金が増えない。フードバンクなど活用できる資源を紹介する。
3	教育支援センターに週１回参加している。学校は英語の授業のある日に登校し、授業に参加できている。	継続する。苦手な科目なども学校の別室教室で対応し、学習に遅れが出ないようにする。
4	大学の日本語教室は１回参加したが、新しい場所になじめず中断。交流イベントは本人が希望せず。	NPO団体等が安心できる居場所となりつつある。ほかにも地域のなかで同年代の人とかかわりがもてるような場等を適宜紹介する。
5	高校進学に向けて受験の仕組みや近隣高校の説明を受けた。夏休みに１校の高校見学を行った。	欠席がまだあるため、全日制の受験ができるかどうか。

5 事例のまとめ

マイカさんの不登校は、日本での生活へのなじめなさや環境の変化による精神的な影響、学習への困難感、経済的な不安等の要因が絡み合って生じているものでした。

もともとかかわりのあったNPO団体職員とSSWrの連携だけでなく、市役所職員、社会福祉協議会職員など関係者が積極的にマイカさんと母親にかかわろうとしたことで、幅広い支援ネットワークをつくることができました。また、外国にルーツのある子どもに固有の困難さ（言語能力や生活習慣）だけに着目するのではなく、個々の家庭状況、経済状況を把握することで、必要な支援がみえてきました。

中学校では、マイカさんの支援を経験したことで、外国にルーツのある生徒への支援を題材とした校内研修を開催するなど、潜在的なニーズにはたらきかける動きも出てきました。

3 事例における帳票活用のポイント

❶ 専門職としての判断や思考の経過を残せる

アセスメントの要約や支援経過シートには、専門職として支援の意思決定をした根拠や判断過程となることを記載します。明確に言葉に残すことで、ほかの専門職が見ても納得できるものとなり、他職種に支援内容を説明する際にも役立ちます。

❷ 情報の不足に気づける

帳票に情報を記入していくと、子どもの生活全体のなかでみえている部分とみえていない部分が明らかになります。情報の不足から他職種との協働の必要性もみえてきますし、帳票を用いて他職種と連携するなかで、情報の不足に気づくこともあります。帳票は多職種協働の入口を拓くツールになります。

また、情報収集だけではアセスメントの要約はできません。アセスメントの要約が難しいと感じる場合は、事例全体の把握ができていない、専門性にもとづいた分析ができていない、本人のニーズ確認が十分でないなど、どこかにつまずきがあると考えられます。つまずきの理由を見つけることは、支援者として次に取り組むことがわかります。

❸ 自己研鑽のためのツール

支援者は、自己研鑽を続けることが必要です。支援の行き詰まりや中断後に帳票をみながら振り返りをすると、課題や力量の不足に気づきます。何を根拠に支援をしたかが視覚化できるため、どの部分に課題があったかを検討することができます。修正の方向性を見出しやすく、次の支援に活かすことができます。この事例の帳票を見直すと「得意なことを活かした活動」をマイカさん本人と考えることが必要であると気づきました。子ども本人を権利主体とした支援かどうかを常に考えて実践する重要性を再認識しました。

第6節 生徒と保護者の障害受容と進路選択と自立に向けた取り組みのなかでの支援

1 事例概要

対象児童：内藤　光　君（仮名）
学年（年齢）：中学１年生（13歳）
家族構成：父親（66歳）、母親（58歳）の三人暮らし
現　　状：光君は、中学１年の５月頃から不登校になっています。その要因は、特別支援学級への入級を勧められたことでした。光君は拒否的反応を示し、母親も光君の知的な遅れを受け止めきれず、抑うつ状態となっているようです。
事例のポイント：光君の自尊心を傷つけないよう、光君が社会参加できるよう支えます。母親についても、光君の障害を受容できるよう支援しながら、医療機関と連携し、抑うつ状態が改善するようサポートします。

2 帳票を使った事例の展開

❶ 事例との出会い

● 担任教師から特別支援学級入級の提案

光君は中学校入学後、１か月ほどは登校できていました。担任教師は、小学校から光君の知的な遅れを心配する声を引き継いでいたため、光君の様子を気にかけていましたが、授業時間のほとんどは集中できていない様子で、板書もできていませんでした。担任教師は、特別支援教育相談員とも相談し、母親に光君の発達検査をすることを提案しました。母親は了承し、４月下旬に実施。結果は、FIQ67で知的な遅れがみられることがわかりました。

● 中学校長からスクールソーシャルワーカーへ支援依頼

５月に入り、中学校長、担任教師、教育支援コーディネーター、母親が相談のう

え、光君のために特別支援学級に移動したほうがよいという結論を出しました。特別支援学級への移動を光君に伝えると「僕が決めたわけじゃない。誰が決めたのか」と激しく抵抗をして、完全に不登校となってしまいました。母親は言葉数の少ない光君が激しく主張した姿を初めて見て衝撃を受け、また母親自身も光君の障害を認めきれないことから抑うつ状態になっていることが見受けられました。

中学校長は、光君の不登校への対応と母親の精神的ケアの必要性からスクールソーシャルワーカー（以下、SSWr）へ支援介入を依頼しました。SSWrは、母親や光君の意思を確認するため、面談し、情報収集することにしました。

2 アセスメント

【母親との面談】

母親は、光君の障害（知的な遅れ）について、小学校で学年が上がるごとに気づきはじめていたが認めたくなかったこと、今後のことを考えると不安で仕方がないことを話してくれました。

また、父親は仕事が忙しく子育てに無関心で、地域に頼れる人もいないと話してくれました。SSWrは、光君が学校に行ったり、社会参加したりできるよう相談支援に入ることを約束しました。

【光君との面談】

SSWrは、光君が緊張しないように趣味や好きなことを聞くことから始めましたが、光君は、ほとんどの時間をゲームをして過ごしており、昼夜逆転しているとのことでした。

中学校を休んでいることについては、周りの人に不登校を知られたくない様子で、平日に外に出かけるのも嫌になっているようでした。特別支援教育相談員より勧められて時々通所している教育支援センターについては「パソコンをできるのが楽しい」と話しました。

SSWrは、これから一緒に光君の困っていることについて考えようと伝え、光君から了承を得ました。

【小学校担任教師からの情報収集】

小学５年生頃から、遅刻や欠席が目立ち始め、テストの点数も低かったため、担任教師や学年主任は、気にしていたとのことでした。仲のいい友人何人かとはコミュニケーションをとって過ごすことができていたようでした。

基本情報シート

（記載日： ○年 5月 15日）

フリガナ 氏名	ナイトウ ヒカル 内藤 光（仮名）	性別	■男 □女 □その他	生年月日	Ⓗ・R ○年 8月 23日 （年齢 13 歳）
学校	○○市立○○中学校	学年	1年	担任	大石 健一 先生 （50代、男性）

教育歴等	年月	学校名・利用施設等	備考（クラブ・塾・放課後児童クラブ等）
	○年○月～ ○年○月	○○保育園	母親によると、言葉が出るのが遅かった。
	○年○月～ ○年○月	○○市立○○小学校	1クラス10人の小規模校。5、6年生で欠席が多くなり、登校しても1～2時間程度で早退する。
	○年○月～	○○教育支援センター	母親の送迎で週1回程度利用
	○年○月～	○○市立○○中学校	4月は登校したが、5月は完全に不登校。

登校状況	不登校。光君の調子がよいときに、週1回程度、ほかの生徒がいなくなった放課後に登校する。教育支援センターは週1回程度通所している。 欠席 16日・遅刻 0日・早退 5日		
住所地	○○市	前住所地	

家族構成	氏名	続柄	年齢	職業	健康状態	備考（学歴・手帳・介護度等）
	内藤 慎史	父親	66	会社員	良好	子育てに無関心。
	内藤 佳子	母親	58	専業主婦	良好	短大卒。

【要請を受けた相談種別】■不登校 □ひきこもり □いじめ □非行 □被虐待 □発達障害 □貧困 □健康 ■養育環境 □LGBT・SOGI □学力不振 ■その他 （ゲーム依存傾向） □不明

【確認すべき主訴】（ 母親の抑うつ傾向 ）

【相談の経緯・概要】

光君の不登校に対して中学校長よりSSWrに相談。光君の発達特性を考慮したうえで、学校に通えるよう調整する必要がある。

【生育歴】

父親53歳、母親45歳のとき、待望の第一子光君が誕生。

光君０歳時…母親は祖母の介護をしており、ダブルケアでストレスフルな状態だった。父親は、淡々と自分の生活をしており、介護・育児に介入せず。
保育園時…言葉の遅れがみられるが、おだやかな性格で特に問題なく成長。
小学校入学時…小学校高学年頃より、遅刻や欠席が目立ちはじめる。

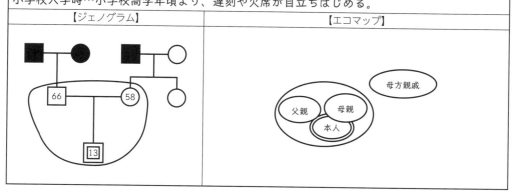

【ジェノグラム】

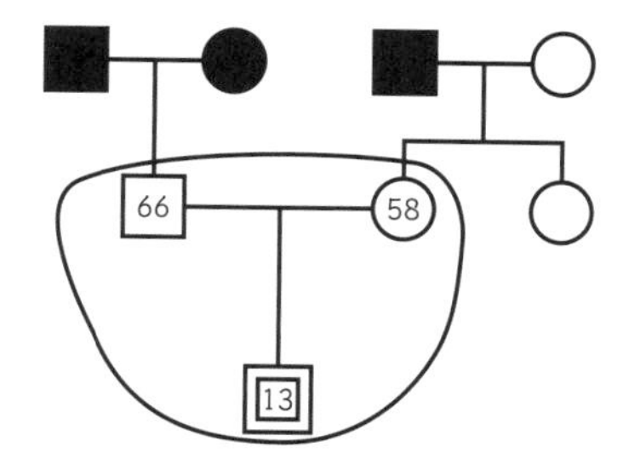

【エコマップ】

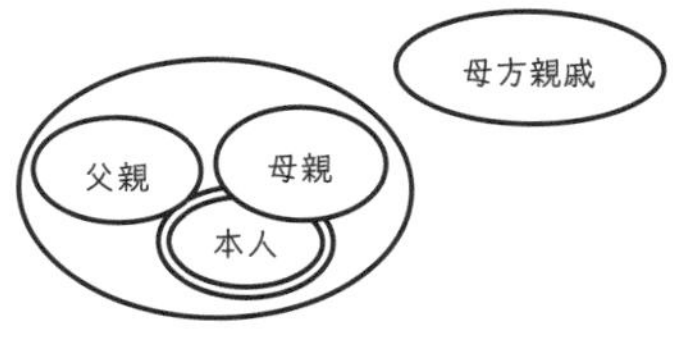

アセスメントシート

作成日： ○年　５月　15日（１回目）　作成者：（三浦　清美）

学年・性別	１年　１組　　男・女・その他　　年齢：　13　歳
フリガナ 氏　名	ナイトウ　ヒカル 内藤　光
相談種別	「基本情報シート」より転記（　不登校、母親の抑うつ傾向　）

１．【ジェノグラム・エコマップ】

ジェノグラム

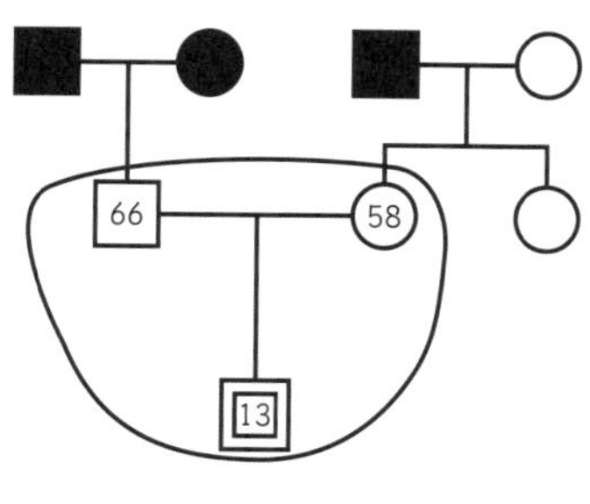

エコマップ（追加情報を含む）

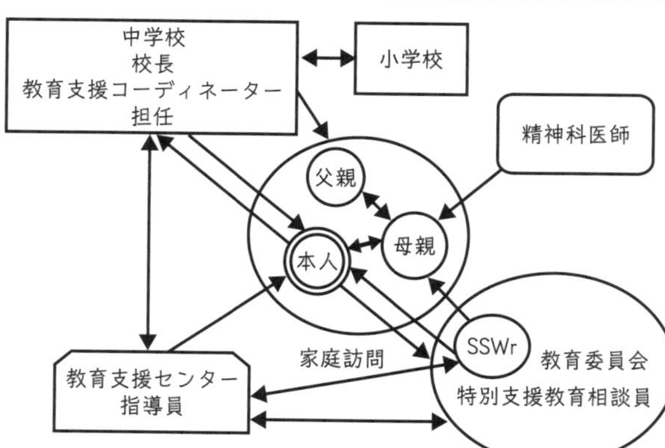

※中１のエコマップ

2.【本人】

項目	現状	課題
権利擁護	対象理解（不登校）（知的障害）（母親の抑うつ傾向） ・学びの保障が阻害 ・友達との交流が阻害 ・社会生活の保障が阻害 ・本人の考えや希望を聞く機会が阻害	■
健康	身体（発育状況や虫歯など）…母親からは体幹が弱いと報告あり。健康管理はできている。	□
	既往歴…特になし。	
	通院歴…特になし。 （性格）…穏やかだが、頑固。	
学校生活	出席状況…週１回生徒のいなくなった放課後に学校に登校、週１回教育支援センターに通所。	■
	学力・成績…小学校３年生程度の学力。	
	学習態度…教師など支援する人が声をかけると素直に取り組める。	
	社会性…話しかけられると答えられるが自発的ではない。	
	対人関係…好きな友達との交流がある。一部苦手な同級生がいる。	
	クラブ・部活…入学時に野球部に属したものの参加できていない。	
	集金や提出物…母親が管理しており、問題ない。	
	進路希望…不明。本人は意識できていない。	
日常生活	基本的生活習慣…母親が生活リズムを崩さないよう声をかけているが不登校になり不規則になっている。	■
	生活リズム…ゲームによって昼夜逆転することがある。	
	余暇…戦いのゲーム、両親と釣りに出かけることもある。	
	家族との交流…母親は光君につきっきり。父親は無関心。	
	友人・近隣との交流…少ない。	
	（社会参加）…母親の買い物についていくこともなくなった。	
発達特性	・FIQ67　・言語理解65　・知覚推理71　・ワーキングメモリー80　・処理速度70	■
本人の思い	・周りの人に勉強ができないことや不登校を知られたくない。	□

3．【保護者・養育者状況】

	現状	課題
経済状況	・父親はサラリーマンのため、問題なし。	□
養育状況	・母親がつきっきりで光君を養育。母親の判断・想いが強く反映されている。以前教師の言葉に傷ついたことがあるため、学校のことは信用していない。 ・父親は子育てに関する関心は薄く、母親に頼まれればかかわる程度。	□
意思	（母親） ・本当は、「みんなと同じように育ってほしい」と言いつづけていた。 ・将来、光君が仕事や家庭をもって生きていけることを切望している。 （父親）不明	□

4．【きょうだい・親戚等】

	現状	課題
きょうだい・親類等	・一人っ子。 ・父親の親戚は地元に多いが母親の親戚はいない。光君はいとこたちと遊ぶことはある。	□
意思	なし。	□

5．【学校】

	項目	現状	課題
学校	教育指導体制	・担任教師や校長、教育支援コーディネーターが主にかかわっている。 ・光君が放課後に登校したときに対応。 ・母親や父親とは関係性が築けていないためSSWrに支援を一任。	□
	学年・学級状況	・１学年は３クラス。 ・特別支援学級は１クラス（生徒数４名）。	□
方針	・登校刺激はせずに本人の決定を尊重して、無理強いしない。 ・SSWrと教育支援センター、教育支援コーディネーター、特別支援教育相談員、市役所の子ども支援課と月１回の学校でのチームカンファレンスで情報共有する。 ・節目ごとにケース会議を行う。 ・登校できた時間は、面接や学校を案内して学校になじんでもらう。		□

6.【関係機関・地域】

	現状	課題
機関名	教育支援センター ・支援者は、退職した元教師5人体制（60歳台）。通所しやすいよう釣りのイベントやカードゲームなどを取り入れている。 ・1週間に1回程度通所中。	□
方針	コミュニケーションを重視し、支援者やほかの子どもたちと交流できる機会を提供するとともに身体を動かす取り組みをする。	□
機関名	教育委員会 ・SSWr 3人体制（社会福祉士2人、精神保健福祉士1人） ・特別支援教育相談員 ・月1回のチームカンファレンスで経過の情報共有。 ・依頼に応じてケース会議を行いその後個別支援。	□
方針	・30代の男性SSWrは、ゲームが得意なため、光君と遊ぶなかで、光君の思いや考えを聞く。 ・60代の女性SSWrは、産業カウンセラーの資格も有し、母親の精神的な不安定さに寄り添う。	□

7.【アセスメントの要約】

【課題の背景と支援の方向性】
・光君は不登校となっている。勉強ができないことや周囲と同じようにできないことを友人に知られたくないという思いがあるが、知的な遅れがあることが判明している。
・母親は光君の障害に対する受容が困難で抑うつ状態が続いている。
・母親の精神的な不安を支えながら、光君が自分の発達に合った教育を受けることができるよう支援していく必要がある。

【ストレングス】
・光君はおだやかで素直な性格。友人や教師からの好感度は高い。話しかけられたら応えようとする姿勢がある。
・母親は、光君の知能検査や教育支援センターの利用を決心するなど行動力がある。

【支援課題】
・光君はFIQがボーダーの状態にあり、自分の能力を客観視することが難しいが、本人の意見を引き出し、本人の自尊心を損なうことなく社会参加（通学）できる。
・母親は、光君の障害受容に伴い抑うつ状態が改善され、専門職と一緒に成長できる。

8．【支援目標】

短期	・光君が学校に居場所ができ、発達に合った支援を受けられる。 ・母親の抑うつ状態が改善する。 ・学校以外の居場所で過ごすことができる。
中期	・光君が学校に継続して通うことができる。
長期	・中学卒業後も、進学を含め社会参加できる居場所を光君が見つけることができる。

9．【予想される危機的状況】

本人	・登校への拒否が続き、２年生に進級できない。
家族	・父親の協力が得られず、母親への負担がかかる。 ・母親の抑うつ状態が悪化する。
学校	・光君の不登校が続き、教育を保障できない。 ・家庭との関係性が悪化する。
その他	・教育支援センターにも通所できなくなり、ひきこもり状態になる。

❸ 支援計画の作成

【ケース会議】

ケース会議には、中学校長、担任教師、教育支援コーディネーター、特別支援教育相談員、教育支援センター職員、市役所の子ども支援課職員、SSWrが参加しました。支援目標として、光君の発達に合った教育を実施することが重要で、そのためにまずは光君が学校に行くことへの拒否感を軽減する必要があるという認識を共有しました。放課後に週に１回程度相談室に登校できていることもあり、中学校内に光君の居場所がつくれるよう担任教師をはじめ各教職員がはたらきかけることとしました。ただし、光君の「ほかの子ども達に知られたくない」という思いから、自尊心を傷つけないよう十分な配慮をしたかかわりが必要なことも共有しました。同時に、発達に合った支援を実施していくためにも、療育手帳の取得、支援計画の作成等も進めることとしました。

また、母親の抑うつ状態について、SSWrより障害受容のプロセスで生じる当然の反応であるという説明を他職種にしつつ、悪化させないために専門的な支援を受けられるようはたらきかける必要性も話し合いました。母親が見通しをもって養育できるような体制を築くこと、併せて育児に無関心な父親にもかかわってもらえるようはたらきかけることも検討し、そのうえで各専門職のアクションプランを確認しました。

● 支援計画シート（4回目）

記載日：　○年　1月　15日（4 回目）　担当者：（三浦　清美）

学年・性別	1年　　1組　　　男 ・ 女　　　年齢：　13　歳
フリガナ 氏　名	ナイトウ　ヒカル 内藤　光
相談種別	「基本情報シート」の種別を転記（　不登校、母親の抑うつ傾向　）

1.【支援目標】（アセスメントシートをもとに）

優先順位	対象者	内　容
1	光君	学校に居場所ができる 発達に合った支援を受けられる
2	母親	抑うつ状態が改善できる
3	光君	学校以外の居場所で過ごすことができる

2.【支援計画】

優先順位	支　援　課　題	支援内容（誰が、何を、いつまでに、どこまで）
1	光君が学校に居場所ができ、発達に合った支援を受けられる。	・中学校長と教育支援コーディネーターが相談室等で話したり、簡単な作業ができたりする環境を整える（2週間以内）。 ・教育支援コーディネーターが学校での支援計画を作成する（1か月以内）。 ・SSWrが光君から療育手帳申請の許可を得る（1週間以内）。 ・SSWrと子ども支援課職員が連携し、母親が療育手帳を申請できるよう支援する（2週間以内）。
2	母親が抑うつ状態を改善できる。	・SSWrが医療機関を紹介する（1週間以内）。 ・担任教師、学年主任より父親と面談できるようはたらきかける（1か月以内）。
3	光君が学校以外の居場所で過ごすことができる。	・教育支援センター職員が引き続き光君が通所できるようレクリエーション等を実施する（1週間以内）。 ・SSWrと障害者支援センターの見学。パソコンを見に行く（2週間以内）。

3.【期間・モニタリング】

計画期間	○年 5月 15日 ～ ○年 3月 31日	次回モニタリング予定	毎月○日モニタリング (ケース会議)

④ 支援の実施

【支援計画にもとづいた関係者による支援】

４回目のケース会議後、中学校長と教育支援コーディネーターにより相談室の隣の教室に光君が通いやすいようなパーテーションのあるスペースが設けられました。週１回程度放課後に登校していた光君に対し、シール貼り等一緒にできる作業に誘うことで、週３回程度14時頃から登校できるようになりました。教育支援コーディネーターは、光君の様子を見ながら、個別支援計画を作成し、計画に沿った支援を実施し始めています。

SSWrは母親と面談した際に「食事をつくりたくない」「消えてしまいたい」といった発言が聞かれ、早急にメンタルクリニックを紹介しました。その後、母親は受診し、薬等を処方されましたが、母親はすでにストレスのピークが過ぎていたことを自覚し、「あの子（光君）にはみんなと一緒は無理なんですね」と障害を受け入れ始めていました。

【モニタリング】

支援開始から何度もケース会議が開催され、４回目のケース会議では担任教師から、光君が朝から登校できる日が増え、登校日数も増えてきていることが報告されました。教育支援センター職員からも、週１回放課後に欠かさず通所していて、イベントにも積極的に参加しているとのことでした。

母親も、光君の障害を受容しつつあり、療育手帳の申請や高校進学に向けた支援学校の見学など、次のステップをSSWrと検討しはじめました。一方、教育支援コーディネーターより父親との面談をはたらきかけているが実現しておらず、養育の負担が母親に偏っていることが懸念事項として挙げられました。

● 支援経過シート

日時	内容	対象者・家族・学校・関係機関の状況	支援者のはたらきかけ
9月15日	教育支援センターに通所	17時より教育支援センターで行われるパソコン教室に光君が参加。教育支援センター職員が声をかけ、パソコンの使い方をレクチャーしつつ、ほかの参加者と光君が話せるよう仲介した。	同年代の参加者とコミュニケーションがとれるよう教育支援センター職員がはたらきかけた。光君がパソコン作業に熱心に取り組んでいることを母親に報告。
10月20日	登校時支援	光君が14時から登校。相談室で学校長が30分程度雑談した。その後、教育支援コーディネーターが光君に合った課題を用意し、一緒に実施。	教育支援コーディネーターからSSWrに光君の様子を報告。
1月15日	母親との面談	SSWrが母親と面談。母親から障害を受容することが苦しい気持ち、生きることがつらくなっている気持ちを傾聴。メンタルクリニックを紹介し、予約のサポートをした。	母親から聞き取ったことを母親の了解を得たうえで、メンタルクリニックに事前に伝えた。母親の状況を学校関係者にも共有。
2月1日	光君と面談	SSWrが光君と面談。光君の学校への気持ちを聞くとともに療育手帳の取得についてできるだけわかりやすく説明し、取得する了承を得た。	電話で母親に面談結果を報告し、療育手帳の申請手続きを簡単に説明した。

4.【モニタリング結果】

	支援結果	今後の課題
1	光君が学校に居場所ができ、発達に合った支援を受けられる。	相談室だけでなく、教室にも居場所をつくり、登校日数を増やせるようにする。光君自身の今後の学校での過ごし方の意向を聞く。
2	母親が抑うつ状態を改善できる。	光君の発達に応じた悩みに対応できるよう支援を継続する。父親が母親と協力して育児にかかわれるようはたらきかける。
3	光君が学校以外の居場所で過ごすことができる。	高校を見据えた放課後の居場所を検討する。

5 事例のまとめ

支援者同士が連携し、光君家族にはたらきかけることで、光君の発達に合った支援が整いつつあります。ただし、母親の抑うつ状態がメンタルクリニックの受診で改善したことはよかったものの、母親に負担がかかる養育体制であることは否めず、将来を見据えて、光君がより多くの時間を学校、地域のなかで過ごせるよう支援を展開していくことが求められます。

同時に、家族システムをアセスメントすると、父親が育児に無関心であるだけでなく、母親が子育てに依存傾向であることもわかるため、父親と光君との関係性を築く仲介をしていくことなどについても、支援者として検討していく必要があります。

3 事例における帳票活用のポイント

❶ 自分の支援を冷静に振り返ることができる

支援の方向性に迷ったとき、帳票を見返すことで自分の支援を冷静に振り返ることができます。本事例を振り返ると、帳票に光君が発した言葉や光君の主体的な行動の記述が少ないことがわかります。不登校を解決することが中心の支援になっていなかったか、子どもの思いに寄り添える支援になっていたか、などあらためて考えることで、次の支援に活かすことができます。

帳票は気づきを起こす有効なツールです。自分が正しいと思う支援でも帳票に書き込んだ内容を見直すと、重要な視点が欠けていることは多々あります。スーパーバイザーが身近にいない場合でも、セルフスーパービジョンとして活用できます。

❷「支援の本質は何か」を考えるきっかけになる

細かくアセスメント結果や支援経過を書き記せることは帳票のメリットですが、同時に「支援の本質は何か」という核となる部分を考えるきっかけになります。特に、目標設定する際に、「子どものため」と考えていても、支援目標の主体が支援者になり、支援者や家族が望ましいと考える環境に、子どもを当てはめる内容になってしまうこともあります。

その際、帳票に記載されている子ども自身の思いや子どもの権利を阻害している要因を見直すと、子どもの最善の利益とは何か、その子どもらしい生活とは何かを考えるきっかけとなります。帳票を記入して終わりでなく、何度も見返すことで、支援の途中であっても初心に返り、専門職として支援の本質を追究していくことができます。

第7節 ヤングケアラーに対するさまざまな関係機関との連携のなかでの支援

1 事例概要

対　象　児　童：坂本　優里　さん（仮名）
学 年（ 年 齢 ）：中学３年生（15歳）
家　族　構　成：母親（42歳）、祖父（76歳）、弟（10歳）の四人暮らし
現　　　　　状：優里さんは、最近遅刻や保健室登校が増え、授業に出ないことが増えてきています。元気のない様子がみられますが、その背景には、家族関係における負担感があるようです。
事例のポイント：同居の母親、祖父、弟それぞれの状況を把握し、必要な支援を受けられるようはたらきかけます。その結果、優里さんの負担が軽減し、安心して生活しながら学習できる環境を整えます。

2 帳票を使った事例の展開

1 事例との出会い

● 養護教諭からスクールソーシャルワーカーへ相談

スクールソーシャルワーカー（以下、SSWr）が担当する中学校の保健室を訪ねた際に、養護教諭から相談が寄せられました。中学３年生の優里さんは真面目な生徒ですが、３学期に入ってから遅刻が増え、登校しても保健室にいて、授業に出ないことが多いということです。優里さんは母子家庭に育ち、アルバイトをしながら高校に通学することを目指して定時制高校を受験予定です。保健室では、他愛もない話はするものの、養護教諭が困っていることを尋ねても、曖昧な笑顔を見せるだけで答えはありません。この頃睡眠不足のせいか、元気がない様子を養護教諭は心配しています。

担任教師も、優里さんの様子を心配し、母親に電話をしているとのことですが、電話はつながらず、折り返しの連絡もないとのことでした。また、小学校の養護教諭からは、優里さんの小学３年生の弟が授業中に教室を抜け出して保健室に行っていると

いった情報を聞いているとのことでした。

相談を受けたSSWrは、支援の検討のために再訪することを約束しました。

家庭内の出来事の情報提供

数日後、保健室を再訪したSSWrは、養護教諭から優里さんの家庭での出来事の報告を受けました。保健室に来た優里さんの脛に痣があったためその理由を尋ねると、前の晩に優里さんの母親と祖父が激しい言い合いになり、優里さんが止めに入ったところ、祖父に杖で叩かれたということでした。祖父は先月より同居を始めたばかりですが、祖父と母親はけんかばかりしているとのことです。

SSWrは支援を検討するうえで、優里さんと家族に関する情報をさらに収集していくこととしました。

2 アセスメント

【優里さんとの面談】

優里さんは今まで校内外でのトラブルもなく、これまでの記録は家庭環境調査票の記載情報しかありません。調査票は4月に提出されたもので、同居家族欄に祖父の記載もありませんでした。SSWrは養護教諭、担任教師と相談し、優里さん自身と家族についての理解を深めるために、優里さんから直接話を聞くことにしました。

人見知りの優里さんが話しやすいよう、養護教諭から定時制高校に詳しい人として、SSWrを紹介しました。SSWrが1回目の面談で、卒業後の進路などを尋ねると、優里さんは「高校には行きたいけれど、将来何をしたいのか自分でもわからず、勉強に身が入らない」と話してくれました。SSWrは、優里さんが話をしてくれたことにお礼を伝えました。

2回目の面談からは、優里さんから家庭の話も聞かれるようになりました。

(祖父について)

祖父は、腰痛もちで整形外科に通院しているものの身体は丈夫で、祖母の病死後、○○市内で一人暮らしをしていたとのこと。優里さんを小さいときから可愛がっていたが、頑固なところもあり、母親との折り合いはよくないようです。昨年秋にコンロの火の消し忘れでボヤ騒ぎがあったことから、一人娘の母親が祖父を説得して引き取り、一緒に暮らすようになったそうです。

同じ市内とはいえ、近所に知り合いもいないせいか、祖父は落ち着かない様子で、しばしば「上の階の物音がうるさい」「向かいのアパートの住人が、こっちをじろじろ見てくる」と母親や優里さんに訴え、そのたびに母親と言い合いになり、優里さんが祖父をなだめているとのことでした。

(弟について)

弟は異父弟で、おとなしい性格ですが学習が苦手で、放課後児童会で宿題を見てもらっていたとのこと。小学３年生になり勉強が難しくなって、宿題をしないため母親に怒られてばかりいる様子。なかなか家に帰って来ないので、優里さんが探し回ることもあるそうです。学校に行くのを嫌がって泣くのをなだめるのも優里さんの役割。

(母親について)

仕事が忙しい母親のストレスは溜まる一方で、愚痴をこぼすことも多く、優里さんは母親に自分の悩みを話すことなどとてもできないとのことです。優里さん自身は疲れ果てていますが、それでも家族のために、自分が頑張らなくてはと話してくれました。

SSWrは優里さんが十分に頑張っていることを認め、そのうえで、まわりの大人に相談し、助けてもらうことの大切さを伝えました。また、優里さんの了解をとったうえで担任教師とも家庭状況を共有しました。担任教師は優里さんのことを心配し、何ができるのか悩んでいましたが、改めて母親に連絡をとり、面談を行いたいと言いました。SSWrも、その面談に同席し、母親の話を聞くことにしました。

【母親との面談】

母親との面談の日程調整は難航しましたが、２月にやっと面談が実現しました。面談では、担任教師とSSWrが母親を労いつつ、優里さんに了解を得た範囲で、優里さんの思いを代弁しました。

母親からは、祖父について相談することを近隣に住む民生委員・児童委員から勧められているが、なかなか動けずにいること、弟については、担任教師からスクールカウンセラー（以下、SC）への相談を勧められたが、本人のやる気の問題だと思うので、自分が頑張らせようと厳しく指導していることが語られました。

母親は、優里さん、弟それぞれの父親から養育費をもらっておらず、仕事を休むことは難しい様子ですが、優里さんのためにも周囲の人に相談する必要性を理解してくれました。SSWrは、祖父、弟のそれぞれについて、適切な相談機関、相談者を紹介し、母親の了解を得て、事前に情報提供をして支援を受けられるように調整することを提案しました。母親は少し安心した表情でうなずいてくれました。

基本情報シート

（記載日：　○年　1月　25日）

フリガナ 氏名	サカモト　ユウリ 坂本　優里（仮名）	性別	□男 ■女 □その他	生年月日	Ⓗ・R　○年　11月　16日 （年齢　15　歳）
学校	○○市立○○中学校	学年	3年	担任	井口　隆　先生 （20代、男性）

教育歴等	年月	学校名・利用施設等	備考（クラブ・塾・放課後児童クラブ等）
	○年○月～ ○年○月	○○市立○○小学校入学	
	○年○月～	○○市立○○中学校入学	

登校状況	良好であったが、3学期に入り遅刻、欠席が増えている
住所地	○○市
前住所地	

家族構成	氏名	続柄	年齢	職業	健康状態	備考（学歴・手帳・介護度等）
	坂本　千冬	母	42	派遣社員		
	坂本　大輔	弟	10	○○小学校3年生		授業中に教室を出てしまう
	坂本　進一	祖父	76	無職		介護認定？

【要請を受けた相談種別】□不登校　□ひきこもり　□いじめ　□非行　□被虐待　□発達障害　□貧困　□健康　■養育環境　□LGBT・SOGI　□学力不振　■その他　（　遅刻、保健室来室の増加　）　□不明

【確認すべき主訴】（　家族間の不和　）

【相談の経緯・概要】

養護教諭から、3学期になって欠席が増え、保健室来室が頻回になった優里さんについて相談が入った。優里さんは、もともと出席状況はよく真面目な生徒だが、3学期の様子を担任教師も心配している。母親に連絡をとりたいが、なかなかつながらず相談できていない。

【生育歴】

母子家庭で、小学3年生の弟がいる。1か月ほど前に、一人暮らしをしていた母方祖父を引き取り、一緒に暮らし始めたとのこと。小学校からの引継ぎは特になく、校内外でのトラブル等もない。

【ジェノグラム】	【エコマップ】
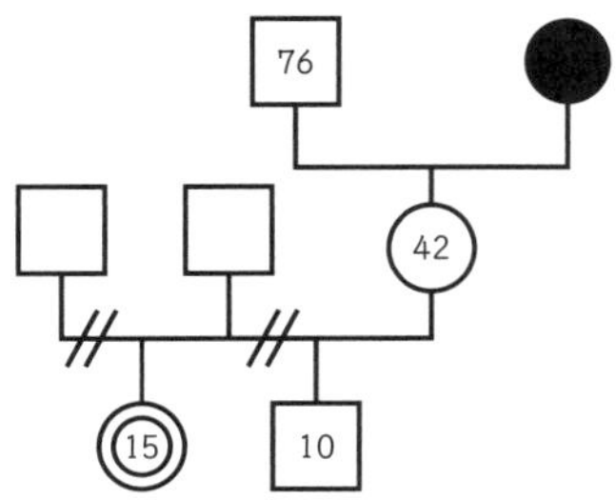	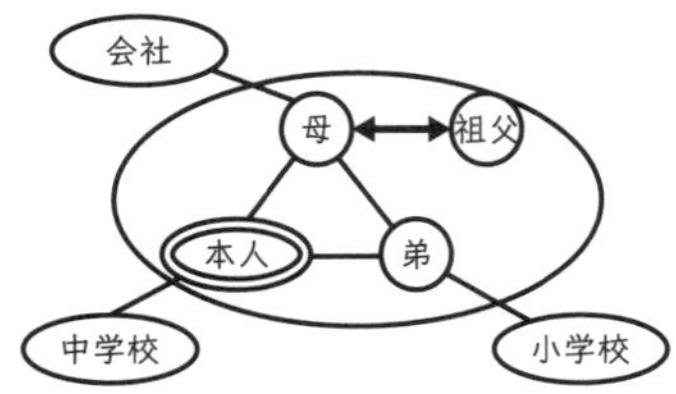

アセスメントシート

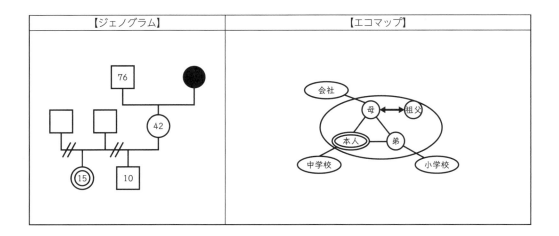

作成日：○ 年　2 月　8 日（　1 回目）　作成者：（中山　美恵子）

学年・性別	3 年　2 組　　男　・　女　・　その他	年齢：　15　歳
フリガナ 氏　名	サカモト　ユウリ 坂本　優里	
相談種別	「基本情報シート」より転記（養育環境、その他　（　遅刻、保健室来室の増加　））	

1.【ジェノグラム・エコマップ】

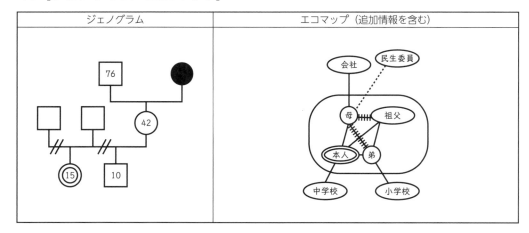

ジェノグラム	エコマップ（追加情報を含む）
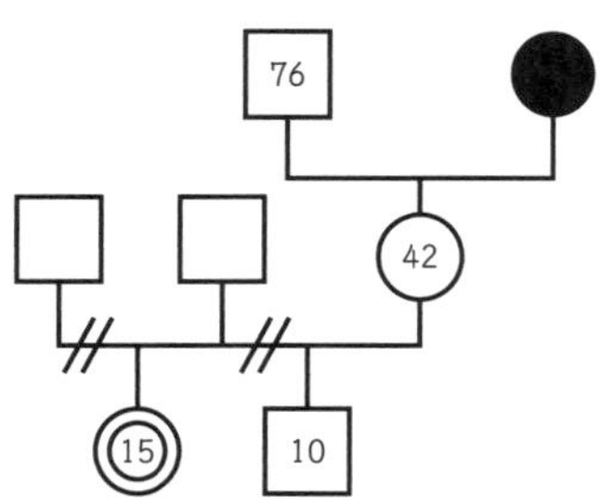	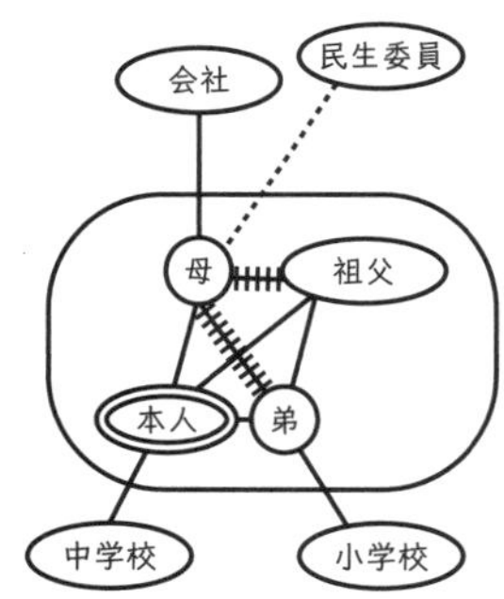

2.【本人】

項目	現状	課題
権利擁護	対象理解　（　ヤングケアラー　）（　養育環境　） ・学ぶ機会を得ること、安心して生活することが阻害されている。 ・自分の意見や考えを伝えることが阻害されている。	■
健康	身体（発育状況や虫歯など）…特記事項なし。	□
	既往歴…なし。	
	通院歴…なし。	
学校生活	出席状況…３学期（１月）に入った頃から遅刻が増えた。保健室来室が頻回。	■
	学力・成績…高校進学には問題ない。	
	学習態度…真面目。	
	社会性…礼儀正しい。自分で抱え込みやすい。	
	対人関係…数は多くないが友人はいる。人見知りがある。	
	クラブ・部活…所属なし。	
	集金や提出物…遅れることはあるが、大きな問題はなし。	
	進路希望…経済的な負担を考えて定時制高校に進学予定。高校卒業後は就職するつもり。	
日常生活	基本的生活習慣…身についている。母親が仕事で遅く、家事も担っている。	■
	生活リズム…３学期になって遅刻が増えている。寝不足も原因であるよう。	
	余暇…休日に図書館に行く。	
	家族との交流…忙しい母に気遣い、あまり話せていない。祖父や弟の世話を担っている。	
	友人・近隣との交流…クラスに仲のいい友人はいる。近隣との交流は不明。	
発達特性	特記事項なし。	□
本人の思い	・祖父と弟の世話、家族の不和の仲裁、家事で忙しく心身ともに疲れている。 ・母親も忙しく疲れているので相談はできない。家族のために自分が頑張らないといけないと思っている。	■

3.【保護者・養育者状況】

	現状	課題
経済状況	・派遣社員として働いている。家計のためには残業も欠かせない。 ・離婚した父親から養育費はもらっていない。 ・子ども２人の高校進学時には、就学支援金の受給に加えてアルバイトをしてもらう必要がある。	■
養育状況	・養育力自体に大きな問題はないと思われるが、仕事で帰りが遅く疲れており、祖父や弟の世話を優里さんが担っている様子。 ・学習が苦手で、登校を渋る弟の養育に苦慮している。	■

意思	（母親） ・家族のことは自分で何とかしなければいけないと思ってきた。 ・子どもたちには自分のことは自分でして、しっかり自立してほしい。	■

4．【きょうだい・親戚等】

	現状	課題
きょうだい・親戚等	祖父…3年前に祖母（妻）が亡くなってから一人暮らしをしていたが、ボヤ騒ぎを起こしたことを契機に優里さん一家と一緒に暮らしはじめた。孫のことは可愛がっているが、母親とはもともと折り合いが悪い。頑固なところがある。○○市に転居してきてからは知り合いもおらずほとんど家にいる。被害的な言動が目立ち、母親とよく言い合いになり、優里さんが仲裁をすることが多い。 弟…小学3年生。おとなしい性格。学習が苦手で、特に3年生になり宿題をしないことをめぐって母親に怒られている。帰宅が遅かったり、学校に行くのを嫌がって泣いたりする弟の面倒も優里さんが主にみている。	■
意思	・祖父、弟の思いは、今後確認していく必要がある。	■

5．【学校】

	項目	現状	課題
学校	教育指導体制	・保健室を安心できる居場所として利用し、養護教諭が話を聞いている。 ・担任教師は養護教諭と様子を共有しながら、優里さんの頑張りを認める声をかけている。	□
	学年・学級状況	・遅刻や授業を抜けることが多くなった優里さんに対して、一部の生徒から「なんで？」「ずるい」という声や、陰口が出ている。	■
方針	・優里さんの置かれた状況を理解しつつ、卒業、進学に向けて授業に出るように促していく。		□

6．【関係機関・地域】

	現状	課題
機関名	・民生委員・児童委員が月に1回程度訪問している。	□
方針	・祖父の様子について地域包括支援センターへの相談を母親に勧めている。	■

7.【アセスメントの要約】

【課題の背景と支援の方向性】
・優里さんの遅刻が増えたこと、授業への参加意欲が低下したことの背景には、家事や同居を始めた祖父の世話と学校生活上の不適応が増えてきた弟の世話を引き受けざるを得ない状況がある（ヤングケアラーの疑い）。
・母親を気遣うあまり自分の気持ちを伝えることができず、自分のことを考える機会も逃してきた生育歴があると思われる。
・優里さんが安心して生活し、自分自身のことを優先して考えられるようにするための支援を検討する。
・学級の生徒の理解を得るため、優里さんの了解を得た範囲内で、担任教師から家庭状況について説明する。
【ストレングス】
・優里さんも母親も、真面目な性格で、仕事や学校を継続する力がある。
・祖父と優里さん、弟の関係性は良好。
・弟は登校を渋るが、欠席が続くことはない。
【支援課題】
・母親にはたらきかけて、祖父と弟をそれぞれ適切な支援につなげていく。
・優里さんが進学する定時制高校にも優里さんの理解と支援を引き継いでいく。
・優里さんと家庭への支援ネットワークを築く。

8.【支援目標】

短期	・優里さんなりに登校を継続し、確実に高校を受験できる。 ・祖父が支援機関とつながれる。 ・弟が学校で必要な支援を受けられる。
中期	・優里さんが高校に安心して進学できる。 ・祖父が病院を受診し、介護認定を受けられる。
長期	・優里さんと家族が必要な福祉サービスを利用し、安心して生活できる。 ・優里さんが自分自身のことを大切にし、人にも相談できる主体性を身につけられる。

9.【予想される危機的状況】

本人	・学級にいづらくなる。不登校となる。 ・高校受験ができず進路が決まらない。 ・心身の不調。

家族	・母親の心身の不調、それによる経済的困窮。 ・祖父の心身機能の悪化。 ・弟の不登校。
学校	・優里さんへのいじめ。
その他	

③ 支援計画の作成

【ケース会議】

SSWrは、アセスメントシートに基づいて連携ケース会議を行うことを中学校に提案し、快諾を得ました。参加者は、担任教師、養護教諭、教頭、SSWr、小学校から特別支援教育コーディネーター、祖父の支援機関候補として地域包括支援センター相談員、民生委員・児童委員の計７名。

（民生委員・児童委員）

民生委員・児童委員は、近隣の住民から優里さんの祖父の言動について相談を受けたことから、母親に地域包括支援センターへの相談を勧めたとのことでした。母親は、頑固な祖父は自分の言うことを聞き入れないからと話し、相談に行くことをためらっていたことがわかりました。地域包括支援センターの相談員は、まずは家庭訪問で祖父と顔を合わせてみることを提案しました。

（特別支援教育コーディネーター）

小学校の特別支援教育コーディネーターによれば、弟は低学年から学習、特に板書が苦手で、計算プリントなどは取り組めますが、文章題や国語の読解、作文等にはほとんど手がつけられない様子とのことでした。友達とは仲良くできますが、授業中は話を聞いていない様子が目立つようです。２学期末の三者面談で、SCへの相談を勧めましたが、母親は硬い表情で「家で頑張らせます」と話したそうです。家庭の厳しい状況を理解した特別支援教育コーディネーターは、まずは学校での指導の方法を母親と共有するために「個別の教育支援計画」を作成することを提案しました。

優里さんについては、手のかかる弟に加えて祖父の世話もすることになったヤングケアラーであることを参加者が共通理解し、物理的な負担の軽減に加えて、優里さんが自分自身に向き合う機会をもつことの大切さが話し合われました。SSWrは会議で話し合われた内容を支援計画シートにまとめ、参加者と共有しました。また、2回目のケース会議を3月25日に開催し、支援計画の進捗を確認することを決めました。

● 支援計画シート

記載日： ○年 2月 21日（ 1 回目） 担当者：（中山 美恵子）

学年・性別	3年 2組 男 ・ 女 ・その他 年齢： 15 歳
フリガナ 氏 名	サカモト ユウリ 坂本 優里
相談種別	「基本情報シート」の種別を転記（養育環境、その他（遅刻、保健室来室の増加））

1.【支援目標】（アセスメントシートをもとに）

優先順位	対象者	内 容
1	優里さん	優里さんなりに登校を継続し、確実に高校を受験できる。
2	祖父	支援機関とつながれる。
3	弟	学校で必要な支援を受けられる。

2.【支援計画】

優先順位	支 援 課 題	支援内容（誰が、何を、いつまでに、どこまで）
1	優里さんなりに登校を継続し、確実に高校受験できる。	・担任教師、養護教諭が日常的に声をかけ、話を聞く（1週間以内）。 ・SSWrが面談を継続する（1週間以内）。 ・担任教師が、優里さんの保健室登校や欠席について学級の生徒の理解を得るため、優里さんの了解を得た範囲内で、家庭状況を説明する（1週間以内）。
2	祖父が支援機関とつながれる。	・民生委員・児童委員が母親に連絡をとり、地域包括支援センター相談員と家庭訪問をする（2週間以内）。
3	弟が学校で必要な支援を受けられる。	・小学校が、現時点で必要と思われる支援を個別の教育支援計画にまとめ、実施する（1週間以内）。 ・特別支援教育コーディネーターが、母親と面談をし、校内支援の説明をする（3週間以内）。

3.【期間・モニタリング】

計画期間	○年2月21日～○年3月25日	次回モニタリング予定	○年3月25日

4 支援の実施

優里さんの受験が近づいていたこともあり、支援計画の実施はスピード感をもって行われました。

SSWrや養護教諭が優里さんと面談をし、家庭での悩みを聞きながら、安心して受験に臨めるようはたらきかけました。

民生委員・児童委員、地域包括支援センター相談員は、家庭訪問し、祖父の思いを確認しました。祖父は「知り合いがいないため、日中出かける場所がない」「体調が悪くなったとき、相談できる人がほしい」などと話されました。地域包括支援センター相談員は、地域にあるサロンを紹介し、後日一緒に見学をすることにしました。

小学校の特別支援教育コーディネーターも母親と面談をし、弟の学校での様子を共有しました。母親は、「弟はやる気がないだけだと思っていた。本人が勉強しやすくなるなら、支援をお願いしたい」と話され、小学校内で実施している個別指導を検討することにしました。

SSWrは、民生委員・児童委員、地域包括支援センター相談員から得た祖父の情報や特別支援教育コーディネーターから得た母親、弟の情報を担任教師や養護教諭と共有し、優里さんや家族への支援ネットワークが構築され始めていることを確認しました。

支援経過シート

日時	内容	対象者・家族・学校・関係機関の状況	支援者のはたらきかけ
2月25日	家庭訪問	民生委員・児童委員と地域包括支援センター相談員が、日程調整のうえ、家庭を訪問した。	祖父と顔合わせ、祖父の思いを聞いて支援していきたい旨を伝えた。
2月28日	優里さんと面談	SSWrが、中学校で昼休みに優里さんと面談した。	優里さんの話を聞き、できていることを認める。家庭状況も確認する。
3月3日	受験前日の確認	養護教諭が、優里さんと受験当日の持ち物やスケジュールを確認した。	優里さんが安心して受験を迎えられるようにかかわる。
3月8日	母親と面談	小学校の特別支援教育コーディネーターが、弟の小学校での様子を伝え、作成した個別の教育支援計画や校内での支援方法を説明した。	弟の様子と支援の方向性について、母親と共通理解を図る。

	取り出し教室（個別指導）見学	母親に取り出し教室（個別指導）を見学してもらった。	母親に支援方法をわかりやすく伝える。
3月11日	家庭訪問	民生委員・児童委員と地域包括支援センター相談員が、家庭訪問し、公民館のサロンを紹介した。	祖父の様子を確認するとともに、思いを聞き取る。
3月14日	優里さんと面談	SSWrが、中学校で昼休みに優里さんと面談した。	受験が終わったことを労い、高校進学への思いを聞き取る。家庭の状況も把握する。
3月18日	サロン見学	地域包括支援センター相談員が同行し、祖父とサロンの見学を実施した。	サロンの利用方法を説明する。祖父の思いを聞き取る。

4.【モニタリング結果】

	支援結果	今後の課題
1	優里さんのペースで登校を継続し、受験できた。	高校入学の準備、高校への引継ぎ。
2	地域包括支援センター相談員につながった。	祖父と相談員の信頼関係づくり。
3	弟の校内支援を開始した。	個別の教育支援計画を母親と共有。 弟のアセスメントと支援を進める。

5 事例のまとめ

優里さんは、無事に定時制高校に合格し、中学校を卒業できました。優里さんが進学後も安心して生活を送るために、SSWrは優里さんの了解のもと、中学校、高校の理解を得て、中学校から高校への引継ぎ連携ケース会議を実施しました。高校の教育相談担当教師と、高校のSSWrが参加しました。

高校の教育相談担当教師は、優里さんがヤングケアラーとしての役割を担ってきたことや、生育歴によって自分から人に相談するのが苦手であることを高校でも共通理解し、声をかけていくと話しました。また、進学後のアルバイト探しの際、高校のSSWrが地域若者サポートステーションへの相談を勧めました。

地域包括支援センター相談員は、転居してから家に閉じこもりがちである祖父に、民生委員・児童委員の協力を得て会い、公民館のサロンなどを紹介しました。祖父と信頼関係を築き、認知症外来の受診や介護認定の申請も検討していきます。

小学校の特別支援教育コーディネーターは、母親との面談で弟の様子と校内支援について理解を得ることができました。さらに弟への支援を進めるためには、発達特性についてより専門的な見立てがほしいこと、また、放課後等デイサービスの利用が有効であると考えられることを伝えました。SSWrも電話で母親の困り感を聞き取り、専門機関を紹介することにしました。

3 事例における帳票活用のポイント

❶ 見落としがちな支援に気づくことができる

帳票の項目を網羅的に確認するなかで、見落としがちな支援に気づくことができます。この事例では、「学校（学級状況）」の項目を確認することで、受験を目前に控えた学級の生徒が優里さんの様子の変化に疑問をもっている状況に気づくことができました。これを見落とすと、優里さんの不登校リスクを高めることにつながっていたかもしれません。担任教師と学級の生徒たちが優里さんの状況を共有することで、優里さんへの配慮のみならず、学級の生徒たちの安心感につながる支援になりました。

❷ 当事者主体の支援になる

アセスメントシートで、「権利擁護」「本人の思い」を明確に項目立てて明記することで、本人への理解が深まり、本人を尊重した支援ができます。優里さんは、中学生にしては過重な家族のケアを担っている状況にあり（ヤングケアラー）、権利擁護の観点から「学ぶ機会の保障、安心して生活すること、自分の意見や考えを伝えることが阻害されている」といえます。一方では、「母親も忙しく疲れているので相談できない。家族のために自分が頑張らないといけない」という思いも抱えています。その思いを汲みながら、優里さんが自分のことを大切にできるよう支援機関・支援者に相談することの必要性を伝えたうえで、支援ネットワークづくりに着手できました。

ヤングケアラーの存在が注目され、ともすれば「見つけ出して救わなければ」という支援者主体のアプローチが増えることは、望ましくありません。子どもの権利擁護と子どもの思いを尊重する支援が重要です。

❸ 切れ目のない支援が実現できる

帳票にもとづく引き継ぎを行うことで、切れ目のない支援が実現できます。本事例でも、中学校から定時制高校へアセスメントシートにもとづく連携会議を開催し、引き継ぎをすることで、入学直後から優里さんへの支援体制を構築することができました。

高校における特別支援教育が浸透しはじめ、中学校で作成された個別の教育支援計画の引き継ぎが徐々になされるようになってきました。しかし、個別の教育支援計画の対象外の生徒に関して引き継ぎが行われることは、稀であるのが現状です。

定時制高校、通信制高校は、全日制高校と比較して、ヤングケアラーと思われる子どもがいる割合が高いこともわかっています（「ヤングケアラーの実態に関する調査研究報告書」令和３年３月、三菱UFJリサーチ＆コンサルティング）。こうした家庭で生活に困難を抱えている生徒のなかには、自分が困っている状況に気づかず、まわりに相談できないことも少なくありません。

子どものアセスメントを引き継ぐことは、その子が困難を潜り抜けてきた強さ（ストレングス）を連携先に引き継ぐことでもあります。帳票は、子どもの環境が変わっても支援を途切れさせず、結果として子ども自身が主体的に人生を切り拓いていくことを支える重要なツールになるのです。

第8章

研修や学習をどう進めるか

本章は、これまで述べてきた子ども家庭支援にかかわる専門職（以下、支援者）が、業務を遂行するうえでさらなる実践力を高め、支援者として地域の関係者から高い信頼を得るために必要な研修の進め方や学習の場づくりの推進について考えます。また、その具現化には、実践アドバイザーの養成、設置が不可欠です。第１節ではアドバイザーの人材確保について職能団体の役割や意義にふれ、第２節では、具体的な研修の進め方について2021（令和３）年度「スクールソーシャルワーク実践アドバイザー養成研修」を例として紹介し、第３節では、現任のソーシャルワーカー等すべての支援者が、他職種や地域住民等と協働して実践能力を向上させることができる場づくりについて、人材育成の観点から紹介します。

第1節 実践アドバイザーをどう確保するか

1 実践アドバイザーとは

子どもの権利擁護のさらなる推進のため、支援者の「質の担保」は重要です。質を担保するためには、人材育成やスーパービジョンを担うような実践アドバイザーが必要になります。

「実践アドバイザー」とは、高い倫理性を身につけ、子ども家庭支援にかかわる豊富な実務経験をもち、自らの専門性を高めていくとともに所属組織や職能団体において人材育成を担う人です（具体的な役割は**図表8-1**のとおり）。

図表8-1 実践アドバイザーの役割

- 子ども家庭支援にかかわる組織において、集合研修やオンライン研修などの自己研鑽、関係分野の研修等の計画や企画運営、県民への啓発等を行う。
- 新任者や後輩に対するアドバイスを担うとともに苦情処理にも対応する。
- 自治体の子ども家庭福祉行政、教育行政、学校等子どもの所属機関や子育て支援機関、医療、司法など子どもと家庭に関するあらゆる施策の動向に関心をもち、批判的に検討し、子どもの最善の利益に資する提案を行う。

出典：日本社会福祉士会子ども家庭支援委員会「スクールソーシャルワーカー実践ガイドライン」p.19、2020年

2 実践アドバイザーの確保

支援者の配置状況や勤務状況、雇用形態などは、自治体や所管する組織、さらにニーズなどによってさまざまです。そのため、実践アドバイザーになり得る技量をもつ人材の掘り起こしや育成は、各組織や自治体のニーズに応じて行う必要があります。

そもそも支援者がいない、少ない地域・機関では、ほかの地域・機関と連携し、子ども家庭支援に関するスキル・知識をもつ人から学ぶ機会をつくる必要があります。また、日頃からの継続的なスーパーバイズ機能の確保等、支援者に対する支援体制の構築も重要です。

なお、日本社会福祉士会子ども家庭支援委員会は、実践アドバイザーの選出や実践アドバイザー養成のための研修の実施について、中長期的展望を立てたうえで、年次計画を作成しています。今後よりいっそう求められる人材であるからこそ、職能団体として計画的な育成・確保に力を入れています。

第2節 研修の進め方を考える

1 研修を企画する

研修を企画するにあたり、研修テーマや研修対象者・研修目的を明確にすることが重要です。例えば、それぞれの職場において連携会議で出た課題や事例検討会でわからなかった内容等を抽出するなど、研修目的を明確にすることが前提となります。

2 研修の開催方法を検討する

研修形態には、集合研修、オンライン研修、ハイブリッド研修（集合研修とオンライン研修を同時開催する）等があります。それぞれの特徴と運営方法等については、**図表8-2**のとおりです。目的や参加者の属性等を考慮しながら、効果的な研修を行える形態を選びます。所属組織等において、各形態の進め方について一定の基準を決めておくと混乱が少なくなります。

また、新型コロナウイルス感染症拡大により、研修形態は、集合研修からオンライン研修が主流になるなど、大きく変化しました。研修に関して、感染症拡大防止における基本的な考え方を示すガイドライン等をあらかじめ所属組織で作成、共有しておくことも重要です。

オンライン研修および集合研修にはそれぞれメリット（時間的・経済的効果）・デメリットがあります。特に、オンライン研修の場合、疲労の感じやすさや受講者間のつながりの希薄さなどの問題があります。特に研修に参加できない人たちにも研修に参加してもらえる機会を確保していく必要もあります。

図表8-2　集合研修、オンライン研修、ハイブリッド研修の違いと特徴

	集合研修	オンライン研修	ハイブリッド研修
特徴	・受講者同士の交流がしやすい ・密にならない規模の会場が必要 ・会場費用が発生するため、受講費等でまかなう必要がある	・離島、遠方、子育て中などでも受講しやすい ・受講者ごとにパソコン等の機材やインターネット環境が必要 ・会場費が低額もしくは発生しない	・集合研修、オンライン研修両方を意識した研修講義や演習が必要 ・集合からオンラインへの切り替えが比較的容易 ・グループワークの際、分け方に工夫が必要 ・講義内容の聞こえるタイミングのズレに留意する必要がある
必要な機材	○運営側 ・パソコン機器一式等（パソコン、プロジェクター、スクリーン、マイク） ○受講者側 ・特になし	○運営側 ・パソコン機器一式（人数分） ・インターネット環境 ・WEBカメラ、マイクセット ○受講者側 ・パソコンまたはタブレット、ほか運営側同様	○運営側 ・集合研修、オンライン研修両方に必要な機材（会場講師、受講者を映せるカメラやマイク） ・スピーカー（オンライン受講者の声が会場受講者に聞こえるように） ○受講者側 ・オンライン受講者同様
運営者	・会場案内者、入室管理スタッフ、司会	・入室管理スタッフ、司会、パソコン操作者、電話対応者	・会場案内者、入室管理スタッフ、司会、パソコン操作者、電話対応者

資料	・事前送付、会場配布 ・事例を当日回収可能	・事前送付、事例の取り扱いの説明をしておくこと	・事前送付、会場配布 ・事例の取り扱いの説明をしておくこと
留意点	・交通機関の乱れ、天候、感染症拡大等により研修中止の可能性 ・感染症防止対策の必要性	・資料共有の確認 ・機材の準備を確認 ・講師等ツールの確認	・資料共有の確認 ・機材の準備を確認 ・会場のマイク、カメラ、スピーカーの確認
配慮事項	・休憩時間の設定 ・グループの作成とグループワークの運営 ・受講者交流	・休憩時間は集合研修より回数多く設定 ・グループワークは全体からブレイクアウトへ ・受講者の交流（研修終了後にオンライン上で自由に交流するなど）	・音声のズレが生じるため、話す速度に留意すること ・休憩時間は集合している人が問題なく休憩できる設定にする ・グループワークは集合とオンラインを分ける ・受講者の交流（意図的な場の設定、会場とオンラインに分かれて交流など）

出典：日本社会福祉士会「厚生労働省令和３年度生活困窮者就労準備支援事業費等補助金社会福祉推進事業　地域共生で活躍できる社会福祉士の育成・強化に関する調査研究事業報告書」pp.62～64、2022年

3 研修を準備する

❶ 受講者募集までの準備

集合研修の場合、想定する定員に応じて、受講者が密にならない規模の会場が必要になるため、早めの手配が必要です。また、研修の意義を理解した講師およびファシリテーターを選定、依頼します。受講者の募集は、定員、受講費等を決定したうえで進めます。

② 研修当日までの準備

講義の視聴が必要な場合は、視聴内容の作成（e-ラーニング等）、視聴方法の共有等をします。研修配布資料の作成・送付は、開催方法に合わせて決定します。受講費の徴収方法を決定します。

4 研修を実施する

① 受講生来場までの準備

集合研修の場合、会場設置として、座席配置、部屋の換気、空調の確認、アルコール消毒薬の設置、予備マスクの準備等をします。会場出入口で、入退室の管理をし、遅刻者の対応など行います。座席表は受付時に配布、もしくは、わかりやすく表示しておきます。

また、会場周辺の悪天候などに配慮し、トラブル発生時における連絡体制がとれるようにしておきます。

② 研修中

グループワークをファシリテートします。進行状況を確認しながら、休憩時間の設定、受講者交流時間の設定、研修終了後の懇親会時間の設定をします。

5 研修を振り返る

受講者の理解状況や次回の研修企画のため、できれば満足度や意見を確認するアンケートを実施します。また、企画運営者による振り返りを実施し、反省点等を次に活かします。

図表8-3　Zoom使用時の注意点

- オンライン研修の案内時にはZoom注)使用方法の説明、マニュアル等の配布が必須。
- Zoomミーティングに必要な機器である１人１台のパソコンとマイクおよびカメラ（内蔵可）の確認。
- Zoomアプリのダウンロード方法の確認。イヤホンやマイクセットの使用方法の確認。
- インターネット回線（Wi-Fi等）の推奨。
- 事前テストとして、「Zoomテスト用URL」を通知し、希望者が事前確認できるよう手配。
- 受講者の通信環境、通信機器の原因による不具合への対応、フォロー方法の確認。

注）オンライン研修で用いることができるツールは、Zoom以外にも多数あります。ここでは、一例としてZoomについて紹介しています。

出典：日本社会福祉士会「Zoomミーティングを活用した研修会運営方法の手引き（2020年10月12日版）」

6　実際の研修例

ここでは、日本社会福祉士会が2021（令和３）年度に実施した「スクールソーシャルワーク実践アドバイザー養成研修」を紹介します。実際の研修企画の際などにご参照ください。

1　研修の目的

「スクールソーシャルワーク実践ガイドライン」に基づくアドバイザーの養成と、アドバイザーを中心とした各地域におけるスクールソーシャルワークの組織的な実践力の向上に寄与することを目的として実施。

【到達目標】

・ガイドラインの内容や活用方法を理解する。

・スクールソーシャルワーカーの日々の職務遂行を高めることを学ぶ。

・研修を受けたうえで、都道府県社会福祉士会においてアドバイザーの設置を行う。

❷ 研修の基本構成

開催日：2021（令和３）年○月○日

研修の実施方法：（例）Zoomミーティングによるオンライン研修

受講対象：以下のどちらかの要件を満たす人。

・スクールソーシャルワークの実践経験があり、かつ都道府県社会福祉士会において５年以上の活動実績がある者。

・所属する都道府県社会福祉士会が推薦する者。

定員：都道府県社会福祉士会ごとに１～２名程度（計○名）

受講費：○○円（資料代、税込み）

❸ 基本プログラム

時　間	内　容
10:00～10:05（５分）	オリエンテーション、開会あいさつ
10:05～10:20（15分）	「本委員会を取り巻く情勢報告」 担当：栗原　直樹（子ども家庭支援委員会　委員長）
10:20～10:50（30分）	「SSWの実践倫理と権利擁護の行動指針と今日的課題」 担当：鈴木　庸裕（子ども家庭支援委員会　委員）
10:50～12:00（70分）	「個別支援アセスメントと帳票の活用」 担当：坂口　繁治（日本社会福祉士会　アドバイザー）
12:00～13:00（60分）	昼食休憩
13:00～14:00（60分）	「支援会議の運営と進行」 担当：後藤　みか（子ども家庭支援委員会　委員）
14:00～14:30（30分）	「『SSW実践ガイドライン』を活用した私の実践」 担当：後藤　久美（子ども家庭支援委員会　委員）
14:30～15:00（30分）	「SSW実践アドバイザーの役割と委員会活動」 担当：酒井　珠江（日本社会福祉士会　アドバイザー）
15:00	（閉会）
15:30	スクールソーシャルワーク担当者意見交換会開会

15:30〜17:30（120分）	・主旨説明 ・SSW実践ガイドラインに関する意見交換 ・実践アドバイザー養成研修を踏まえた意見交換
	閉会あいさつ、事務連絡

④ 研修の効果

実践アドバイザー設置について、各都道府県内の委員会規模で意識改革が行われた。人材育成の重要性とともに実践アドバイザーの必要性が高まった。

第3節 学習者を支援する

1 学習機会を確保する

支援者は、子どもたちの暮らしを守るため、虐待対応や関係機関との調整など日々多忙を極めています。そういったなかで、自己研鑽、支援の質の向上のための学習機会を確保するのは、ハードルが高いのも事実です。しかし、経験だけではカバーしきれない知識や理論、常に変化する制度・施策を理解し、活用していくためには、学ぶことは欠かせません。以下、学習機会を確保するための方法を紹介します。

❶ ICTを利用する

支援者が時間や場所を問わず、パソコンやスマートフォンでテーマを選べる方法に、e-ラーニングなどICT（information and communication technology：情報通信技術）を活用した学習があります。最近では、職能団体等でe-ラーニングコンテンツを制作、公開しているため、各団体のホームページ等から視聴価格、利用方法等を確認し、受講することができます。

図表8-4 日本社会福祉士会 e-ラーニングコンテンツ

- 未成年後見と社会福祉士（約66分）
- 子ども虐待への視点（約85分）
- 子どもの発達課題と生活（約62分）
- 学校における社会福祉士の役割（約48分）
- 児童福祉法等の改正について（約90分）
- LGBTQソーシャルワーク序説（約117分）
- 滞日外国人支援基礎力習得のためのガイドブック活用研修（約200分）

（2022年10月現在．107本の講座を配信）

出典：日本社会福祉士会「e-ラーニング講座」（https://www.jacsw.or.jp/csw/eLearning/index.html 最終アクセス日2022年12月1日）

❷ 小地域ネットワークの構築・活用

地方で活動する支援者等のなかには、研修機会が少ない、移動に時間を要する等の理由から、学習機会を得られない人もいます。

日常的にふらっと立ち寄れる身近な地域の勉強会（意見交流会）を意識的に構築しておくと、情報交換の場となり、現場に近い多角的な情報を得ることができます。

筆者は、以前同じ町または、近隣で働いている社会福祉士を対象に、「社会福祉士あつまれ〜‼　IN大竹」という意見交換会を賛同者数人と企画・開催しました。社会福祉士をはじめ、精神保健福祉士、介護福祉士、弁護士、医療ソーシャルワーカー、司法書士など子ども家庭支援にかかわる専門職が一堂に会し、支援にあたっての専門性を活かした情報を共有することができました。また、顔の見えるつながりづくりという点でも有効で、医師会や薬剤師会、作業療法士や理学療法士、介護支援専門員等で構成される多職種連携協議会も参画し、結果として地域全体を巡回・訪問するアウトリーチ型「よろず相談会」として、協働して支援する関係の基礎を築くことができました。

2　職能団体として学習の機会を確保する

職能団体として、すべての支援者に学習機会を提供することは、人材育成の視点からも重要です。そのためには、研修を他職種団体と相互に乗り入れる工夫や、多様な研修を周知するアイデアが必要です。

また、それぞれの所属機関で働く支援者の、所属組織の課題やジレンマ、日々の実践で感じる不安や困り事など、気持ちの一端を聴く場を意図的に準備し、どのような学習機会に需要があるのか、把握する必要があります。

広島県社会福祉士会子ども家庭支援委員会の取組みの例

◆学習機会を提供する際の留意点

学習機会を提供する際は、学習者を社会福祉士と限定せずに、関心があるすべての支援者が参加しやすくなるよう、受講者の範囲を広げることを意識しました。また研

修等の参加費は極力抑えるところから始めました。

多角的な視点を学習者に提供することも意識していました。「スクールソーシャルワーク」に関する研修を企画する際、福祉や教育どちらかの視点に偏ることがないよう、学校や教育行政と「ともに学ぶ姿勢」を大切にしました。互いに知らない世界を知ることをねらいに「学校文化と教育行政」をテーマとし、講師を教育行政担当者に依頼しました。教育行政とのディスカッションを通して、福祉と教育の「重なり」に双方で気づくことを大切にしました。

2008（平成20）年以降に実施した「スクールソーシャルワーク研修」については、県内すべての教育委員会や家庭児童相談室に実施の案内を行い、市内の地域福祉センターにもお願いしてチラシを置かせてもらい、より多くの人に学習機会を周知できるよう努めました。また、研修後のアンケートには、子ども家庭委員会が予定するほかの勉強会や交流会への参加意思の確認や、各種研修テーマの希望について項目を追加し、継続的な学びにつながるよう意識しました。

◆学習だけでないつながりをつくる機会を提供する

学校や保育所等子どもの所属機関として、地域の資源と横のつながりがもてる機会は極めて重要だと思います。広島県では研修を企画するなかで、子ども家庭支援委員同士がそれぞれ違うバックグラウンドをもち、言いたいことを言い合える関係性のなかで研修をつくり込む過程を大切にしました。そうすることで、研修内容に多様な視点が組み込まれ、子どもにかかわるさまざまな関係機関から受講者が集まるきっかけとなり、他分野の受講者同士の交流の機会をつくることができました。

また、広島県社会福祉士会内のみならず中国・四国ブロックの都道府県社会福祉士会とも研修や勉強会の相互の乗り入れを行っています。これは、学習の機会を担保することであり、地域を越えた交流・仲間づくりにもつながります。

こういった積み重ねが、子どもや家庭の支援者としてのソーシャルワークの実践力を向上させることとなり、職能団体として学習の機会を確保する意義になるのではないでしょうか。

終章

子ども家庭支援の足跡から学ぶ

日本社会福祉士会における「子ども家庭福祉」にかかわる委員会活動は2004（平成16）年度から始まりました。当時は2000（平成12）年施行の「児童虐待の防止等に関する法律」により「子ども虐待」*への施策が展開されつつある時期でした。

子ども家庭支援委員会は国の施策の動向に着目しながら、子ども家庭福祉にかかわる地域の多様な職場で活動している社会福祉士の専門性向上を支援する研修や、国への要望等の活動を行っていました。これらの活動を振り返りながら現在の取組みと他団体との連携を含めた新たな状況を報告します。

第1節 ソーシャルワーク諸団体の連携と子ども家庭福祉領域の課題

1 職能団体の発足と連携

日本におけるソーシャルワーカー団体は1953（昭和28）年発足の日本医療社会事業家協会（2021（令和３）年に現・日本医療ソーシャルワーカー協会に名称変更）と1960（昭和35）年発足の日本ソーシャルワーカー協会が草分けでした。

その後、1964（昭和39）年に日本精神医学ソーシャル・ワーカー協会（1999（平成11）年に現・日本精神保健福祉士協会に名称変更、精神保健福祉士法1997（平成９）年～)、日本社会福祉士会（1993（平成５）年発足、社会福祉士及び介護福祉士法1987（昭和62）年～）が発足し連携を図る状況が増えてきました。

国際的な場面において1997（平成９）年に日本ソーシャルワーカー協会と日本社会福祉士会、そして日本医療ソーシャルワーカー協会の３団体により「国際ソーシャルワーカー連盟（IFSW：International Federation of Social Workers）加盟のための日本国調整団体」が設立され、1998（平成10）年７月に国際ソーシャルワーカー連盟への加盟が実現しました。

2002（平成14）年には精神保健福祉士協会が加盟したことにより、社会福祉専門職団体協議会と名称を変え、新たな組織として出発しました。

そして、2017（平成29）年には現在の「日本ソーシャルワーカー連盟（JFSW：

＊子ども虐待：本章において包括的なとらえ方（分野によって「児童」の定義、考え方が異なり多種多様な関係者には「子ども」が共通に使えるという考え方）をするため「子ども虐待」とする。

Japanese Federation of Social Workers)」として日本社会福祉士会、日本精神保健福祉士協会、日本医療ソーシャルワーカー協会および日本ソーシャルワーカー協会の４職能団体が協働してソーシャルワーカーの倫理の確立、専門性の研鑽と資質向上、社会的地位の向上および国際会議への参加等の諸々の活動を連携して行っています。

2 日本ソーシャルワーカー連盟による「子ども虐待防止への取組み」

❶ 新たな資格創設の検討

近年、子ども家庭福祉に関して「子ども虐待」に対応できるソーシャルワーカーの資質向上の議論から新たな資格をどのように創設するかというテーマについて、社会保障審議会児童部会社会的養育専門委員会で検討が行われてきました。

そのため社会的養育専門委員会に「子ども家庭福祉に関し専門的な知識・技術を必要とする支援を行う者の資格の在り方その他資質の向上策に関するワーキンググループ」（2019（令和元）年９月～2021（令和３）年２月）が設置され、そのワーキンググループには各職能団体からも委員が参加し、意見交換が図られました。

この資格についての議論の背景は「悲惨な子ども虐待死亡事例にかかわっていた児童相談所や要保護児童対策地域協議会のソーシャルワーカーの専門性が不十分である」という評価から始まっていました。

特に児童相談所の児童福祉司について「行政機関の職員のため定期的に異動する。そのため専門的技量、経験が蓄積できていない。児童福祉司任用資格である社会福祉士、精神保健福祉士の国家資格の養成科目は子ども虐待に対応していない」などの理由から新たな国家資格を創設すべきであるという主張が強調されました。

この主張に対して職能団体委員等は「子ども虐待対応にはソーシャルワークが必須であり、ソーシャルワークの基本的な価値や倫理を有する既存の国家資格をより活用すべき。資格制度の創設にあたっては、既存の国家資格者等を対象に子ども家庭支援に関する専門性を上乗せすることのほうが、現実的かつ早急に対応できる」などの理由から、新たな国家資格の創設に異を唱えました。

2021（令和３）年２月に、ワーキンググループによる報告書がとりまとめられ、結果として「国家資格と認定資格」の両論併記となりました。この報告を受けた社会的養育専門委員会においては社会人ルートのみを実施する「認定資格」創設と「資格の在り方について、国家資格を含め、今回の児童福祉法改正によって導入される認定資格の施行後２年を目途として検討を加え、その結果に基づいて必要な措置を講ずるものとする旨の附則を設ける」などの内容がまとまり厚生労働省に提案されました。

② 専門性向上を図る研修の実施

この間、日本ソーシャルワーカー連盟として議論だけでなく実効性のある専門性向上を目的とした研修プログラムの開発が必要であると企画、試行を行いました。

そして、2021（令和３）年にモデル研修を日本ソーシャルワーカー連盟主催で実施しました。2021（令和３）年３月に共通プログラム、2021（令和３）年９月～11月に専門プログラムと合わせて６日間の日程で実施し、４団体から定員を超える参加がありました。

当該研修は、児童・家庭分野だけでなく、高齢、障害、医療、司法、教育など、あらゆる分野で活動するソーシャルワーカーを対象に、子ども虐待の予防・早期発見・早期対応への示唆や、子どもの発達や家族支援の基本を理解したうえで、家族全体を視野に入れたアセスメントと必要な支援が展開できるようになることを目的としたものです。また、所属団体を超えた交流もあり、今後の研修のあり方にも多くの示唆がありました。今後とも日本ソーシャルワーカー連盟としての活動は多様な場面で進めていくことになります。

3 日本社会福祉士会と都道府県社会福祉士会

現在、すべての子育て家庭をもれなく支援する実践現場の市町村における重要な課題は子ども家庭総合支援拠点（児童福祉法）、子育て世代包括支援センター（母子保健法）の両機能を有した包括的な支援を行えるワンストップ相談窓口の設置と運用です。

これらの包括的支援の実践には、子ども家庭福祉の実施機関である市町村の地域特性に即した主体的対応がますます求められ、その対応を図る実践者はソーシャルワーカーであり、より専門性が期待されているところです。

各都道府県社会福祉士会（以下、県士会）では、子ども家庭福祉に関する委員会等を地域の実情に応じて設置し、他機関・他団体と連携しながら子ども家庭分野の人材育成等を行っています。一方で、子ども家庭分野に属する会員は、ほかの分野に比べて少ない傾向にあります。

これらの状況を受けて日本社会福祉士会は日本ソーシャルワーカー連盟との連携を視野に入れながら各県士会との情報交換、意思疎通のもと強固な連携を図りながら子どもの権利擁護、子ども虐待防止、いじめ防止、貧困対策等の「子ども家庭福祉」全般に専門的に対応できるソーシャルワーカーが増えることを目標に、その養成や資質向上について取り組んでいます。

第2節 子ども家庭支援委員会の足跡

1 児童問題委員会から子ども家庭支援委員会へ

❶ 児童問題委員会の設置

日本社会福祉士会において「子ども家庭福祉」にかかわる委員会が設置されたのは、2004（平成16）年度～2005（平成17）年度独立行政法人福祉医療機構（子育て基金）助成事業「地域における児童虐待の早期発見および解決にむけた被虐待児・親を支援する人材養成事業」を受託したことから始まります。

これは児童福祉法の改正により2005（平成17）年度から市町村が児童相談の第一義的窓口となること、そのために要保護児童対策を担う要保護児童対策地域協議会が設置されること等から「地域における児童虐待への早期発見・早期対応機能」が求められることを受けて、市町村における体制の実態把握と人材養成の提案を目的とした事業でした。

この事業実施に向けて、埼玉県社会福祉士会を事務局とした児童問題委員会を設置することになりました。当時、埼玉県社会福祉士会に児童相談所勤務の会員が比較的多く属していたということ等が理由でした。

❷ 児童問題委員会の１年目の事業

１年目は市町村におけるニーズ調査、先行事例調査およびソーシャルワーカー等の活動などの調査活動を行いました。

調査協力を依頼した約1200か所の市町村へのアンケート結果から、「児童相談所のような専門職が配置されていない市町村の相談実施体制のもとでの相談援助活動、要保護児童対策地域協議会の運営等に多大な不安」が示されていました。

また、要保護児童対策地域協議会の前身である「虐待防止ネットワーク会議」のあり方も諸々の工夫を行って効果的に実施している自治体がある一方で、そのような独自の活動を行っている自治体は少ないこともわかりました。研修内容については医学、臨床心理学、法学分野等の研修強化の意見があった一方、市町村職員に求められる第一の機能は「地域のコーディネーター」であることを確認しました。

③ 児童問題委員会の２年目の事業

２年目はアンケートやヒアリングの結果を受けて新卒社会福祉士および社会福祉主事を想定したモデル研修の企画、実施、評価を行いました。その内容は早期発見・早期対応を行える包括的なネットワークのコーディネートを担う人材養成プログラムの開発と試行でした。モデル研修には主に埼玉県内の市町村職員、児童相談所職員が参加し、研修の講義・演習を収録し、DVDを作成しました。

この成果物の報告書、DVD、および研修プログラムを協力市町村に配布し、「社会福祉士」という国家資格を理解してもらいたい趣旨も伝えました。

④ 子ども家庭支援委員会の設置

2006（平成18）年度からは「子ども家庭支援委員会」の設置が理事会において承認され、研修、国への要望や提案活動等を実施し、随時プロジェクトチームでの対応を行いながら現在に至っています。研修は過年度の助成事業を引き継いだ「子ども虐待」「地域のコーディネート」を中心として「子どもの貧困」「子どもの権利擁護」とテーマを年ごとに積み上げて実施してきました。

国に対して諸々の要望をしていますが、近年は2020（令和２）年に法制審議会における少年法改正案に対して反対する会長声明の発出を行い、その後の衆院決議、参院決議へも同様の声明発出を行いました。

2 スクールソーシャルワークと未成年後見への取組み

① スクールソーシャルワーカーに関する取組みの開始

文部科学省が2008（平成20）年度に「スクールソーシャルワーカー活用事業」を開始したことを機会に、SSWrについての取組みを始めました。初期の2008（平成20）年度～2010（平成22）年度には、委員会組織として子ども家庭支援委員会と並行して活動する形でした。

委員会活動はSSWrとして活動している会員に参加を求め、研修、情報交換等を行い、非常勤雇用の実態が多いことについて、常勤化の要望を文部科学省に行いました。

さらに、2009（平成21）年10月には本会独自の「新任ソーシャルワーカーのための自己チェックシート」を全国研修の際に暫定版を示し、その後、確定版を各県士会に提供しました。

これらの活動と並行して、日本ソーシャルワーク教育学校連盟の「SSWr養成課程」設置準備作業に委員を派遣して協力をしました。この学校連盟に認定されたSSWr養成課程は多くの養成校に導入されました。

❷ スクールソーシャルワークプロジェクトチームの編成

2015（平成27）年９月に施行された「いじめ防止対策推進法」等により、SSWrの役割が着目されてきたことなどを受けてスクールソーシャルワークプロジェクトチームを再編成し、研修会をはじめ県士会の担当者を中心に意見交換会や全国研究集会も実施してきました。

2019（令和元）年度には「社会福祉士の倫理綱領」や「社会福祉士の行動規範」と「子どもの権利に関する条約」および「平成28年改正児童福祉法」を共通基盤とした価値をSSWrが身につけ、教育と福祉を包摂した視点から活動できることを目的に「SSWr実践ガイドライン」作成に着手し、2020（令和２）年度に確定しました。

❸ 子ども家庭福祉の視点の成年後見人への活用

また、新たな業務として展開されるであろう「未成年後見」に関してのプロジェクトチームに子ども家庭支援委員会メンバーが参加し、「子ども家庭福祉」の視点を中心とした研修を2018（平成30）年度～2020（令和２）年度に実施しました。

これは現職の会員の成年後見人には「子ども家庭福祉」関係者が少なく、今後の未成年後見の受任の増加に対応できるような土壌づくりを目的として、成年後見人業務を受任している会員を対象とした専門的な研修でした。

このように子ども家庭支援委員会は必要な課題に対してプロジェクトチームを設置して対応してきましたが、今後は「子どもの権利擁護」「虐待防止」「いじめ防止」「地域における包括的支援体制」「専門性の向上」などのニーズの状況を見つつ、各会員の協力を得ながら取組みを進めていきます。

日本社会福祉士会による子ども家庭福祉に関する委員会の設置状況および研修の実施状況等について（2004～2022年度）

年度	子ども家庭福祉関連委員会等	研修名	日程	会場	地域	修了者数
2004	児童問題委員会	市町村における子ども虐待担当職員のための研修	2005／8／13～14	彩の国すこやかプラザ	埼玉県	49
2006	子ども家庭支援委員会	2005年度子ども虐待対応社会福祉士研修（東京会場）	2006／7／14～15	日本青年館501会議室	東京都	69
		2006年度子ども虐待対応社会福祉士研修（大阪会場）	2006／11／10～11	AAホール本館６階	大阪府	83
2007	子ども家庭支援委員会	2007年度ファミリーソーシャルワーク研修	2007／11／17～18	中央大学駿河台記念館	東京都	137
2008	子ども家庭支援委員会	2008年度子ども家庭福祉研修	2008／11／29～30	全通会館（ぜんていかいかん）	東京都	114
	スクールソーシャルワーク委員会	2008年度スクールソーシャルワーク研修	2009／2／7～8	大阪アカデミアSホール	大阪府	120
2009	子ども家庭支援委員会	2009年度子ども家庭福祉研修	2009／10／17～18	KFCホール	東京都	83
	スクールソーシャルワーク委員会	2009年度スクールソーシャルワーク研修	2009／12／5～6	KFCホール／UDX会議室	東京都	121
2010	子ども家庭支援委員会	2010年度スクールソーシャルワーク研修	2010／12／11～12	KFCホール	東京都	110
	スクールソーシャルワーク委員会	2010年度子ども家庭福祉研修	2011／1／15～16	日本青年館ホテル	東京都	86
2011	子ども家庭支援委員会	2011年度スクールソーシャルワーク研修	2011／12／10～11	アワーズイン阪急	東京都	43
2012	子ども家庭支援委員会	2012年度子ども家庭福祉全国研究集会 ～新たな社会的養護の在り方と未成年後見への取組み～	2012／12／15～16	お茶の水女子大学	東京都	162
2013	子ども家庭支援委員会	2013年度子ども家庭福祉全国研究集会 ～子どもの貧困から見える多様な課題を考える～	2014／1／25～26	中央大学駿河台記念館	東京都	102
2014	子ども家庭支援委員会	2014年度子どもを見守るネットワーク研修	2015／2／28～3／1	全理連ビル	東京都	112
2015	子ども家庭支援委員会	2015年度認定社会福祉士スクールソーシャルワーク研修	2015／12／5～6	タイム24ビル	東京都	154
2016	子ども家庭支援委員会	2016年度認定社会福祉士スクールソーシャルワーク研修	2016／10／22～23	タイム24ビル	東京都	134
	未成年後見検討プロジェクトチーム	2016年度子ども家庭支援ソーシャルワーク研修 ～多職種連携による包括的支援をめざして～	2017／1／28～29	連合会館	東京都	119
2017	子ども家庭支援委員会	2017年度子ども家庭支援ソーシャルワーク研修 ～多職種連携による包括的支援をめざして～	2018／2／3～4	タイム24ビル	東京都	115
	スクールソーシャルワークプロジェクトチーム	2017年度スクールソーシャルワーク研修	2018／2／24～25	タイム24ビル	東京都	92
2018	子ども家庭支援委員会	2018年度スクールソーシャルワーク全国実践研究集会 ～子どもの貧困とスクールソーシャルワーク～	2018／9／29	東医健保会館 大ホール	東京都	168
	未成年後見検討プロジェクトチーム	2018年度未成年後見人養成研修	2018／11／10～11	全理連ビル	東京都	84
		2018年度子ども家庭支援ソーシャルワーク研修 ～多職種連携による包括的支援をめざして～	2019／1／12～13	タイム24ビル	東京都	111

2019	子ども家庭支援委員会	2019年度スクールソーシャルワーク全国実践研究集会 ～子どもの生きづらさに寄り添うスクールソーシャルワーカー～	2019／9／28	かめありリリオホール	東京都	152
	未成年後見検討プロジェクトチーム	2019年度未成年後見人養成研修	2019／11／30 ～12／1	TFTビル	東京都	93
	＊JFSW　子ども家庭福祉研修開発プロジェクトチーム	2019年度児童家庭支援ソーシャルワーク研修 ～多職種連携による包括的支援をめざして～	2020／1／11～12	タイム24ビル	東京都	116
2020	子ども家庭支援委員会	2020年度未成年後見人養成研修	2020／11／7・8・28	Zoomミーティング	オンライン	65
	スクールソーシャルワークプロジェクトチーム	2020年度スクールソーシャルワーク全国実践研究集会 ～スクールソーシャルワーク実践ガイドラインを活用した実践に向けて～	2020／11／29	Zoomウェビナー	オンライン	283
	未成年後見検討プロジェクトチーム	2020年度児童家庭支援ソーシャルワーク研修 ～多職種連携による包括的支援をめざして～	2021／2／6～7	Zoomミーティング	オンライン	92
	＊JFSW　子ども家庭福祉研修開発プロジェクトチーム	子ども虐待の予防と対応研修（共通プログラム）	2021／3／13～14	Zoomミーティング	オンライン	132
2021	子ども家庭支援委員会	スクールソーシャルワーク実践アドバイザー養成研修	2021／11／28	Zoomミーティング	オンライン	42
	＊JFSW　子ども家庭福祉研修開発プロジェクトチーム	子ども虐待の予防と対応研修（専門プログラム）	2021／9／23、10／23、10／31、11／3	Zoomミーティング	オンライン	86

＊JFSW；日本ソーシャルワーカー連盟（Japanese Federation of Social Workers）

執筆者一覧

◎	栗原直樹	日本社会福祉士会	はじめに、終章
○	鈴木庸裕	日本福祉大学	第１章第１節、第２節、第４章
	清水剛志	富山県社会福祉士会	第１章第３節
	坂口繁治	岩手県社会福祉士会	第２章
	田邉哲雄	兵庫大学	第３章
	鈴木文	福島県社会福祉士会	第３章コラム
	中田雅章	日本社会福祉士会	第４章コラム
	後藤久美	静岡県社会福祉士会	第５章
	清水克之	広島県社会福祉士会	第５章コラム
	後藤みか	大分県社会福祉士会	第６章
	米澤克徳	岩手県社会福祉士会	第６章コラム
	加東恵	岩手県社会福祉士会	第７章第１節
	豊田奈未	広島県社会福祉士会	第７章第２節
	藤澤茜	香川県社会福祉士会	第７章第３節
	岡部睦子	福島県社会福祉士会	第７章第４節
	吉田朋美	愛知県社会福祉士会	第７章第５節
	野上美智子	大分県社会福祉士会	第７章第６節
	平川悦子	静岡県社会福祉士会	第７章第７節
	酒井珠江	広島県社会福祉士会	第８章

◎＝子ども家庭支援委員会委員長
○＝編集代表

学校－家庭－地域をつなぐ
子ども家庭支援アセスメントガイドブック

2023年１月10日　初　版　発　行
2023年５月20日　初版第２刷発行

編　　集　公益社団法人日本社会福祉士会
発 行 者　荘村明彦
発 行 所　中央法規出版株式会社
〒110-0016　東京都台東区台東3-29-1　中央法規ビル
TEL 03-6387-3196
https://www.chuohoki.co.jp/

本文・装丁デザイン　澤田かおり（トシキ・ファーブル）
イラスト　須山奈津希
印刷・製本　株式会社アルキャスト

定価はカバーに表示してあります。
ISBN978-4-8058-8806-3